नौकरी छोड़ो बिज़नेस करो

जीतूंगा मैं ख़ुद से यह वादा करो,
जितना सोचते हो, उससे ज़्यादा करो।
तकदीर रूठे, पर हिम्मत ना टूटे,
इतना मज़बूत अपना इरादा करो।।

तरुण इन्जीनियर

प्रभाकर प्रकाशन

ISBN: 978-93-93193-93-3
eISBN: 978-93-93193-94-0

© लेखकाधीन

प्रकाशकः प्रभाकर प्रकाशन
प्लॉट नं.-55, मेन मदर डेयरी रोड
पांडव नगर, ईस्ट दिल्ली-110092
फोनः 011-40395855
व्हाट्स ऐपः +91-8368220032

ई-मेलः sales@pharosbooks.in
वेबसाइटः www.prabhakarprakashan.com

संस्करणः 2022

मुद्रकः सुषमा बुक बाइंडिंग हाउस ओखला इंडस्ट्रियल
एरिया फेस-II, नई दिल्ली-110020

नौकरी छोड़ो बिज़नेस करो
तरुण इन्जीनियर

चुनौतियों का पीछा करें

जब मेरी पहली मोटिवेशनल पुस्तक **'बड़ा सोचो! बड़ा बनो!'** प्रकाशित हुई थी, तब कुछ कॉलेज के सीनियर मैनेजमेंट ने आग्रह किया कि भविष्य में आप ऐसी पुस्तक लिखें, जिससे युवा पीढ़ी का मार्गदर्शन हो और वे अवसर को सफलता में बदल सकें। क्योंकि आज की जनरेशन में भरपूर योग्यता है। वे व्यवहार कुशल भी हैं, लेकिन उसके बाद भी अवसर को सफलता में बदल नहीं पाते? तब मैंने उनसे सिर्फ़ इतना ही कहा था कि इस विषय पर विचार करूँगा। उसके बाद दस साल बीत गए। लेकिन जब मेरी 79 पुस्तकें प्रकाशित हो गयीं, तब मैंने युवा पीढ़ी में मोटिवेशन की कमी को जाना। क्योंकि दुनिया में अब तक जितने भी लोग सफल हुए हैं, वे बहुत जल्दी मोटिवेट हुए हैं, जिसकी वजह से वे अवसर में छिपी सफलता को पहचान लेते हैं। इसलिए मैंने उनके विचारों को पुस्तक का मूल विषय बनाया और लिख दी एक नयी पुस्तक:- **नौकरी छोड़ो बिज़नेस करो।**

लेकिन खरीदने से पहले यह निश्चित अवश्य कर लें कि आप किस उद्देश्य के लिए इस पुस्तक को पढ़ना चाहते हैं? करियर निखारने के लिए या बिज़नेस बढ़ाने के लिए? भविष्य सँवारने के लिए या उद्योग लगाने के लिए?

जब आप इस बात का निर्णय कर लेंगे, तब ये पुस्तक चमत्कार करना शुरू कर देगी। क्योंकि कहावत है कि यदि आप अपने शरीर को और अधिक शक्तिशाली बनाना चाहते हैं, तो व्यायाम के प्रति जागरूकता लाएं। अच्छी सेहत चाहते हैं, तो मॉर्निंग वॉक पर जाएँ। ज्यादा खुशी चाहते हैं, तो दूसरों को कष्ट न पहुँचाएँ और यदि महान बनना चाहते हैं, तो अवसर को सफलता में बदलने का आइडिया मन में लाएँ। फिर आपकी आंतरिक शक्तियाँ जाग उठेगीं और आप वही बन जाएँगे, जो आप बनना चाहते हैं।

कैसे? जानने के लिए एक सच्ची घटना सुनें। बात सत्तर के दशक की है। पूना फिल्म इंस्टीट्यूट से एक्टिंग में डिप्लोमा लेने के बाद एक युवती बॉलीवुड में अपनी किस्मत आज़माने गयी। लेकिन अधिकतर फिल्म प्रोड्यूसरों ने उसे अपनी फिल्म में हीरोईन लेने से इनकार कर दिया। क्योंकि उसकी पर्सनालिटी में ग्लैमर नहीं था। फिर युवती ने खलनायिका बनने का मन बनाया, परन्तु शशिकला और बिंदू के दौर में वहाँ भी सफल होना मुश्किल था। अंत में किसी भी तरह का रोल पाने की उम्मीद लेकर वह राजकपूर से मिली।

राजकपूर ने भी उसे रोल नहीं दिया, लेकिन एक सलाह दे डाली, **"तुम फिल्मों में एक्टिंग करने की बजाय दूसरों को एक्टिंग सिखाओ।"**

युवती को लगा राजकपूर बात टाल रहे हैं। फिर भी वह साहस करके बोली, **"मुझसे कौन एक्टिंग सीखेगा?"**

सवाल के जवाब में राजकपूर ने अपने बेटे ऋषि कपूर और आगामी फिल्म 'बॉबी' की हीरोईन डिंपल कपाडिया को एक्टिंग सिखाने का ज़िम्मा उसपर छोड़ दिया। फिर जब **'बॉबी'** फिल्म रिलीज़ हुई, तब वह सुपरहिट हो गयी और ऋषि तथा डिंपल रातो-रात स्टार बन गए।

उस युवती का नाम था आशा चंद्रा! जिसने एक छोटे से अवसर को सफलता में बदल दिया था। अब बॉलीवुड में लोग उन्हें **'स्टार गुरु'** के नाम से पहचानते हैं। क्योंकि उसने सनी देओल, जैकी श्रॉफ, मीनाक्षी शेषाद्री, अनीता राज जैसे फिल्म स्टारों को भी एक्टिंग के गुण सिखाए हैं।

आशा चंद्रा की सफलता से पता चलता है कि हर बड़ी जीत की शुरुआत छोटे-छोटे कामों से होती है और छोटे काम के पीछे बड़ी सफलता पाने का अवसर छिपा होता है।

इसलिए अपने मन को एकाग्र कीजिए और ख़ुद से पूछिए, **"मैं किस काम पर ध्यान केंद्रित करूँ? कौन-सा काम मुझे सफलता दिला सकता है?"**

उसके बाद तैयार हो जाइए उस अनजान सफ़र के लिए, जहाँ से सफलता की ऊँची उड़ान शुरू होती है। फिर आप आसानी से अपनी किस्मत को चमका सकते हैं।

क्रम

चुनौतियों का पीछा करें ... 3

बिज़नेस से जुड़े लोगों का अनुसरण करें ... 9

क्यों पढ़ना ज़रूरी है इस पुस्तक को? ... 13

बिज़नेस करने का रहस्य जाने ... 15

पहले खुद को परखें फिर आगे पढ़ें ... 19

पहला मंत्र
बिज़नेस शुरू करने का संकल्प लें ... 27
- ➤ सफलता पाने का शॉर्टकट ढूढ़ें ... 28
- ➤ उम्मीद का दामन थामे रहिए ... 29
- ➤ जो बनने की ठान लेंगे वही बन जाएँगे ... 30

दूसरा मंत्र
सकारात्मक सोचें और आगे बढ़ें ... 33
- ➤ हार को जीत में बदलने की तकनीक जानें ... 34
- ➤ कैसा है आपके सोचने का तरीका ... 36

तीसरा मंत्र
दिमाग़ में नए विचार लाएँ ... 40
- ➤ अपने मन में उत्साह पैदा करें ... 42
- ➤ समस्या में अवसर तलाशें ... 42
- ➤ हमेशा सकारात्मक सोचें ... 45

चौथा मंत्र
मन की आवाज़ सुनें ... 48
- ➤ ऊँची उड़ान भरने की चाहत रखें ... 49
- ➤ शुरुआत कहीं न कहीं से तो करनी होगी ... 50
- ➤ मन पर नियंत्रण पाना ज़रूरी है ... 51
- ➤ दुनिया की हर चीज़ उपयोगी है ... 53
- ➤ कठिनाई में धैर्य रखें ... 54

पाँचवाँ मंत्र

भाग्य को बदलने का संकल्प लें **59**

➤ कैसे करें स्वभाव की पहचान 60

➤ छह गुणों से बदलता है दृष्टिकोण 60

➤ खोज के लिए ज़रूरी है स्पष्ट नज़रिया 61

➤ कोई काम छोटा नहीं होता 61

➤ प्रगतिशील सोच का मतलब समझें 62

➤ अवसर का सही उपयोग करें 62

➤ कुछ भी असम्भव नहीं है 63

➤ अपने नज़रिए को पहचानिए 64

छठा मंत्र

दुनिया को बदलने की सोचें **67**

➤ अपने रिकॉर्ड खुद तोड़ते रहें 69

सातवाँ मंत्र

बिज़नेस शुरू करने का लक्ष्य निश्चित करें **73**

➤ महान लक्ष्य के लिए महान विचार रखें 76

➤ लक्ष्य को सफलता की सीढ़ी समझें 77

आठवाँ मंत्र

तूफ़ानों से खेलने की आदत डालें **86**

➤ क्यों ज़रूरी है कर्म करना 87

➤ सफलता का उम्र से कोई संबंध नहीं है 88

नौवाँ मंत्र

दिमाग़ रूपी कंप्यूटर की री-प्रोग्रामिंग करें **94**

➤ जोख़िम लेने से बढ़ता है कॉन्फिडेंस 95

➤ सफलता पाने के लिए जुनून पैदा करें 98

दसवाँ मंत्र

व्यक्तित्व को निखारते रहें **106**

➤ कैसे सीखना है बॉडी लैंग्वेज को 107

➤ बॉडी लैंग्वेज पढ़ने की कोशिश करें 107

➤ अकेले में बॉडी लैंग्वेज सुधारने की प्रैक्टिस करें 108

➤ एक सेकेंड का महत्त्व समझें — 109
➤ सेकेंड बड़ा बलवान है — 110
➤ सेकेंड की हमेशा कद्र करें — 110
➤ समय अनमोल है इसका सही इस्तेमाल करें — 111
➤ अपने समय का सही मूल्यांकन करें — 111
➤ काम की योजना बनाएँ — 112

ग्यारहवाँ मंत्र

आकाश को छूने का हौसला रखें — **114**

➤ प्रतिभा का अधिकतम उपयोग करें — 115
➤ अधिक काम करने का वातावरण बनाएँ — 115
➤ अपनी प्रतिभा का आंकलन करें — 119

बारहवाँ मंत्र

ग़लतियों को सुधारते रहें — **122**

➤ असफलता के बाद मिलती है सफलता — 123
➤ खुद को योग्य साबित करें — 128

तेरहवाँ मंत्र

मंज़िल तक पहुँचने का रास्ता ढूँढ़ें — **131**

➤ सफलता पाने के लिए लगातार कोशिश करें — 132
➤ हमेशा विजेता वाले तेवर अपनाएँ — 133
➤ नामुमकिन कुछ भी नहीं — 134
➤ परिवर्तन को अपनाते रहिए — 136
➤ जीवन की नई शुरुआत करें — 137

चौदहवाँ मंत्र

चुनौतियों को स्वीकारते रहें — **140**

➤ इच्छा-शक्ति को और अधिक प्रबल करें — 141
➤ खुद को परखते रहें — 141
➤ इच्छा-शक्ति सबसे बड़ी शक्ति है — 143
➤ ईश्वर को दोष न दें — 147
➤ अब होगा हमारा अपना नेविगेशन सिस्टम — 148

पँद्रहवाँ मंत्र

नई इबादत लिखने की प्लानिंग करें   **149**

➢ सफलता मिलती है आत्मविश्वास से   151

➢ अपने दृष्टिकोण को बदलें   154

➢ हमेशा प्रयत्नशील रहें   155

सोलहवाँ मंत्र

असफल होने पर चिंतन करें   **161**

➢ धर्मग्रंथों से ज्ञान प्राप्त करें   162

➢ सोचने का तरीका बदल दें   167

सत्रहवाँ मंत्र

हौसला बुलंद रखें   **170**

➢ सफलता स्वस्थ रहने का टॉनिक है   171

➢ अपनी मर्जी की ज़िंदगी जीने की आदत डालें   172

➢ आपका दिमाग़ चलता-फिरता कंप्यूटर है   175

अठाहरवाँ मंत्र

इतिहास रचने की तैयारी करें   **181**

➢ किस्मत को चकमा देते रहें   183

➢ लेखक के बारे में   190

बिज़नेस से जुड़े लोगों का अनुसरण करें

कुछ साल पहले, मैं चेन्नई की कार बनाने वाली कंपनी **'हुन्डई मोटर्स'** में स्पीच देने गया था। वह कंपनी **'बुलेटप्रूफ कार'** बनाती है, जो पूरे विश्व में बिकती है। लेकिन उस समय कंपनी मंदी के दौर से गुज़र रही थी, इसीलिए मुझे वहाँ बुलाया गया था। ताकि मैं उनके स्टाफ़ को कुछ नया करने के लिए प्रोत्साहित कर सकूँ।

तब कंपनी ने खुले मैदान में स्टेज बनाया था। लगभग दो हज़ार कर्मचारी स्टेज के सामने कुर्सियों पर बैठे थे। मैं स्टेज पर बीच में बैठा था और मेरे दाईं तरफ कंपनी के मैनेजिंग डायरेक्टर बैठे थे।

कुछ देर बाद उन्होंने माइक को अपने निकट खींचा और बोले, **"आप लोगों के बीच विश्व के जाने-माने बिज़नेस गुरु तरुण इन्जीनियर उपस्थित हैं, जो बताएँगे कि किसी भी नए काम को करने में जोश कैसे पैदा किया जाता है?"**

उपस्थित कर्मचारियों ने तालियों के साथ मेरा स्वागत किया। मैंने खड़े होकर माइक सँभाला और कहा, "मुझे ख़ुशी है कि मैं आप लोगों के बीच उपस्थित हूँ। लेकिन मैं इस उम्मीद के साथ यहाँ आया हूँ कि आप मेरी स्पीच को ध्यान से सुनेंगे।

परन्तु सबसे पहले मैं बताना चाहूँगा कि आप चमत्कार कर सकते हैं। क्योंकि आपके अंदर जोश है, हौसला है और कुछ नया करने की ललक है, जो आपके चेहरों से साफ़ दिखायी दे रही है। इसलिए ज़ोर से बोलिए, **"मैं अवसर को सफलता में बदल सकता हूँ।"**

क्योंकि जब आप बोलते हैं, तब आप कर भी सकते हैं। तभी तो स्टीफन कोवे ने अपनी पुस्तक **'द सेवेन हैबिट्स ऑफ हाइली इफ़ेक्टिव पीपल'** में लिखा है, **"यदि आप आम का बीज बोएँगे, तो आपकी आम खाने की इच्छा पूरी हो जाएगी।"**

बस ज़रूरत होती है मन में विचार लाने की। इस बात को दीपक चोपड़ा ने अपनी पुस्तक **'द सेवेन लॉस ऑफ स्प्रिचुअल सक्सेस'** (The Seven laws of spritual success) में भी स्वीकार किया है। क्योंकि मनुष्य ने अब तक जितनी प्रगति की है, वह सब नये काम करने से की है। इसलिए मैं दावे के साथ कह सकता हूँ कि सफलता पाने का यदि कोई शॉर्टकट है, तो वह है अवसर को पहचानना।

लेकिन कैसे पहचानना है, यह समझाने के लिए मैं एक सच्ची घटना सुनाता हूँ। मेरी ज़िंदगी का काफ़ी समय लम्बी यात्राओं में गुज़रा है। क्योंकि जब मैंने सन् 1993 में अपना इम्पोर्ट-एक्सपोर्ट का बिज़नेस शुरू किया था, तब इंटरनेशनल प्रोडक्ट की एजेंसी लेने के लिए विदेश जाना पड़ता था। इसलिए प्लेन में बैठने का अवसर भी कई बार मिला। लेकिन मुंबई की यात्रा को मैं अब तक भूला नहीं पाया।

क्योंकि जब मैं दिल्ली से मुंबई जा रहा था, तब मेरी बग़ल वाली सीट पर गीतकार गुलज़ार बैठे थे। मैंने पहले उन्हें अपना परिचय दिया, फिर पूछा, **"आपने कजरारे-कजरारे, 'बीड़ी जलाइले' और 'दोनों तरफ से बजती है ये' जैसे हिट गीतों की रचना कैसे की?"**

गुलज़ार पहले मुस्कराए, बाद में मेरी जिज्ञासा को शांत करने के उद्देश्य से बोले, **"मैं अपने गीतों के मिसरे ट्रकों के पीछे लिखे जुमलों को जोड़कर बनाता हूँ। क्योंकि उन जुमलों में एक ख़ास संदेश होता है, बेइंतहा शोख़ी होती है और फ़लसफ़ा भी होता है। जो दर्शकों को पसंद आता है और मेरे गाने हिट हो जाते हैं।"**

गुलज़ार साहब का उत्तर सुनकर मैं आश्चर्य में पड़ गया। क्योंकि उन्होंने बड़ी आसानी से अपनी सफलता का रहस्य समझा दिया था। फिर मुझे पता चला कि अवसर तो सड़कों पर बिखरे पड़े हैं, लेकिन उन्हें बटोरने वाला गुलज़ार जैसा दिमाग़ चाहिए।

इसलिए आपको उन लोगों का अनुसरण करना होगा, जिन्होंने नौकरी छोड़कर बिज़नेस शुरू किया, क्योंकि आपने अब तक जो भी हासिल किया है, वह इस बात पर निर्भर करता है कि आपने अपने मस्तिष्क का इस्तेमाल कितना किया?

लेकिन वे कौन से घटक थे, जिनकी वजह से आप नौकरी में सफल नहीं हो पाए? यह जानना ज़रूरी है। उसके बाद सोचिए कि भविष्य में आप कहाँ पहुँचना चाहते हैं? क्योंकि इस पुस्तक से आप वो सिस्टम सीखेंगे, जो आपकी किस्मत बदल सकती है। इस बात से कोई फ़र्क़ नहीं पड़ता कि आप जवान हैं या बूढ़ें, पुरुष हैं या महिला, अमीर हैं या ग़रीब, शिक्षत हैं या अशिक्षित।

पुस्तक किसी से भेद-भाव नहीं करती। इसे जो भी एकाग्र मन से पढ़ता है, वही नौकरी छोड़कर बिज़नेस शुरू कर लेता है। क्योंकि इसमें जो विधि, तकनीक और विचार दिए गए हैं, वे सफलता की प्रयोगशाला में जाँचे और परखे हुए हैं।

इसलिए पुस्तक पर हाथ रखकर शपथ लें, "मैं दुनिया का सबसे बुद्धिमान आदमी हूँ। मैं नौकरी छोड़कर बिज़नेस शुरू कर सकता हूँ, चाहे वह कितना भी छोटा बिज़नेस क्यों न हो।"

यह शपथ आपके भटके हुए मन को दिशा प्रदान करेगी। फिर आपके अंदर ऊर्जा उत्पन्न होगी, जो नए-नए बिज़नेस का पता लगाएगी।

आपका अपना
–तरुण इन्जीनियर
Mobile: **9899153952, 8860544101**
E-mail:***tarunengineer2003@yahoo.com***

जब इनसान का दिमाग़ कमज़ोर होता है, तब परिस्थितियाँ समस्या बन जाती हैं। जब दिमाग़ स्थिर होता है, तब परिस्थितियाँ चुनौती बन जाती हैं। लेकिन जब दिमाग़ मज़बूत होता है, तब परिस्थितियाँ अवसर बन जाती हैं।

इसलिए अपने दिमाग़ को मज़बूत कीजिए और पुस्तक को ध्यान से पढ़िये। क्योंकि आगे के गुरुमंत्रों यानी अध्यायों में बताया गया है कि आप नौकरी छोड़कर अपना बिज़नेस कैसे शुरू कर सकते हैं?

क्यों पढ़ना ज़रूरी है
इस पुस्तक को?

दुनिया में सिर्फ़ 10 प्रतिशत लोग अमीर घरों में पैदा होते हैं और बाक़ी का जन्म ग़रीब परिवारों में होता है, लेकिन तरक्की सबसे ज़्यादा ग़रीब लोग करते हैं। क्योंकि उनके अंदर सोचने, पढ़ने और जोख़िम लेने की आदत बहुत ज़्यादा होती है।

पिछले साल अमेरिका में किया गया शोध भी यही बताता है कि पढ़ने से मस्तिष्क का आकार बदल जाता है, समस्याओं को सुलझाने का तरीका बदल जाता है और जोख़िम लेने का जज़्बा भी कई गुना बढ़ जाता है। इसलिए पुस्तक को ज़रूर पढ़ें। हो सकता है कि आप दुनिया के सबसे बड़े अमीर बन जाएँ। हो सकता है कि आप आने वाले सालों में देश के राष्ट्रपति बन जाएँ। हो सकता है कि आप बॉलीवुड के सबसे अधिक लोकप्रिय अभिनेता बन जाएँ। हो सकता है कि आप क्रिकेट के ज़्यादा रन बनाने वाले खिलाड़ी बन जाएँ। क्योंकि अच्छी पुस्तक में किसी भी बैंक से ज़्यादा दौलत छिपी होती है और सही समय पर सही पुस्तक पढ़ने से आपका जीवन बदल सकता है।

यह हम नहीं कह रहे, बल्कि उन लोगों का मानना है जिन्होंने मेरी पूर्व प्रकाशित पुस्तकें पढ़ीं और बड़ी सफलता प्राप्त की। यदि आपको मेरी बात पर विश्वास नहीं है तो ख़ुद ही देख लीजिए:-

➲ पटना के रहने वाले फज़ल अहमद झारखंड में इनकम टैक्स कमिशनर के पद पर तैनात हैं। वे एक ग़रीब परिवार से संबंध रखते हैं लेकिन अपनी सफलता का श्रेय 'बड़ा सोचो बड़ा बनो' किताब को देते हैं।

➲ गोरखपुर के रहने वाले अमित पांडे मुंबई में सबसे अधिक पारिश्रमिक लेने वाले स्क्रीनप्ले राइटर हैं और बॉलीवुड के कई फिल्म अवॉर्ड भी जीत चुके

हैं, लेकिन वहाँ तक पहुँचने का श्रेय 'बुलंद इरादों से सपने सच करें' पुस्तक को देते हैं।

➲ मैनड्रैक ग्रुप ऑफ इंडस्ट्रीज के मालिक सतीश कश्यप वेडीज रेस्टोरेंट्स के संस्थापक हैं, जिसका टर्नओवर पाँच सौ करोड़ का है। वे भी अपनी सफलता का श्रेय 'क्या आप अमीर बनना चाहते हैं' पुस्तक को देते हैं।

➲ वीरेंद्र भाटी उत्तर प्रदेश के विधानसभा चुनाव में एम.एल.ए. का चुनाव जीते हैं, जबकि उनके घर में पहले किसी ने चुनाव नहीं लड़ा था। अब वे अपनी जीत का श्रेय 'सीक्रेट ऑफ सक्सेस' पुस्तक को देते हैं।

➲ इमरान कैफ़ी पिछले साल आई.पी.एस. की परीक्षा पास कर चुके हैं और आजकल देहरादून में ट्रेनिंग ले रहे हैं। वह पढ़ने में ज्यादा तेज़ नहीं थे, फिर भी अपनी सफलता का श्रेय 'विचारों में छिपी सफलता' पुस्तक को देते हैं।

➲ जोगिंदर पाल सिंह फ़ौज में कमांडर हैं और जम्मू-कश्मीर में कारगिल की चोटी पर तैनात हैं। वह ग़रीब परिवार में पैदा हुए थे, आज वे अपनी सफलता का श्रेय 'प्रभावशाली लोगों की 12 आदतें और उनके सफल होने के रहस्य' पुस्तक को देते हैं।

क्योंकि पुस्तकें बताती हैं कि अमीरी का अर्थ सिर्फ़ दौलत कमाना नहीं है, बल्कि प्रेम से समृद्ध होना है, परिवार से ख़ुशी पाना है, तन से निरोगी होना है और मन से संतुष्ट होना है।

इसलिए जैन धर्म के महान संत गुप्तिसागर कहते हैं, **"तकदीर संयोग से नहीं, चयन से चमकती है और जीवन का कायाकल्प अच्छी पुस्तकों को पढ़ने के बाद होता है।"**

लेकिन यह पुस्तक आपका जीवन कैसे बदल सकती है, इस बात का पता 50 पेज़ पढ़ने के बाद चल जाएगा। वैसे भी कहावत है कि जो व्यक्ति पढ़ना जानता है, उसमें सीखने, सोचने और समझने की शक्ति पैदा हो जाती है।

> ज़िंदगी अगर फाइन है,
> तो समझ लो उसमें ज़रूर ईश्वर के साइन हैं।

बिज़नेस करने का रहस्य जाने

दुनिया के 90% लोग सोचते हैं कि सफलता नसीब से मिलती है, लेकिन यह सच नहीं है। दरअसल सफलता उनको मिलती है, जो पॉजिटिव सोचते हैं और अनुशासन में रहना जानते हैं। जो लोग अनुशासन में नहीं रहते, वे बापू आसाराम की तरह फ्लॉप हो जाते हैं। इसलिए आपको बापू आसाराम का नहीं, बल्कि अन्ना हजारे का अनुसरण करना होगा। क्योंकि अन्ना हजारे ने 74 साल की उम्र में दिल्ली के रामलीला मैदान में 12 दिनों तक सत्याग्रह करके सरकार को घुटने टेकने के लिए मजबूर कर दिया था।

तब सरकार जान गयी थी कि अन्ना हजारे संकल्प के पक्के हैं और 'जन लोकपाल बिल' संसद में पास हुए बिना अपना अनशन नहीं तोड़ेंगे, इसलिए सरकार ने एक ही दिन में 'जन लोकपाल बिल' को दोनों संसदों में पास कर दिया।

फिर अन्ना ने अनशन तोड़ा और कहा, "यह आज़ादी की दूसरी लड़ाई है, जो हमें आगे भी लड़नी होगी, क्योंकि जब तक 'जन लोकपाल बिल' देश में पूरी तरह से लागू नहीं हो जाता, तब तक मैं सत्याग्रह करता रहूँगा।"

अन्ना हजारे की सफलता ने इतिहास में एक नयी इबादत लिख दी और दुनिया को बता दिया कि पॉजिटिव सोच विकसित करने के बाद अवसर को सफलता में कैसे बदला जाता है।

इसलिए नीचे लिखी 5 बातों पर ध्यान दें और उन्हें जीवन में उतारने की कोशिश करें:-

➲ सफलता पाने के लिए मन में जुनून पैदा करें।

➲ कम बोलें और जो भी बोलें, वक़्त की नजाकत को देखकर बोलें।

➲ हमेशा अनुशासन में रहें और ईमानदारी से आगे बढ़ें।

➲   क्रोध को काबू में रखें।

➲   ईश्वर में आस्था पैदा करें।

क्योंकि शास्त्रों में लिखा है, **"कामयाबी सकारात्मक सोच और मेहनत का नतीजा होती है। इसलिए अपनी हॉबी को जुनून में बदलने की कोशिश करो, फिर मिले अवसर को सफलता में बदल सकते हो।"**

लेकिन खुद को कभी भी दूसरों से बेहतर समझने की कोशिश मत करो। हमेशा अपने ही रिकॉर्ड तोड़ने की कोशिश करो, क्योंकि कामयाबी सही प्लानिंग से मिलती है। इसलिए यह पुस्तक उन लोगों के लिए लिखी गयी है, जो नौकरी छोड़कर बिज़नेस करने का हुनर सीखना चाहते हैं। क्योंकि असफलता के हज़ार कारण हो सकते हैं। लेकिन सफलता का सिर्फ़ एक ही फ़लसफ़ा होता है, और वो है पॉजिटिव थिंकिंग। इसलिए आपको यह जादू सीखना होगा। क्योंकि इसे सीखने के बाद ही अमेरिका ने विश्व में अपनी सफलता का परचम फहराया है।

शायद आपको पता होगा कि वहाँ पॉजिटिव थिंकिंग के आधुनिक रूप की बुनियाद तब पड़ी थी, जब 1928 में स्टॉक मार्केट पूरी तरह से चरमरा गया था और देश आर्थिक संकट का सामना कर रहा था। उस समय अमेरिका के लोगों की सारी जमा-पूँजी ख़त्म हो गयी थी, व्यापार ठप हो गए थे और बेरोज़गारी 25 प्रतिशत तक पहुँच गयी थी।

ऐसे में डेल कार्निज द्वारा लिखी पुस्तक **'हाऊ टू विन फ्रेंड्स एण्ड इनफिलुएन्स पीपल'** और नेपोलियन हिल्स की **'थिंक एण्ड ग्रो रिच'** ने लोगों के अंदर पॉजिटिव सोच पैदा की थी, उसके बाद देश तरक्की करता चला गया।

तब वहाँ के व्यापारी उन पुस्तकों को अपने पास रखते थे और उनमें दिए गए सिद्धांतों का पालन करते थे। कुछ व्यापारी उन पुस्तकों की प्रतियाँ अपने कर्मचारियों में भी बाँटते थे, ताकि उनकी सोच पॉजिटिव रहे और प्रोडक्शन बढ़ता रहे।

लेकिन यह भारत के लोगों के लिए कोई नया विषय नहीं है, क्योंकि पॉजिटिव थिंकिंग के जादू का वर्णन हज़ारों साल पहले लिखे वेदों में भी मिलता है। जिनमें लिखा गया है, **"आप जैसा सोचते हैं, वैसा ही आपके चरित्र का निर्माण हो जाता है। क्योंकि विचार शब्दों के रूप में पैदा होते हैं और शब्द कर्म में परिवर्तित हो जाते हैं। फिर कर्म आदतों का विकास करते हैं, आदतें चरित्र का निर्माण करती हैं।"**

वेद और पुराण भारत की धरोहर हैं, इसलिए भारत के लोग अमेरिका को पछाड़ने की कोशिश में लगे हैं। हो सकता आने वाले दस सालों में भारत अमेरिका को पीछे छोड़ दे और विश्व की सबसे बड़ी अर्थव्यवस्था बन जाए। क्योंकि भारत के बिज़नेस

गुरु आजकल लोगों को 'पॉजिटिव कंडीशनिंग' देने में जुटे हैं, ताकि भविष्य की अर्थव्यवस्था में अधिक-से-अधिक लोग अपना सहयोग दे सकें।

इसलिए खुद से सवाल पूछें, **"क्या मैं बिज़नेसमैन बन सकता हूँ? क्या मैं नौकरी छोड़ सकता हूँ? क्या मैं नया बिज़नेस शुरू कर सकता हूँ? क्या मैं रिस्क ले सकता हूँ?"**

जब आपका उत्तर **'हाँ'** में हो, तब पुस्तक को आगे पढ़ें। क्योंकि यह पुस्तक जीवन को रूपांतरित करने का तरीका बताने जा रही है, नौकरी छोड़कर बिज़नेस शुरू करने का जादू सिखाने जा रही है और समृद्धि पाने का रहस्य समझाने जा रही है। ताकि देश सृजनशील व्यक्तियों का समूह बन सके, क्योंकि सोच व्यक्ति को बदलती है, व्यक्ति व्यवस्था को बदलता है और व्यवस्था आर्थिक इंफ्रास्ट्रक्चर को बदलती है। फिर देश समृद्ध हो जाता है।

भगवान कृष्ण ने गीता में कहा है, **"मन को मारने की नहीं, साधने की ज़रूरत है। लेकिन उसे नकारात्मक विचारों से मुक्त रखना होगा, तब सकारात्मक विचार अपना चमत्कार दिखा सकते हैं।"**

अमेरिका में हाल ही में किए गए सर्वे भी यही बताते हैं कि जो लोग पॉजिटिव सोचते हैं, वे सौ साल तक जीते हैं और जीवन का हर लम्हा सुख-शांति और समृद्धि के साथ गुज़ारते हैं। क्योंकि जो लोग आसमान की ऊँचाई को नापने की कोशिश करते हैं, उसके इरादों को पंख लग जाते हैं।

ध्यान मत दो कौन क्या कहता है, बस वो करो जो "अच्छा" है और "सच्चा" है।

आप जब सीखना बंद कर देते हैं, तब आपका विकास थम जाता है। क्योंकि आपका जीवन इस पुस्तक की तरह है और इसके अध्याय आपके अनुभव हैं, जो आपकी चेतना को जगाते हैं।

इसलिए पुस्तक को एक बार ज़रूर पढ़ें और अपने व्यक्तित्व को निखारने में जुट जाएँ। क्योंकि यह पुस्तक आपके भीतर उत्साह पैदा करेगी, ताकि आप चमत्कार कर सकें।

पहले ख़ुद को परखें
फिर आगे पढ़ें

कहते हैं कि इच्छाओं का कोई अंत नहीं, क्योंकि यह जीवन की प्रवृत्ति है। लेकिन कुछ इच्छाएँ ऐसी होती हैं, जो पूरी हो सकती हैं। बशर्ते, उन्हें पूरा करने का तरीका आना चाहिए। दुनिया के जाने-माने साइंटिस्ट स्टीफन हॉकिंस भी इस बात से सहमत हैं कि इच्छाओं को पूरा किया जा सकता है, क्योंकि विकलांग होने के बाद भी उन्होंने अपनी सारी इच्छाएँ पूरी की हैं।

तभी तो किसी शायर ने कहा है:-

शिद्दत से अपने किरदार को हर पल निभाइए।
हो सकता है कल आप किसी की प्रेरणा बन जाएँ।

इसलिए तैयार हो जाइए उस एटीट्यूड टेस्ट को देने के लिए, जो बताएगा कि आप इस पुस्तक को आगे पढ़ें या नहीं। यह टेस्ट बहुत आसान है, आपको सिर्फ़ नीचे लिखे प्रश्नों के उत्तर देने हैं:-

1. यदि आपको हर सुखद शब्द के लिए कोई सौ रुपये दे और हर कठोर शब्द के लिए पचास रुपये ले, तो आप क्या बनेंगे?
    a. अमीर   हाँ ☐
    b. ग़रीब   हाँ ☐
    c. कुछ भी नहीं   हाँ ☐

2. आप परिस्थितियों की कठपुतली हैं या परिस्थितियों के निर्माता?
    a. कठपुतली   हाँ ☐
    b. निर्माता   हाँ ☐
    c. कुछ भी नहीं   हाँ ☐

3. जब अवसर आता है, तो क्या आप उसके लिए तैयार रहते हैं?

   a. बिलकुल   हाँ ☐
   b. नहीं   हाँ ☐
   c. पता नहीं   हाँ ☐

4. जब दूसरे सफल लोग आपके आसपास होते हैं, तब आप क्या महसूस करते हैं?

   a. उन्हें बहुत बड़ा समझता हूँ   हाँ ☐
   b. उन्हें बहुत छोटा समझता हूँ   हाँ ☐
   c. पता नहीं चलता   हाँ ☐

5. आप किस चीज़ का अनुसरण करते हैं?

   a. सच का   हाँ ☐
   b. छल-कपट का   हाँ ☐
   c. झूठ का   हाँ ☐

6. क्या आप अपना दुख दूसरों के साथ बाँटते हैं, या फिर उन्हें याद करके एकांत में रोते हैं?

   a. दूसरों का साथ बाँटता हूँ   हाँ ☐
   b. एकांत में रोता हूँ   हाँ ☐
   c. नॉर्मल रहता हूँ   हाँ ☐

7. ऐसी चीज़ों के बारे में आपको कितनी क़ीमत चुकानी पड़ती है, जो कभी हुई ही नहीं?

   a. बहुत ज़्यादा   हाँ ☐
   b. थोड़ी बहुत   हाँ ☐
   c. कुछ भी नहीं   हाँ ☐

8. क्या आप समस्या के बीच से निकल जाते हैं, या फिर उसके चारों तरफ घूमते रहते हैं?

   a. साफ़ निकल जाता हूँ   हाँ ☐
   b. फँस जाता हूँ   हाँ ☐
   c. चारों तरफ घूमता हूँ   हाँ ☐

9. क्या असफलता आपके दिमाग़ पर हावी रहती है, या आपकी पहुँच से बाहर है?

   a. पहुँच से बाहर   हाँ ☐
   b. हावी रहती है   हाँ ☐
   c. पता नहीं   हाँ ☐

10. क्या आप अवसर में मुश्किलें देखते हैं, या मुश्किलों में अवसर?

a.	मुश्किलों में अवसर	हाँ ☐
b.	अवसरों में मुश्किल	हाँ ☐
c.	कुछ भी नहीं	हाँ ☐

अब आप अपनी स्थिति को जानने के लिए सही का निशान लगे उत्तरों का योग करें और जाने कि आप इस पुस्तक को पढ़ने के काबिल हैं या नहीं।

➲ यदि आपके **8** या **8** से अधिक उत्तर (a) के हैं, तब समझ लीजिए कि आप इस एटीट्यूड टेस्ट में पास हैं और पुस्तक को पढ़ सकते हैं।

➲ यदि आपके 8 या 8 से अधिक उत्तर (b) के हैं, तब समझ लीजिए कि आपको पुस्तक कई बार पढ़नी होगी। उसके बाद आप अवसर को सफलता में बदलने का रहस्य समझ पाएँगे

➲ लेकिन 8 या 8 से अधिक उत्तर (c) के होने पर आप इस पुस्तक को आगे न पढ़ें। क्योंकि आपकी स्थिति उस व्यक्ति जैसी है, जिसकी घोर तपस्या से भगवान प्रसन्न हो जाते हैं और कहते हैं, **"जीवन में सच्चे मन से जब जो चाहोगे, वही मिल जाएगा।"**

फिर न जाने कितने अवसर आए, जब वो उस वरदान का इस्तेमाल करके अपने जीवन को सुखी बना सकता था। लेकिन उसने ऐसा नहीं किया। कई बार भूखे मरने तक की नौबत आई, फिर भी वह टस से मस नहीं हुआ। कुछ अवसर ऐसे भी आए, जब वह बेइंतहा दौलत कमा सकता था, लेकिन उसने ऐसा भी नहीं किया। क्योंकि वह बड़े बिज़नेस की तलाश में था और सोचता था, "जब मौत आएगी, तब मैं उस वरदान का इस्तेमाल करूँगा और अमर हो जाऊँगा।" लेकिन मौत ने उसे सोचने का अवसर नहीं दिया। वह एक दिन चुपके से आई और उसे अपने साथ ले गयी। फिर उसका वरदान धरा का धरा रह गया।

इसलिए खुद से कुछ सवाल पूछें। क्या मैं सकारात्मक सोच सकता हूँ? क्या मैं अपने आप पर भरोसा करता हूँ? क्या वहाँ पहुँच सकता हूँ, जहाँ मैं पहुँचना चाहता हूँ? क्या मैं अपने सपने को हक़ीक़त में बदल सकता हूँ? क्या मैं अवसर को पहचानने की क्षमता रखता हूँ?

लेकिन यह सच है कि जब आप कोई मैच हार जाते हैं या बिज़नेस में फेल हो जाते हैं, तब आपको गुस्सा ज़रूर आता होगा, क्योंकि हारने वाले के साथ हमेशा ऐसा ही होता है। लेकिन आपको उस हार से सबक लेना होगा, क्योंकि जिन लोगों को आज आप सफलता के शिखर पर देख रहे हैं, वे अपने जीवन में कई बार असफल हुए थे। यदि आपको मेरी बात पर विश्वास नहीं होता है, तो खुद ही देख लीजिए:-

1. वॉल्ट डिज्नी

जिनके नाम पर इतना बड़ा डिज्नीलैंड बना, उन्हें एक समाचारपत्र की कंपनी ने यह कहकर निकाल दिया था कि तुम्हें कुछ नहीं आता और तुम ठीक से कल्पना भी नहीं कर सकते। लेकिन उन्होंने हिम्मत नहीं हारी, कोशिश करते रहे, फिर पूरे आत्मविश्वास के साथ आगे बढ़े और दुनिया पर छा गए।

2. थॉमस ऐल्वा एडिसन

बल्ब का आविष्कार करने वाले थॉमस ऐल्वा एडिसन कई प्रयासों के बाद बल्ब का आविष्कार कर पाए थे। यदि वे निराश होकर काम करना छोड़ देते, तो आपको बल्ब की रोशनी कैसे मिलती?

3. जे. के रोलिंग

हैरी पॉटर को 12 पब्लिशर्स ने पहले ठुकरा दिया था, उसके बाद तब कहीं जाकर 13वें पब्लिशर ने उस पुस्तक को छापा था। लेकिन जे.के. रोलिंग निराश नहीं हुईं, बल्कि आशावादी बनी रहीं और सफल हो गईं।

इसलिए आपको भी आशावादी दृष्टिकोण अपनाना होगा और असफल होने पर नीचे लिखी बातों पर अमल करना होगा:-

➲ **यह सोचें कि यह आख़िरी अवसर नहीं है, बल्कि जीवन में और भी अवसर मिलेंगे। फिर अपनी क्षमता दिखाने के लिए ख़ुद को मानसिक रूप से तैयार करें।**

➲ **अपनी ग़लतियों पर ईमानदारी से नज़र डालें तथा उन्हें भविष्य में न दोहराने का दृढ़-निश्चय करें।**

➲ **यदि बिज़नेस में हारे हों, तो अपने प्रतिद्वंद्वी की परफॉरमेंस पर ध्यान दें और जानने का प्रयत्न करें कि उन्होंने क्या बेहतर किया है?**

➲ **अपनी हार की ज़िम्मेदारी ख़ुद लें, न की आँसू बहाकर दीन-हीन बनने का प्रयत्न करें। यह आदत आपको कमज़ोर बना देगी।**

➲ **जीतने के लिए योजनाबद्ध तरीके से काम करें और बिज़नेस की बारीकियाँ समझें।**

ये वे नियम हैं, जो आपको सफलता के शिखर पर पहुँचा सकते हैं। क्योंकि जब मैंने विश्व के कुछ प्रसिद्ध उद्योगपतियों की सफलता का अध्ययन किया, तो जाना कि वे संभावना और उनके उपयोग के बारे में सोचते हैं। वे जोख़िम उठाने के लिए तैयार रहते हैं। वे मुश्किल काम अधिक करते हैं और प्रेरित करने वालों के साथ रहते हैं।

इसलिए पहले अतीत से भविष्य की ओर जाएँ, सामान्य से असमान्य की ओर जाएँ, घृणा से प्रेम की ओर जाएँ, नकारात्मकता से सकारात्मकता की ओर जाएँ। क्योंकि विश्व के महान काम सिर्फ़ बड़ी उम्र के लोगों ने ही नहीं किए, बल्कि छोटी उम्र के लोगों ने भी किए हैं। जब आप इतिहास उठाकर पढ़ेंगे, तो जानेंगे कि युवाकें द्वारा किए गए कारनामों से पन्ने भरे पड़े हैं:-

➲ सिकंदर ने सिर्फ़ 20 साल की उम्र में ही राजगद्दी प्राप्त कर ली थी और 27 साल की उम्र में उसने लगभग आधे विश्व पर विजय पा ली थी। इसलिए आज सारी दुनिया सिकंदर को **'सिकंदर महान'** के नाम से जानती है।

➲ विश्व के महानतम शिल्पी माइकल एंजेलो ने 17 साल की उम्र में **'सेंटार का युद्ध'** नाम की मूर्ति को गढ़ा था और 26 साल के होते-होते उन्होंने अपनी विश्व प्रसिद्ध मूर्तियाँ **'पियेत्ता'** गढ़ ली थीं, जिसके लिए उन्हें ढेर सारे पुरस्कार मिले थे।

➲ पास्कल को अब विश्व का सबसे बड़ा गणितज्ञ माना जाता है। क्योंकि उन्होंने 16 साल की उम्र में ज्योमेट्री पर पुस्तक लिखी थी, जो बहुत प्रसिद्ध हुई। बाद में जब वे 19 साल के हुए, तो उन्होंने संकलन यंत्र (एडिंग मशीन) का आविष्कार किया था। अब उसका उपयोग संगीत को सँवारने में किया जाता है।

➲ जेम्स वाट का नाम हर कोई जानता है। क्योंकि रेल की पटरियों पर भाप का इंजन उन्हीं के सिद्धांत पर दौड़ता है। जबकि इस सिद्धांत का अविष्कार उन्होंने 25 साल की उम्र में किया था।

➲ वेस्टर्न म्यूजिक के क्षेत्र में वोल्फ गैंग मोजार्ट का नाम सबसे ऊपर है। क्योंकि उन्होंने सिर्फ़ 4 साल की उम्र में ही संगीत बनाना शुरू कर दिया था और 6 साल में पेशेवर वादक बन गए थे। फिर 7 साल की उम्र में अपना पहला **'सोनाटा'** रचा था और 8 साल की उम्र में उन्होंने अपनी पहली **'सिंफनी'** बना डाली थी।

➲ बापू का नाम आज सारा विश्व श्रद्धा और सम्मान से लेता है। उनका नाम मोहनदास करमचंद गांधी था। जब वे 24 साल के थे, तब उन्होंने दक्षिण अफ्रीका में रंगभेद की नीति का विरोध करने के लिए सत्याग्रह किया था, जो बाद में भारत को आज़ाद कराने में भी सहायक बना। अब महात्मा गांधी को मानवता का सबसे बड़ा पुजारी माना जाता है।

यह सब लोगों की सफलता से पता चलता है कि अवसर को सफलता में बदलने की कोई उम्र निश्चित नहीं है। कोई भी किसी भी उम्र में सफलता पा सकता है। लेकिन ये सब किस्मत को बदलने वाले 9 सिद्धांतों को जानते थे, उसके बाद लगन और एकाग्रता काम आयी।

कहावत है कि इनसान के जीवन में एक बार अवसर ज़रूर दस्तक देता है, लेकिन उसे पहचानना पड़ता है। यदि आप उस अवसर को अब तक नहीं पहचान पाए, तो समय बर्बाद न करें। तुरन्त नीचे लिखे 9 सिद्धांतों को अमल में लाएँ:-

1. **संरचना–** सबसे पहले ज़रूरत होती है योजना बनाने की। इसलिए तय करें कि आप कहाँ तक काम करना चाहते हैं और वहाँ तक कैसे पहुँच सकते हैं? उस प्लान को डायरी में लिखें, फिर उसके अनुरूप अपने नज़रिये का विकास करें। यदि उसके बाद भी आप अपनी मंज़िल तक नहीं पहुँच पाते हैं, तो अपना एटीट्यूड बदलें।

2. **योग्यता–** कई बार आपको लगता है कि मैं सबकुछ कर सकता हूँ। यानी, चित्रकार भी बन सकता हूँ और गायक भी। जिसकी वजह से आप समझ नहीं पाते कि मैं कौन-सा क्षेत्र चुनूँ और किस तरफ आगे बढ़ूँ। ऐसी स्थिति में अपने गुरु से ज़रूर सलाह लें। यदि आप अपना मन किसी ख़ास क्षेत्र में जाने के का बना लेते हैं, तो उसके बारे में जानकारी लें। फिर आगे बढ़ें। यह सच है कि किसी भी क्षेत्र में प्रवेश करने से पहले रुकावटें आएँगी, परन्तु उन रुकावटों को आप ट्रेनिंग, शिक्षा और योग्यता से पार कर सकते हैं।

3. **साहस–** कभी-कभी आपको ख़तरों से खेलने की भी ज़रूरत पड़ती है। उसके लिए साहस का होना बहुत ज़रूरी है। हो सकता है आपको अपनी दिशा बदलनी पड़े और पुराने कामों को नए तरीके से करना पड़े। ऐसी स्थिति में आपको परेशानी भी हो सकती है, लेकिन आपको यदि ख़ुद पर विश्वास है, तो आप उसमें और बेहतर कर सकते हैं।

4. **संवाद–** प्रोफ़ेशनल संबंध संवाद की कमी के कारण कमज़ोर पड़ने लगते हैं। तब अपने सहयोगियों के साथ बातचीत का सिलसिला बनाएँ और जानें कि बाज़ार में क्या चल रहा है। कहाँ किस चीज़ की ज़रूरत है। फिर आपको नए अवसरों का पता चलता रहेगा।

5. **आकर्षण–** यह सच है कि आकर्षण सफलता के लिए बहुत महत्त्वपूर्ण है और इसके लिए आपको कोई क़ीमत भी चुकानी नहीं पड़ती। लेकिन आपके व्यक्तित्व से आत्मविश्वास झलकना चाहिए। तब दूसरे लोग आपको देखकर अच्छा महसूस करेंगे।

6. **आत्मविश्वास–** ख़ुद को पहचानने से आत्मविश्वास बढ़ता है। इसलिए अपनी क्षमताओं को बढ़ाएँ और मेहनत से काम करें, फिर उसे पूरा करके ही दम लें।

7. **नियंत्रण–** अपनी भावनाओं को नियंत्रण करना बहुत ज़रूरी है, क्योंकि इसके बिना अच्छे विचार नहीं आ सकते। इसलिए दिल की बजाय दिमाग़ से काम लें।

8. **प्रतिबद्धता**– किसी भी काम को पूरा करने के लिए प्रतिबद्धता ज़रूरी है। इसलिए निष्ठा और लगन के साथ आगे बढ़ें, तब मंज़िल मिलना आसान हो जाएगा।

9. **संतुष्टि**– दूसरे को क्या मिला, इसकी चिंता न करें। बल्कि आपको जो मिला है, उसमें संतुष्ट रहें। क्योंकि हर व्यक्ति एक जैसा भाग्य लेकर पैदा नहीं होता, लेकिन संतुष्टि उसे सफलता का स्वाद चखा देती है।

ये गुरुमंत्र हर वक़्त आपकी मदद करेंगे। इसलिए देर मत कीजिए और आगे बढ़ना शुरू कीजिए। क्योंकि आपकी किस्मत का ताला खुलने में सिर्फ़ कुछ ही समय बाक़ी है।

समय सुपरसोनिक विमान से भी तेज़ चलता है। इसे आप न तो पीछे धकेल सकते हैं और न ही रोक सकते हैं। इसको सिर्फ़ बर्बाद किया जा सकता है या उपयोग किया जा सकता है। लेकिन जब आप उपयोग करते हैं, तब यह दौलत में बदल जाता है।

ज़रा सोचिए कि अब तक आपने कितनी उपलब्धियाँ अर्जित की हैं? उसके बाद हिसाब लगाइए कि आप किस मुकाम पर पहुँचे हैं? फिर कल्पना कीजिए कि आप आगे कहाँ पहुँचना चाहते हैं?

क्योंकि मेरा अनुभव कहता है कि जब आप यहाँ तक पहुँच सकते हैं, तब आप आगे भी बढ़ सकते हैं।

इसीलिए अपने अंदर छिपी अदृश्य क्षमताओं को पहचानिए और सकारात्मक सोच के साथ आगे बढ़िए। क्योंकि शिखर पर बैठी सफलता आपका बेचैनी से इंतज़ार कर रही है।

पहला मंत्र

बिज़नेस शुरू करने का संकल्प लें

ताइपे की 'यूनिवर्सिटी ऑफ ताईवान' में आयोजित एक सम्मेलन में किसी विदेशी पत्रकार ने मुझसे पूछा था, "आपके यहाँ हर साल अमीरों की तादाद बढ़ती जा रही है। जबकि पूरा विश्व मंदी की मार झेल रहा है और अमीर लोग धीरे-धीरे कंगाल होते जा रहें हैं। उसके बाद भी आपकी अर्थव्यवस्था दिन-प्रतिदिन मज़बूत होती जा रही है। इसका क्या कारण है?"

तब मैंने सिर्फ़ इतना ही कहा था, "हम लोग बड़े सपने देखते हैं। बड़ी सोच रखते हैं। बड़ा लक्ष्य बनाते हैं। बड़े फैसले लेते हैं। फिर बड़ी कामयाबी हासिल करते हैं। यही हमारी सफलता का राज है।"

पत्रकार मेरा उत्तर सुनकर दंग रह गया। क्योंकि वह नहीं जानता था कि हम लोगों की सोच विकसित हो चुकी है। इरादे बुलंद हो चुके हैं, और विज्ञान के क्षेत्र में भारतीय वैज्ञानिक 'नासा' जैसी अंतरिक्ष एजेंसियों को अपना लोहा मनवा चुके हैं।

अब भारत 'चंद्रयान-2' के जरिए चंद्रमा पर मानव उतारने की योजना बना रहा है और हमारी गिनती दुनिया की सबसे सशक्त अर्थव्यवस्था में हो रही है। साथ ही वैश्विक अर्थव्यवस्था में बढ़ती हिस्सेदारी से अनुमान लगाया जा रहा है कि आने वाले दशक के अन्त तक विश्व के कुल जी.डी.पी. में तीसरा सबसे बड़ा हिस्सा भारत का होगा।

क्योंकि बीते साल की आर्थिक मंदी का भारतीय अर्थव्यवस्था ने जिस तरह से सामना किया है, उसकी मिशाल यूरोप के देशों में दी जा रही है और कहा जा रहा है कि आने वाले समय में नयी नौकरियों का केन्द्र भारत होगा।

आज भी दुनिया के विकसित कई देश मंदी के दौर से गुज़र रहे हैं, लेकिन भारतीय जी.डी.पी. 7.9 प्रतिशत की दर से विकास के रास्ते पर है। अब वह दिन दूर नहीं

है, जब दुनिया में हर छठा सी.ई.ओ. भारतीय होगा। हर छठा नोबल पुरस्कार विजेता भारतीय होगा। और हर छठा अमीर भारतीय होगा।

इन सब बातों से पता चलता है कि हम लोगों के अंदर ख़तरों से खेलने का जुनून बहुत ज्यादा बढ़ गया है और जोखिम उठाने का साहस भी उत्पन्न हो चुका है। लेकिन यह सब सोच बदलने के बाद ही सम्भव हो सका है।

सफलता पाने का शॉर्टकट ढूँढ़ें

सफलता पाने के लिए संसाधनों की ज़रूरत नहीं होती, मौकों की भी ज़रूरत नहीं होती, सिर्फ़ विश्वास की ज़रूरत होती है, मेहनत उसके बाद काम आती है। इस बात को सच साबित किया है फिल्म अभिनेता मनोज वाजपेयी ने, जिन्होंने विश्वास के बल पर बॉलीवुड में अपना मुकाम हासिल किया है। जबकि मनोज वाजपेयी बिहार के पश्चिम चंपारण जिले के बेलवा गाँव से मुंबई आए थे और उन्होंने कई सालों तक संघर्ष किया था।

इस बात को वे खुद स्वीकार करते हैं और कहते हैं, **"मुंबई आने के बाद मेरे दिल में सिर्फ़ एक ख़्वाहिश थी कि मुझे एक कमर्शियल हिट मिल जाए। फिर यह सपना पूरा हुआ और मुझे बॉलीवुड में एक अलग पहचान मिली। क्योंकि मुझे विश्वास था कि मेरी मेहनत और प्रतिभा एक दिन ज़रूर रंग लाएगी।"**

राजपाल यादव को भी शाहजहाँपुर से मुंबई तक पहुँचने में लंबा वक़्त लगा था। जबकि मुंबई पहुँचने से पहले उन्होंने कई स्कूलों में जाकर अभिनय की बारीक़ियाँ सीखी थीं और कस्बों में होने वाली नौटंकी में काम भी किया था। उसके बाद भी बॉलीवुड में आसानी से काम नहीं मिला था, क्योंकि उनकी छोटी कदकाठी अभिनेता बनने में बाधा खड़ी करती थी। मुंबई में उनका कोई जानकार भी नहीं था। बड़ी मुश्किल से एक छोटा-सा रोल मिला, जिसमें उन्होंने अपना हुनर दिखाया और बॉलीवुड के सबसे अधिक बिकाऊ हास्य अभिनेता बन गए।

एम.एस. धोनी के सफल होने की कहानी भी कुछ ऐसी ही है। जब वे छोटे थे, तब उनके पिता पान सिंह एक कंपनी में छोटे से पद पर कार्य करते थे। लेकिन धोनी को बचपन से बैडमिंटन और फुटबॉल खेलने का शौक था, परन्तु अपनी मेहनत और लगन के बल पर वे क्रिकेट में आ गए। फिर एक क्रिकेटर के रूप में भारतीय क्रिकेट टीम के कैप्टन बन गए और दुनिया के नामी-गिरामी लोगों में शामिल हो गए। लेकिन इस मुकाम तक पहुँचने का श्रेय वे अपने अंदर के जुनून को देते हैं, जो उन्हें एक सफल क्रिकेटर बनने के लिए प्रेरित करता था।

बचपन से दवाइयों के क्षेत्र में नई खोज करने का सपना देखने वाले डॉ. करतार सिंह लालवानी ने भी अपने जुनून के बल पर विटामिन सप्लीमेंट के कई नए फॉर्मूले

बिज़नेस गुरु तरुण इन्जीनियर

खोजे हैं। अब वे न्यूट्रोस्यूटिकल क्षेत्र की ब्रिटेन की सफलतम कंपनी वाइटाबायोटिक्स के संस्थापक और सी.ई.ओ. भी हैं। आज वे डंके की चोट पर कहते हैं कि मेरी अब तक की उपलब्धियाँ, मेरी उम्मीद का परिणाम हैं।

उम्मीद का दामन थामे रहिए

विश्व के जाने माने दार्शनिक हॉक्स मिल्टन ने कहा था, **"यदि आप अपने सपनों को साकार करना चाहते हैं, तब उम्मीद का दामन थामे रहें। क्योंकि उम्मीद आपको सफलता के आसमान की सैर कराएगी, फिर आप महसूस करने लगेंगे कि सफलता पाना कितना आसान है।"** इसलिए उम्मीद की डोर को कसकर थामे रहिए और सफल लोगों की अच्छी आदतों का अनुसरण कीजिए। फिर आप भी उनकी तरह लोकप्रिय बन जाएँगे।

इस बात को सिद्ध करने के लिए मैं आपको एक कहानी सुनाता हूँ। एक बार दो राज्यों के बीच युद्ध की तैयारियाँ चल रही थीं। दोनों राज्य के शासक एक प्रसिद्ध संत के भक्त थे। वे अपनी-अपनी विजय का आशीर्वाद माँगने के लिए अलग-अलग समय पर उनके पास पहुँचे।

पहले शासक को आशीर्वाद देते हुए संत बोले, **"तुम्हारी विजय निश्चित है।"**

दूसरे शासक को उन्होंने कहा, **"तुम्हारी विजय संदिग्ध है।"**

दूसरा शासक संत की बात सुनकर चला आया, किन्तु उसने हार नहीं मानी और अपने सेनापति से कहा, **"हमें मेहनत और पुरुषार्थ पर विश्वास करना होगा और हमें ज़ोर-शोर से तैयारी करनी होगी। दिन-रात एक करके युद्ध की बारीक़ियाँ सीखनी होंगी। अपनी जान को झोंकने के लिए तैयार रहना होगा।"**

परन्तु पहले शासक की प्रसन्नता का ठिकाना नहीं था, उसने अपनी विजय निश्चित जानकर अपना सारा ध्यान अय्यासी और नृत्य-संगीत में लगा दिया। फिर उसके सैनिक भी रंगरलियाँ मनाने में लग गए।

लेकिन अचानक एक दिन युद्ध आरंभ हो गया। जिस शासक को विजय का आशीर्वाद था, उसे कोई चिंता नहीं थी। उसके सैनिकों ने भी युद्ध का अभ्यास नहीं किया था। दूसरी ओर जिस शासक की विजय संदिग्ध बताई गई थी, उसने और उसके सैनिकों ने दिन-रात एक कर युद्ध की सारी बारीक़ियाँ जान ली थीं।

फिर युद्ध में उन्हीं बारीक़ियों का प्रयोग किया और कुछ ही देर में पहले शासक की सेना को परास्त कर दिया।

अपनी हार पर पहला शासक बौखला गया और संत के पास जाकर बोला, **"महाराज! आपकी वाणी में कोई दम नहीं है। आप ग़लत भविष्यवाणी करते हैं।"**

उसकी बात सुनकर संत मुस्कराते हुए बोले, "इतना बौखलाने की ज़रूरत नहीं है। तुम्हारी विजय निश्चित थी, किन्तु उसके लिए मेहनत और पुरुषार्थ भी तो ज़रूरी था। क्योंकि भाग्य हमेशा उन्हीं मनुष्यों का साथ देता है जो मेहनत करते हैं। तभी तो वह शासक जीत गया, जिसकी पराजय निश्चित थी।"

जो बनने की ठान लेंगे वही बन जाएँगे

पुस्तक को पढ़ते समय आप यह न सोचें कि बिना मेहनत किए आप सफल हो जाएँगे। मेहनत तो आपको करनी ही पड़ेगी और वो भी फल की इच्छा किए बिना, क्योंकि फल की इच्छा मन में आते ही आपकी एकाग्रता ख़त्म हो जाएगी और मन भटक जाएगा। इसलिए कर्म करते रहिए, फल की चिंता मत कीजिए। क्योंकि जब आप अपना कर्म इमानदारी से करेंगे, तब फल अवश्य मिलेगा।

आपने उस पीटर जॉन की कहानी तो अवश्य सुनी होगी, जो अमेरिका में गीता के सिद्धांतों को अपनाकर महान समाज सेवी बन गया था। क्योंकि उसे भगवान कृष्ण से बहुत लगाव था। इसलिए वह जहाँ भी जाता था, वहीं पर सेब के बीजों को बिखेर देता था। रेल में बैठता था, तो खिड़की से बीज बाहर फेंक देता था। तांगे पर बैठता था, तो सड़क के दोनों तरफ बीज फेंक देता था। और जब पैदल चलता था, तब भी वह रास्ते में बीज बिखेर देता था। क्योंकि वह हर समय अपने थैले में सेब के बीज भरे रहता था, इसलिए उसका नाम **'जॉन द एपल सीड'** पड़ गया था।

एक दिन किसी व्यक्ति ने उसे बीच सड़क पर रोककर कहा, **"जॉन! क्या तू पागल हो गया है, जो चलते-फिरते हर समय सेब के बीज इधर-उधर फेंकता रहता है?"**

"नहीं, मैं पागल नहीं हूँ कृष्ण भक्त हूँ। मैं गीता में लिखे अनुसार निष्कर्म भाव से कर्म कर रहा हूँ, ताकि ये बीज पेड़ बन सकें।"

"लेकिन जब तक ये पेड़ बड़े होंगे, तब तक तो तुम ज़िंदा भी नहीं रहोगे, फिर क्यों बेकार में मेहनत कर रहे हो?"

जॉन ने मुस्कराते हुए कहा, **"मैं ज़िंदा नहीं रहूँगा तो क्या, मेरे बच्चे सेब खाएँगे, पूरा अमेरिका सेब खाएगा।"**

जॉन का उत्तर सुनकर वह व्यक्ति आगे बढ़ गया। फिर सचमुच में उसकी मेहनत रंग लायी और पूरे अमेरिका में सेब के पेड़ उग आए। आज अमेरिका में सबसे अधिक पेड़ हैं।

यही भावना आपको अपने अंदर पैदा करनी है, फिर सफलता आपके क़दम चूमेगी। धीरूभाई अम्बानी इसकी ताज़ा मिसाल हैं। उन्होंने लगभग साठ साल पहले

रिलाइंस उद्योग की स्थापना की थी, आज उनके दोनों बेटे मुकेश और अनिल अम्बानी पूरे विश्व में अपनी सफलता का परचम फहरा रहे हैं।

अब आपकी बारी है, क्योंकि **दुनिया में ऐसी कोई चीज़ नहीं है, जो आप हासिल नहीं कर सकते। विश्व में ऐसा कोई काम नहीं है, जो आप नहीं कर सकते।**

आप कर सकते हैं।

इसलिए मन में ठान लीजिए कि आपको क्या बनना है? फिर इस पुस्तक का चमत्कार देखिए। आप जो बनने की ठानेंगे, पुस्तक आपको वही बनाने की कोशिश में जुट जाएगी।

जो बीत गया सो बीत गया, इसलिए पीछे मुड़कर कभी मत देखिए। क्योंकि पीछे मुड़कर देखने से सफलता का रास्ता लंबा हो जाता है।

सफलता कभी संयोग से नहीं मिलती, बल्कि सही चुनाव से मिलती है। इसलिए हमेशा आगे बढ़ने का विकल्प चुनें, तूफान से गुज़रने का साहस करें और अपना सबकुछ झोंक दें।

क्योंकि जीवन की दौड़ सबसे तेज़ या शक्तिशाली व्यक्ति नहीं जीतता बल्कि वह जीतता है, जो नौकरी छोड़कर अपना बिज़नेस शुरू करता है।

दूसरा मंत्र
सकारात्मक सोचें और आगे बढ़ें

अंतिम मुग़ल बादशाह बहादुरशाह ज़फ़र ने अपने जीवन के अंतिम दिनों में कहा था, "न किसी की आँख का नूर हूँ, न किसी के दिल का करार हूँ।"

लेकिन आज की युवा पीढ़ी अपने जीवन के शुरुआती दिनों में ही इन शब्दों को दोहराने लगी है। क्योंकि वह हर पल नकारात्मक सोचती है और फटाफट सफल होने की उम्मीद करती है। जबकि सफलता हासिल करना एक धीमी प्रक्रिया है।

अगर आप सफलता जल्दी पा लेंगें, तब अनुभव और समझदारी कहाँ से लेंगें? इसलिए आप कछुए की चाल चलें, खरगोश की नहीं? क्योंकि किसी भी इमारत को बनाने के लिए स्ट्रांग फांउड़ेशन की ज़रूरत होती है, वरना वह हलके से भूकम्प के झटके आने पर गिर सकती है।

इसलिए सबसे पहले अपनी सोच को बदलें और सही नज़रिया अपनाएँ। क्योंकि जब आपके सोचने का नज़रिया सही होगा, तब आपकी दृष्टि उस हीरे को पहचान लेगी, जो पत्थरों के बीच छिपा है। फिर आपके अंदर अवसर पहचानने का हुनर खुद विकसित हो जाएगा। क्योंकि सोच से ही विश्व का निर्माण हुआ है। सोच से ही वैज्ञानिकों ने बड़े-बड़े आविष्कार किए हैं और सोच से ही भाग्य बदलता है। क्योंकि आपके हाथों की रेखाएँ आपके कर्म के अनुसार बदलती रहती हैं। वह स्थिर नहीं रहतीं। यह प्रकृति का नियम है। जिस तरह दुनिया की हर चीज़ वक़्त के साथ बदलती रहती है, वैसे ही हाथ की रेखाएँ भी बदलती रहती हैं। तभी तो नेपोलियन हिल ने कहा था, "मनुष्य जब किसी चीज़ को पाने की कोशिश करता है और उसमें अपनी पूरी शक्ति झोंक देता है, तब वह उसे हर हाल में पा लेता है।"

क्योंकि आपका शरीर उस गुब्बारे के समान है, जिसमें हाइड्रोजन गैस भरी होती है और जिस गुब्बारे में जितनी अधिक गैस भरी होती है, वह उतनी ही ऊँचाई तक जाता है।

आपके अंदर भी कुछ इसी तरह की गैस भरी हुई है, जिसे आप सोच कहते हैं। इसलिए ज्यादा ऊँचाई तक पहुँचने वालों की सोच सकारात्मक होती है और ज़मीन पर रेंगने वालों की सोच नकारात्मक होती है। जबकि सोच बदलने के लिए इच्छा-शक्ति, आत्मविश्वास और जुनून का होना ज़रूरी है। जब आपके अंदर इन तीनों चीज़ों का समावेश हो जाता है, तब आपकी सोच बदल जाती है। फिर आप मनचाही सफलता पा लेते हैं।

कुछ ऐसा ही संगीत के जादूगर ए.आर.रहमान ने ऑस्कर एवॉर्ड जीतने के बाद कहा था, **"जब आप सकारात्मक सोचना शुरू कर देते हैं, तब आप सफल होने की शुरुआत करते हैं, क्योंकि सफलता सोच का विकसित रूप है। इसलिए सोच को तुरन्त बदलो।"**

हार को जीत में बदलने की तकनीक जानें

कई बार आप अपने आपको हारने के लिए तैयार कर लेते हैं, जबकि जीत के लिए ज़रूरत होती है सकारात्मक सोच की। आपने उस पहलवान की कहानी तो ज़रूर सुनी होगी, जो बहुत ताकतवर था और उसके दाँव-पेंचों के सामने कोई भी पहलवान टिक नहीं पाता था। लेकिन जब भी उसे किसी दंगल में उतारा जाता, तब वह डर जाता था और छोटे-छोटे पहलवानों से भी हार जाता था।

उसके गुरु को चिंता हो गयी कि इसके अंदर का डर कैसे निकाला जाए? एक दिन उन्होंने अपने साधक दोस्त को सारी बात बताई। साधक ने कहा, "तुम उसे शाम को मेरे पास मंदिर में भेज देना।"

गुरु ने ऐसा ही किया। शाम को साधक मंदिर में बैठा था। जब पहलवान ने आकर प्रणाम किया, तब साधक ने उससे पूछा, "तुम्हारा नाम क्या है?"

"तूफ़ान!" उसने बताया।

साधक ने उसे पास बैठाया और कहा, **"अरे यह तो बहुत दमदार नाम है। क्योंकि तूफ़ान के सामने कोई नहीं टिक सकता। जरा सोचो कि तूफ़ान क्या होता? अगर तुम आदमी न होकर सचमुच में तूफ़ान होते तो क्या होता?"**

पहलवान सोच में पड़ गया। उसे ध्यान आया तेज़ हवा का झोंका, जो पेड़-पौधों को झकझोर देता है। फिर सोचने लगा कि मैं ही तेज़ हवा हूँ। तूफ़ान हूँ। सबकुछ हिला देने वाला बवंडर हूँ। झकझोर देने वाली हवा का झोंका हूँ।

तब उसे महसूस हुआ कि हवा का ज़ोर बढ़ रहा है, वृक्ष उखड़ रहे हैं, मकानों की छतें उड़ने लगीं हैं, आसमान धूल से ढकने लगा है, तूफ़ान का प्रकोप बढ़ने लगा है, और तेज़ तूफ़ान से सबकुछ नष्ट होता जा रहा है।

जब सुबह हो गई, तब साधक ने उसे जगाया और अपने साथ अखाड़े में ले गया। जहाँ उसका मुकाबला विश्व के सबसे ताकतवर पहलवान से होना था। वह अखाड़े में उतरा और उस ताकतवर पहलवान पर तूफ़ान की तरह टूट पड़ा। फिर उसे कुछ ही समय में अधमरा कर दिया और विश्व विजेता बन गया। उस पहलवान का नाम था **'रंधावा'**।

अब आपको इस तकनीक का उपयोग करके अपनी सकारात्मक सोच को विकसित करना है। लेकिन इससे पहले आपको एक टेस्ट से गुज़रना होगा। ताकि जान सकें कि आपकी सोच कैसी है? आपको सिर्फ़ **'हाँ'** के आगे सही का निशान लगाना है:-

1. विपरीत परिस्थिति में आप अपने काम के बारे में क्या सोचते हैं?

    a. काम को निपटाने के तरीके सोचता हूँ।   हाँ ☐

    b. काम को टालने के तरीके सोचता हूँ।   हाँ ☐

2. आर्थिक मंदी के समय में आप अपना माल बेचने के लिए क्या करेंगे?

    a. सेल्स प्रमोशन के आधुनिक तरीके अपनाऊँगा।   हाँ ☐

    b. मंदी के ख़त्म होने का इंतज़ार करूँगा।   हाँ ☐

3. व्यापार में कंपटीशन होने पर आप क्या करेंगे?

    a. अपनी क्षमता और योग्यता का इस्तेमाल करूँगा।   हाँ ☐

    b. माल बनाना कम कर दूँगा।   हाँ ☐

4. बढ़ती मुद्रा-स्फीति के समय आप कैसे व्यापार चलाएँगे?

    a. अपने उत्पादन की संख्या बढ़ा दूँगा।   हाँ ☐

    b. ख़र्चों में कमी करके बचत करूँगा।   हाँ ☐

5. ग़लतियाँ होने पर आप क्या करेंगे?

    a. ग़लतियों से सीखूँगा फिर आगे बढ़ूँगा।   हाँ ☐

    b. ग़लतियों पर ज्यादा ध्यान नहीं दूँगा।   हाँ ☐

6. ख़रीदारों से आप कैसा व्यवहार करेंगे?

    a. बोल्ड बनकर नम्रता से बात करूँगा।   हाँ ☐

    b. कम बात करने की कोशिश करूँगा।   हाँ ☐

7. अपने स्टाफ़ से आप कैसे काम लेंगे?

    a. उनसे दोस्ताना व्यवहार रखूँगा।   हाँ ☐

    b. उनको डराकर रखूँगा।   हाँ ☐

8. **अपने परिवार को आप कैसे सुखी रखेंगे?**
    a. उनको अधिक से अधिक समय देने की कोशिश करूँगा।   हाँ ☐
    b. उन्हें ख़र्च करने के लिए खूब पैसे दूँगा।   हाँ ☐

9. **व्यापार के प्रति आप कैसा दृष्टिकोण रखेंगे?**
    a. हमेशा बढ़ाने के बारे में सोचूँगा।   हाँ ☐
    b. भगवान के भरोसे छोड़ दूँगा।   हाँ ☐

10. **सफलता पाने के लिए आप क्या करेंगे?**
    a. अपने लक्ष्य पर हमेशा निगाह रखूँगा।   हाँ ☐
    b. कर्मचारियों से अधिक काम लूँगा।   हाँ ☐

कैसा है आपके सोचने का तरीका

यदि आपके **8** से अधिक सही के निशान (a.) के हैं, तब समझ लीजिए कि आपकी सोच काफ़ी हद तक सकारात्मक है और आप पुस्तक को एक बार पढ़ने के बाद अपनी सोच बदल सकते हैं।

लेकिन यदि आपके **8** से अधिक उत्तर (b.) के हैं, तब आप बहुत ज़्यादा नकारात्मक सोचते हैं। परन्तु आपको निराश होने की ज़रूरत नहीं है, क्योंकि आपकी सोच बदल सकती है। लेकिन आपको सकारात्मक और नकारात्मक सोच का अंतर जानने के लिए नीचे लिखी कहानी को ध्यान से पढ़ें:-

पुराने ज़माने की बात है। दो साधु किसी जंगल में एक कुटिया बनाकर रहते थे। उनमें से एक अधेड़ था, जो हर परिस्थिति में शांत और प्रसन्न रहता था। जबकि दूसरा युवा था, वह थोड़ा तुनकमिज़ाज था और बात-बात में बिगड़ जाता था।

एक बार दोनों यात्रा पर निकले। काफ़ी दिनों तक घूमते रहे। लौटने पर उन्होंने देखा कि उनकी कुटिया के बरामदे का छप्पर आँधी-तूफ़ान के कारण उड़ गया है।

अपनी टूटी झोंपड़ी देखकर युवा साधु ईश्वर को कोसते हुए बोला, **"हे ईश्वर! हम हमेशा तेरे नाम का जाप करते हैं, फिर भी तूने हम ग़रीबों का छप्पर तोड़ दिया। यदि तू अपने भक्तों की रक्षा नहीं करेगा, तो फिर कौन करेगा?"**

युवा साधु बोले जा रहा था, जबकि अधेड़ साधु मौन खड़ा था। उसकी आँखें आकाश की ओर टिकी थीं और उनमें आँसू बह रहे थे। परमात्मा के प्रति आभार से उसका रोम-रोम पुलकित हो रहा था।

अधेड़ साधु को मौन देखकर युवा साधु आश्चर्यचकित रह गया। परन्तु अधेड़ साधु ने उसके मन के भाव जान लिए थे। इसलिए वह आकाश की ओर देखते हुए बोला, **"ईश्वर तेरी लीला अपार है। हम जब माता के गर्भ में थे, तब वहाँ तूने हमारी रक्षा की! दोस्तों के प्यार से हमें पुष्ट किया। फिर संत-महात्माओं का साथ दिया,**

ताकि हम सत्य के मार्ग पर चलें। तू प्रत्येक परिस्थिति में हमारी रक्षा करता आया है। इस बार भी आँधी-तूफ़ान का रुख़ तूने ही बदला होगा, इसलिए आधा छप्पर ही टूटा, वरना पूरी झोंपड़ी भी नष्ट हो सकती थी।”

फिर युवा साधु की ओर देखते हुए बोला, “देख, जो घटना घटी है उसका तू सीधा अर्थ ले। जीवन में विघ्न-बाधाएँ आने पर भी जिसने धैर्य नहीं खोया और अपने भीतर अधिक उत्साह पैदा किया, वह उतना ही महान बना।” क्योंकि इन्हीं को ध्यान में रखकर महाभारत का युद्ध जीता गया था। जब भगवान कृष्ण मध्यस्थता करने गए थे, तब पांडवों ने पाँच गाँव में ही संतोष कर लिया था। परन्तु दुर्योधन नहीं माना, क्योंकि वह सूई की नोक के बराबर भी ज़मीन देने को तैयार नहीं था। युद्ध टालने के तमाम प्रयत्न विफल हो गये। अन्त में दोनों तरफ की सेनाएँ कुरुक्षेत्र के मैदान में आमने-सामने खड़ी हो गईं।

जब युद्ध शुरू होने ही वाला था, तब दोनों पक्ष के योद्धाओं ने अपने-अपने शस्त्रों को हाथों में सँभाल लिया। तभी धर्मराज युधिष्ठिर ने अपने शस्त्र उतार फेंके, फिर अपने रथ से उतरे और निहत्थे ही कौरवों की सेना की ओर जाने लगे। उन्हें आते देख कौरवों की सेना चौंक गयी। पांडव भी चकित होकर यह तमाशा देख रहे थे। युधिष्ठिर शांत और धीमी गति से चलते हुए कौरवों की सेना के पास पहुँचे, फिर उन्होंने गुरु द्रोणाचार्य को प्रणाम किया और जीत का आशीर्वाद माँगा।

गुरु द्रोणाचार्य ने हाथ उठाकर आशीष दिया। तब वह पितामह भीष्म के सामने जाकर नतमस्तक हो गए, फिर उनसे युद्ध के लिए आज्ञा माँगी और विजय की प्रार्थना की। पितामह ने भी धर्मराज युधिष्ठिर को जीत का आशीर्वाद दिया। परन्तु पांडव पक्ष के योद्धाओं को कुछ समझ नहीं आ रहा था कि यह हो क्या रहा है? वे शांत और चिंतित दृष्टि से दुश्मन के ख़ेमे में गए युधिष्ठिर को देख रहे थे।

सबसे ज्यादा क्षुब्ध अर्जुन थे, जिन्हें इस युद्ध में अपने आपको शक्तिशाली सिद्ध करना था। वह भी कुछ समझ नहीं पा रहे थे, तब भगवान कृष्ण अर्जुन के पास गए और बोले, “क्या सोच रहे हो अर्जुन?”

“भगवन्! युधिष्ठिर क्या कर रहे हैं?” अर्जुन ने आश्चर्य व्यक्त किया।

भगवान कृष्ण ने कहा, “अर्जुन! महाराज युधिष्ठिर ने गुरुजनों के प्रति श्रद्धा व्यक्त करके आधा महाभारत जीत लिया है। विपक्ष के श्रेष्ठ जनों की सद्भावना हमारे पक्ष में आ गयी है, अब बाक़ी का युद्ध जीतने के लिए तुम आगे बढ़ो।”

यह सकारात्मक सोच विकसित करने का सतयुग का तरीका था। लेकिन इस युग में सोच को विकसित करने का तरीका बालीवुड के सुपरस्टार अमिताभ बच्चन कुछ इस तरह से बताते हैं, **“जो लोग पानी का जहाज़ चलाते हैं और जो लोग हवाई जहाज़ चलाते हैं, उनको एक सीख दी जाती है कि जब आप आकाश**

में हों या घने बादल हों या बरसात हो रही हो, तब आपकी एक तमन्ना होती है कि तेज़ी से इसको पार करके आगे निकल जाएँ। परन्तु ट्रेनिंग के दौरान सिखाया यह जाता है कि यदि घने बादल हों, बरसात हो रही हो आँधी और तूफ़ान हो तब आपको अपनी रफ़्तार धीमी कर देनी चाहिए, लेकिन चलते रहें।

यही बात पानी के जहाज़ चलाने वाले नाविकों को सिखायी जाती है कि यदि आप कभी किसी तूफ़ान में फँस जाएँ, तो उससे तेज़ी से निकलने का प्रयत्न न करें, बल्कि अपनी रफ़्तार को धीमी कर लें। क्योंकि अगर आप सही दिशा में चल रहे हैं, तो फिर कहीं-न-कहीं तो पहुँच ही जाएँगे।"

कुछ ऐसा ही कथन प्रसिद्ध उद्योगपति रतन टाटा ने कहा था, "मेरी सोच को बदलने वाले सबसे महत्त्वपूर्ण व्यक्ति हैं, जे.आर.डी. टाटा। उनके साथ मैंने बहुत नज़दीकी से काम किया है। लेकिन उनके अलावा कुछ लोग और भी हैं, जिन्हें मैं नज़दीक से जानता हूँ। जब मैं कॉलेज में था, तो जॉन एफ. कैनेडी की सराहना करता था। मैं कभी उनसे मिला तो नहीं, परन्तु उन्होंने मेरी सोच को कई तरीकों से प्रभावित किया है। उसके बाद प्रोफेसर अमर बोस मेरी प्रेरणा बने, जो उच्च विचारों और सशक्त मूल्य प्रणाली को मानने वाले थे। उनके साथ मैंने कई बातें शेयर की हैं और उनके प्रति मेरे मन में बहुत सम्मान है। इसलिए मेरी सोच पर उनका भी बहुत ज़्यादा असर है।"

रतन टाटा के अनुभवों से पता चलता है कि प्रतिभाशाली संतान अपने माता-पिता और खानदान का नाम रोशन करती है, क्योंकि बरसों पहले प्रसिद्ध वैज्ञानिक आइज़क न्यूटन के सामने जो सेब का फल गिरा था, उसने विश्व को गुरुत्वाकर्षण का सिद्धांत सिखा दिया। सेब के उस अकेले फल ने बड़ी विनम्रता से आइज़क न्यूटन के सामने गिरकर एक ऐसा रहस्य खोल दिया था, जिससे विज्ञान में क्रांति आ गई।

कुछ ऐसा ही बुद्ध के साथ भी हुआ था। जब बहुत दिनों तक तपस्या करने के बाद भी महात्मा बुद्ध को ज्ञान प्राप्ति नहीं हुई, तब वे निराश होकर घर लौटने लगे। रास्ते में उन्हें प्यास लगी। कुछ दूरी पर एक पवित्र झील थी। जब वे वहाँ पहुँचे, तो उन्हें एक अद्भुत नज़ारा दिखाई दिया।

एक टिटहरी एक विचित्र कार्य करने में लगी हुई थी। वह बार-बार अपनी पूँछ को झील में डुबोती और किनारे पर आकर बैठ जाती।

उसका यह क्रम देखकर बुद्ध ने पूछा, "आख़िर तुम ऐसा क्यों कर रही हो?"

टिटहरी बोली, "इस झील ने मेरे बच्चों को बहाया है, इसलिए मैं इसे सुखा देना चाहती हूँ।"

गौतम बुद्ध बोले, "कहाँ इतनी बड़ी झील और कहाँ तुम! तुम्हारे एक-दो बूंद से भला विशाल झील कैसे सूख पाएगी?"

टिटहरी बोली, "मैं जानती हूँ कि इस झील को नहीं सुखा सकती, लेकिन मैं हार मानने वाली भी नहीं हूँ। इसलिए अब मेरी ज़िंदगी का यही लक्ष्य हो गया है कि इस काम में मैं रात-दिन लगी रहूँ।"

टिटहरी का संकल्प सुनकर बुद्ध सोचने लगे, "जब यह टिटहरी अपने मकसद में कामयाब होने के लिए कटिबद्ध है, तो मैं क्यों निराश होऊँ?"

वे उल्टे पाँव वापस लौट गए, फिर उन्होंने नए सिरे से तप करना शुरू किया और सफल हो गए। फिर उनकी सोच पूरी तरह से बदल गयी थी। इसलिए दिल पर हाथ रखकर संकल्प लीजिए:

1. मैं दूसरों की सहायता करूँगा। हाँ ☐
2. मैं कभी किसी का दिल नहीं तोड़ूँगा। हाँ ☐
3. मैं अपने माता-पिता का आदर करूँगा। हाँ ☐
4. मैं अपने बच्चों और पत्नी की इच्छाओं का ध्यान रखूँगा। हाँ ☐
5. मैं झगड़ों से दूर रहूँगा। हाँ ☐
6. मैं संयम से काम लूँगा। हाँ ☐
7. मैं अपने राज गुप्त रखूँगा। हाँ ☐
8. मैं किसी को धोखा नहीं दूँगा। हाँ ☐
9. मैं दूसरों की मदद करूँगा। हाँ ☐
10. मैं परिवार की मान-मर्यादा बनाए रखूँगा। हाँ ☐

संकल्प लेने के बाद आपके अंदर एक अदृश्य शक्ति का संचार होने लगेगा। फिर आप सफलता की राह पर चलना शुरू कर देंगे। क्योंकि अभ्यास से चीज़ें नियंत्रण में आती हैं और संकल्प से सफलता। यह एक वैज्ञानिक तरीका है।

अवसर को खो देने का मतलब है,
सफलता का मौका खो देना। क्योंकि अवसरों के खेत में
ही सफलता रूपी पौधों की फसल उगती है।

तीसरा मंत्र

दिमाग़ में नए विचार लाएँ

आपने कभी पानी को गिरते हुए देखा है? इसका गिरना भी ख़ूबसूरत होता है। लेकिन एक चट्टान जब गिरती है, तो वह चूर-चूर हो जाती है। परन्तु पानी जब गिरता है, तब उसका सौंदर्य दुगुना हो जाता है। क्योंकि वह गिरकर भी ऊर्जा उत्पन्न करता है।

'मैं कुछ हूँ' का भाव जब आपके अंदर आता है, तब आप चट्टान की भाँति बन जाते हैं। लेकिन **'मैं कुछ नहीं हूँ'** के भाव में आप पानी की तरह होते हैं। इसलिए पानी की तरह रहने में ही आपको फ़ायदा है, इससे आपको सकारात्मक सोच मिलती है। क्योंकि जब आप पानी का गिरना देखते हैं, तब यह नहीं देखते कि सागर किस तरह बादलों तक पहुँचता है? फिर सागर का बादल बन जाना आपको रहस्य लगता है।

जबकि बादल का बरसकर फिर से सागर बन जाना रहस्य नहीं लगता, बल्कि हक़ीक़त लगता है। क्योंकि तब आपकी सोच सकारात्मक होती है।

'उपनिषद्' में एक कथा है। एक बार देवताओं और दानवों में युद्ध हुआ। देवताओं की ओर से वीर पुरुकेत को ख़ूब आसुरों की सेना के साथ युद्ध करने के लिए भेजा गया। उन्होंने युद्ध के दौरान अपनी वीरता और कौशल का ख़ूब प्रदर्शन किया। फिर आसुरों की सेना पराजित हुई और देवता जीत गए।

उसके बाद सेनापति पुरुकेत देवराज इन्द्र के दरबार में पहुँचे और विजय का समाचार सुनाया। जीत का समाचार सुनकर इन्द्र सिंहासन से उठ खड़े हुए और पुरुकेत से बोले, **"आपने जिस रण-कौशल और अदम्य साहस का परिचय देकर देव सेना को विजय दिलाई है, उसके लिए मैं आपका कृतज्ञ हूँ। आप जो भी वर माँगना चाहें, माँग सकते हैं।"**

बिज़नेस गुरु तरुण इन्जीनियर

सेनापति पुरुकेत ने आभार प्रकट किया और विनम्रता के साथ कहा, "आप जो भी वर मुझे देना चाहें, स्वयं दे दें। साथ ही मुझे मेरा धर्म बताएँ।"

तब इन्द्र ने उत्तर दिया, "आपको हर प्राणी से प्रेम करना होगा, क्योंकि सभी में ईश्वर मौजूद हैं। किसी को अपना शत्रु नहीं समझना होगा, क्योंकि सब आपके हैं और आप सबके हैं।"

पुरुकेत ने जिज्ञासा प्रकट करते हुए कहा, "जब सब प्राणी समान हैं, और सबसे प्रेम करना है, तब देव-असुर के बीच संग्राम क्यों? क्या असुर या दानव प्राणी नहीं हैं? वे भी तो ईश्वर की रचना हैं। फिर उनसे देवता इतनी घृणा क्यों करते हैं?"

इन्द्र ने उत्तर दिया, "घृणा देवताओं का स्वाभाविक गुण नहीं है। लेकिन जो प्राणी केवल अपने हित और आत्म-सिद्धि के लिए जीते हैं, वे असुर कहलाते हैं। वे कभी भी मानवता के हित का विचार नहीं कर सकते। वे भौतिक सुखों को प्राप्त करने के लिए कोई भी पाप कर सकते हैं। क्योंकि उनका उद्देश्य भोग-विलास करना है। इसके लिए वे दूसरे प्राणियों का रक्त भी बहा सकते हैं। यह आसुरी सोच संसार को नष्ट कर सकती है। इससे कमज़ोर व्यक्ति संसार में नहीं पाएगा, इसलिए हमारा संघर्ष उनके प्राणी होने से नहीं है, बल्कि उनकी हिंसात्मक सोच से है। यदि असुर अपनी सोच को बदल लें, तो वे भी हमारे लिए आदर के पात्र हो सकते हैं।"

यह सुनकर पुरुकेत ने देवराज इन्द्र को प्रणाम किया और कहा, "आज मैं समझ गया हूँ कि प्राणी घृणा का पात्र नहीं होता, उसके कर्म ही उसे घृणित बना देते हैं।"

यह कहानी बताती है कि किसी भी व्यक्ति में देव-गुण विकसित हो सकते हैं। शायद इसीलिए क्रिकेट के खिलाड़ी महेंद्र सिंह धोनी ने कहा था, "मैंने शुरू में कभी नहीं सोचा था कि मैं क्रिकेटर बनूँगा। भविष्य और वर्तमान को लेकर मैं कभी चिंतित नहीं था। क्योंकि मैं जानता था कि जिस भी क्षेत्र में जाना है, उसके लिए आपको तन-मन से मेहनत करनी होगी। आपको अगर अपनी क्षमता पर विश्वास है और आप अपनी क्षमता को विकसित करने के लिए हरसंभव कोशिश करते हैं, तब निश्चित रूप से आपको सफलता मिलेगी।"

क्योंकि आपका मस्तिष्क एक कंप्यूटर है, जिसे आपकी सेवा के लिए बनाया गया है। लेकिन अनियंत्रित होने पर आपका मस्तिष्क आपका बहुत नुकसान कर सकता है। जबकि नियंत्रित होने पर असीमित शक्ति दे सकता है। फिर ज्यादातर लोग सिर्फ इसलिए असफल होते हैं, क्योंकि वे अपने मस्तिष्क को अपना गुलाम नहीं बना पाते, जबकि सफल लोग अपने मस्तिष्क को गुलाम बना लेते हैं।

अपने मन में उत्साह पैदा करें

जब ईश्वर ने इनसान की रचना की थी, तो उसने उसकी प्रकृति में महानता का अंश भी रख दिया था। इसलिए इनसान में अच्छाई और बुराई दोनों होती है। लेकिन वह चाहे जितना कमज़ोर हो, परेशानियों में उलझा हो, दुनिया से पराजित हो चुका हो, तब भी उसके भीतर कोई-न-कोई ऐसी चीज़ अवश्य होती है, जो उसे ईश्वर की संतान कहलाने का हक़दार बनाती है।

इसलिए आपको प्रण करना होगा कि राह में चाहे कितनी भी मुश्किलें और संकट आएँ, मैं पूरी गरिमा और शक्ति के साथ उन सबसे उबरने की कोशिश करूँगा। परन्तु इसके लिए आपको नीचे लिखे 5 विकल्पों पर गौर करना होगा:-

1. क्या आप समस्या को ठीक ढंग से समझ सकते हैं? हाँ ☐

2. क्या आपने समस्या में छिपे कारणों को जाना है? हाँ ☐

3. क्या आपने समस्या का समाधान सोचा है? हाँ ☐

4. क्या आपने समाधान के विपरीत परिणामों के बारे में सोचा है? हाँ ☐

5. क्या आप समाधान लागू करने की ज़िम्मेदारी ले सकते हैं? हाँ ☐

इन तरीकों का आप तब तक अभ्यास करें, जब तक कि आपको इसकी आदत न पड़ जाए। फिर देखकर हैरान रह जाएँगे कि आप कितने ज़्यादा प्रभावी बन जाते हैं और इसमें आपके परिणाम कितने बेहतर बन जाते हैं।

इतिहास के युद्धों और युद्धकला के अध्ययन में मुझे हमेशा ऐसी स्थितियों ने मंत्रमुग्ध किया है, जहाँ छोटी सेना ने बड़ी सेना को हराया है। हर मामले में मैंने पाया है कि संख्या की दृष्टि से छोटी सेना आक्रमण और अमल की योजना में अधिक संख्या वाली सेना की तुलना में ज़्यादा व्यवस्थित, सुनियोजित और सटीक थी।

इसी तरह अगर आम आदमी के पास समस्या सुलझाने का सही सिस्टम या नुस्ख़ा हो, तो वह ज़्यादा आगे निकल सकता है। क्योंकि प्रकृति का नियम है कि आपके पास जितने ज़्यादा सुविकसित विकल्प होते हैं, आप उतने ही ज़्यादा स्वतंत्र होते हैं।

अगर आपका लक्ष्य अवसर को सफलता में बदलने का है, तो आपके पास विकल्प होने चाहिए। हर स्थिति में आप जो क़दम उठा सकते हैं, वे एक से अधिक होने चाहिए। आप कभी भी किसी ऐसी जगह पर न फँसें, जहाँ आपके सामने सिर्फ़ एक ही राह खुली हो।

समस्या में अवसर तलाशें

अपने दिमाग़ की ताकत को पहचानो। क्योंकि आपका दिमाग़ बेहद जाग्रत होता है, और आपकी असीमित बुद्धिमत्ता से आपको सीधा जोड़ता है। इसमें जो ज्ञान भरा होता है, जो प्रेरणा, कल्पना, अंतर्दृष्टि और शक का स्त्रोत होता है। यह चौबीसों घंटे काम

कर सकता है और आपकी किसी भी समस्या का सही विकल्प सुझा सकता है। परन्तु बड़ी सफलता पाने के लिए आपको ख़ुद से दस सवाल पूछने होंगे:–

1. क्या मैं बातचीत करने में सक्षम हूँ?   हाँ ☐
2. क्या मैं दूसरों की चालाकी को समझ सकता हूँ?   हाँ ☐
3. क्या मैं दूसरों के सामने ख़ुद को बेहतर साबित कर
   सकता हूँ?   हाँ ☐
4. क्या मैं शारीरिक रूप से स्वस्थ हूँ?   हाँ ☐
5. क्या मैं अपनी कल्पना को साकार कर सकता हूँ?   हाँ ☐
6. क्या मैं अपने गुस्से को कंट्रोल कर सकता हूँ?   हाँ ☐
7. क्या मैं उपलब्ध संसाधनों का इस्तेमाल कर सकता हूँ?   हाँ ☐
8. क्या मैं ख़ुशहाल और कामयाब ज़िंदगी जी सकता हूँ?   हाँ ☐
9. क्या मैं दूसरों से बेहतर काम करा सकता हूँ?   हाँ ☐
10. क्या मैं बेहतर फैसले ले सकता हूँ?   हाँ ☐

ये दस सवाल मोबाइल के दस अंकों की तरह हैं, जिसका एक अंक कम होने पर मोबाइल काम नहीं करता। कुछ ऐसा ही आप इन सवालों के बारे में समझ सकते हैं। इसलिए अपने सही के निशान वाले उत्तरों का योग कीजिए, फिर आपका एक ख़ास अंक तैयार हो जाएगा, जो आपकी रचनात्मकता को पेश करेगा।

मैं आपको बताना चाहता हूँ कि कामयाब लोगों का योग दस होता है, जो उनकी काबिलियत को दर्शाता है। इसलिए आपको अपनी दिमाग़ी ताकत को ज्यादा प्रभावशाली बनाना होगा और पता लगाना होगा कि आप ऑफिस में कितने इंप्रेसिव हैं:–

1. कंपनी ज्वाइन करने के बाद से आपका करियर ग्राफ कैसा रहा?
   a. कोई ख़ास नहीं   हाँ ☐
   b. एक स्टेप आगे   हाँ ☐
   c. बहुत अच्छा   हाँ ☐

2. क्या आपके जूनियर्स मीटिंग के दौरान आपकी बातों को ध्यान से सुनते हैं?
   a. बिलकुल नहीं   हाँ ☐
   b. थोड़ा बहुत   हाँ ☐
   c. बहुत ज्यादा   हाँ ☐

3. कंपनी में आपका रिस्पेक्ट लेबिल कैसा है?
   a. कोई ख़ास नहीं   हाँ ☐
   b. थोड़ा बहुत   हाँ ☐
   c. बहुत अच्छा   हाँ ☐

4. कंपनी में आपकी बॉडी लैंग्वेज और प्रेजेंटेशन किस स्तर का है?

    a. बेकार है   हाँ ☐

    b. नॉर्मल है   हाँ ☐

    c. बहुत अच्छा है   हाँ ☐

5. कंपनी में आपके सीनियर क्या आपके काम से संतुष्ट हैं?

    a. बिलकुल नहीं   हाँ ☐

    b. थोड़ा बहुत   हाँ ☐

    c. बहुत अच्छा   हाँ ☐

6. क्या आपके सीनियर्स एमरजेंसी मीटिंग में आपको बुलाते हैं?

    a. बिलकुल नहीं   हाँ ☐

    b. कभी–कभी   हाँ ☐

    c. हर बार   हाँ ☐

7. क्या आपका व्यक्तित्व सहकर्मी और बॉस को इंप्रेस करता है?

    a. नहीं करता   हाँ ☐

    b. पता नहीं   हाँ ☐

    c. करता है   हाँ ☐

8. क्या आप अपना काम स्मार्ट तरीके से करते हैं?

    a. बिलकुल नहीं   हाँ ☐

    b. पता नहीं   हाँ ☐

    c. करता हूँ   हाँ ☐

9. क्या आपको कंपनी के कल्चर प्रोग्रामों में बुलाया जाता है?

    a. बिलकुल नहीं   हाँ ☐

    b. कभी–कभी   हाँ ☐

    c. हर बार   हाँ ☐

10. क्या आपके बिहेवियर से कंपनी के लोग ख़ुश हैं?

    a. बिलकुल नहीं   हाँ ☐

    b. थोड़ा बहुत   हाँ ☐

    c. बहुत अच्छा   हाँ ☐

अब अपनी स्थिति का पता लगाने के लिए सही निशान लगे उत्तरों का योग कीजिए और ध्यान दीजिए कि आपके अधिक उत्तर किस के हैं?

➲ यदि आपके 8 या 8 से अधिक उत्तर (a) के हैं, तब समझ लीजिए कि कंपनी में आपकी मौजूदगी ना के बराबर है और आपका अन ऑफिशियल बिहेवियर आपकी नौकरी ख़तरे में डाल सकता है।

➲ परन्तु 8 या 8 से अधिक उत्तर (b) के होने पर समझ लीजिए कि आपकी नौकरी ख़तरे में नहीं है और थोड़ी ज़्यादा मेहनत करने पर आप दूसरों को इंप्रेस कर सकते हैं।

➲ लेकिन 8 या 8 से अधिक उत्तर (c) के होने पर समझ लीजिए कि आपका एटीट्यूड और जल्दी सक्सेस पाने का तरीका सही हैं। आप वही कर रहे हैं, जो आपसे पहले दूसरों ने बड़ी सफलता पाने के लिए किया था।

क्योंकि एक कहावत है, **"जैसा खाए अन्न, वैसा होए मन।"** यानी, अन्न की प्रकृति का आपके मन पर गहरा असर पड़ता है। इसलिए अच्छा भोजन मन पर अच्छा प्रभाव डालेगा और बुरा भोजन ग़लत। अब आप सोच रहे होंगे कि यदि ऐसा होता है, तो एक विशेष प्रकार का भोजन करने वालों की मानसिकता एक जैसी क्यों नहीं होती?

इसका उत्तर है कि मनुष्य की मानसिकता का विकास, उसकी परिस्थितियों और परिवेश के आधार पर होता है, भोजन से नहीं। फिर आपकी जैसी आजीविका होती है, वैसा ही आपका मन बन जाता है।

तभी तो महात्मा बुद्ध ने कहा था, **"आपकी आजीविका अच्छी होनी चाहिए। आपको ईमानदारी से अपनी रोजी-रोटी कमानी चाहिए। यदि आपकी आजीविका से किसी का नुकसान होता है, तो वह आजीविका अच्छी नहीं कही जा सकती"**

हमेशा सकारात्मक सोचें

महाभारत में एक प्रसंग है। जब मृत्युशय्या पर पड़े भीष्म पितामह ने पांडवों को धर्मोपदेश दिया, तब युधिष्ठिर अपने भाइयों के साथ पितामह के चरणों के पास बैठे थे और उनका उपदेश ध्यानपूर्वक सुन रहे थे।

अचानक द्रौपदी वहाँ आ गयी और भीष्म पितामह से बोली, **"पितामह! जब भरी सभा में दुःशासन मेरा चीरहरण कर रहा था, उस समय आपने मेरी सहायता क्यों नहीं की? तब आपका ज्ञान और विवेक कहाँ चला गया था?"**

इस प्रश्न के उत्तर में भीष्म पितामह ने कहा, **"पुत्री! तुम ठीक कहती हो, मैंने तुम्हारी सहायता नहीं की। मैंने विवेक और ज्ञान का उपयोग नहीं किया। लेकिन इसका असली कारण है पापपूर्ण अन्न का उपभोग। मैं उस समय दुर्योधन का पापपूर्ण अन्न खा रहा था। उसी अन्न का प्रभाव मेरे मन और मस्तिष्क पर छाया हुआ था। इसीलिए मैं तुम्हारी सहायता नहीं कर पाया।"**

द्रौपदी ने फिर प्रश्न किया, **"लेकिन पितामह फिर आज कैसे यह ज्ञान और विवेक प्रकट हो रहा है।"**

"पुत्री! आज अर्जुन ने अपने बाणों से मेरे शरीर का सारा दूषित रक्त बाहर निकाल दिया है, जो पाप के अन्न से निर्मित हुआ था। पापमय अन्न से बने रक्त के निकल जाने से मेरी बुद्धि सजग हो गई और विवेक जाग्रत हो गया है।"

यदि आप भी चाहते हैं कि आपकी बुद्धि सजग रहे, विवेक जाग्रत रहे और मन हमेशा सकारात्मक सोच की ओर अग्रसर रहे तो आपको अपनी आजीविका का मूल्यांकन करना होगा। शायद इसीलिए महान आविष्कारक चार्ल्स एफ. केटरिंग ने एक बार कहा था, "अतीत में मेरी कोई रुचि नहीं है। मेरी रुचि सिर्फ़ भविष्य में है, क्योंकि मैं भविष्य में अपनी सोच को सकारात्मक बनाना चाहता हूँ।"

जीवन में अवसर एक बार सबका दरवाज़ा खटखटाता है। कभी स्पष्ट रूप में, तो कभी छिपे हुए रूप में। इसलिए आप जो करना चाहते हैं, वो कर सकते हैं। जो बनना चाहते हैं, वो बन सकते हैं और जो पाना चाहते हैं, वो पा सकते हैं।

दुख है तो उसका कारण भी है, और उसका निवारण भी है। जब वह चला जाएगा, तो सुख आएगा। परन्तु सुख अपने साथ दुख भी लाएगा।

लेकिन सुख का कोई निवारण नहीं है, इसका कोई कारण भी नहीं है। क्योंकि सुख का संबध आत्मा से है और आत्मा का संबध परमात्मा से है।

इसीलिये अपने क्रोध पर काबू रखिए। लेकिन क्रोध पर काबू रखने के लिए मन को साधना पड़ता है और मन को काबू करने के लिए ध्यान में उतरना पड़ता है।

क्योंकि क्रोध एक ऊर्जा है, जो अपने निकलने का रास्ता ढूँढ़ती है। यदि वह सही रास्ते से निकलती है, तब मनुष्य जल्दी सफलता पाता है।

चौथा मंत्र
मन की आवाज़ सुनें

आपके मस्तिष्क में अच्छे विचारों का भंडार है, यदि उन अच्छे विचारों का पालन किया जाए, तो आप यशस्वी और दीर्घायु बन सकते हैं, इसीलिए आप अपने मन में अच्छे विचार लाएँ और उन पर अमल करें।

यह एक मानसिक प्रक्रिया है। क्योंकि जब आप सोचते हैं कि आपके शरीर के सभी अंग स्वस्थ हैं और आप दीर्घायु जीना चाहते हैं, तब उन विचारों से आपकी जीवन शक्ति बढ़ जाती है और आप स्वस्थ रहते हैं।

महान वैज्ञानिक आइंस्टीन मानते थे कि ब्रह्मांड में कोई ऐसी दिव्य शक्ति ज़रूर है, जो संपूर्ण सौरमंडल, निहारिका और आकाशगंगा को नियंत्रित कर रही है। क्योंकि उन्होंने अपनी पुस्तक **'थ्योरी ऑफ लाइफ क्वांटम'** में लिखा है, **"यदि इस ब्रह्मांड से टाइम और स्पेस को हटा दिया जाए, तो इसका स्वरूप बदल जाएगा।"**

बाइबिल में भी यही लिखा है, **"जो लोग ईश्वर की सेवा करेंगे, उनकी शक्ति फिर से नई हो जाएगी और वे बाज जैसे पँखों के साथ ऊपर उठेंगे।"**

आपने चाय का कारोबार करने वाली **'लिप्टन कंपनी'** का नाम अवश्य सुना होगा। इस कंपनी की स्थापना सर थॉमस जॉनस्टोन लिप्टन ने की थी। वे कोई संपन्न उद्योगपति नहीं थे। लेकिन उन्हें यक़ीन था कि लोग चाय पीने में रुचि दिखाएँगे और वे अमीर बन जाएँगे। इसलिए उन्होंने चाय के धंधे में जोख़िम होने पर भी हाथ आज़माया।

शुरुआत में लिप्टन को धंधे में हानि उठानी पड़ी। लेकिन वह हताश नहीं हुए। एक बार वह बड़े जहाज़ में समुद्री यात्रा पर निकले। रास्ते में जहाज़ अचानक दुर्घटना का शिकार हो गया। केप्टन ने जहाज़ का भार कम करने के लिए यात्रियों से कहा

कि वे अपना भारी सामान समुद्र में फेंक दें। लिप्टन के पास चाय के कई भारी बक्से थे, जिन्हें समुद्र में फेंकना ज़रूरी था। जब दूसरे यात्री अपना सामान पानी में फेंकने की तैयारी कर रहे थे, तब लिप्टन चाय के बक्सों पर पेंट से लिखने लगे **'लिप्टन की चाय पीएँ।'**

इस संदेश को लिखकर जब सारे बक्सों को समुद्र में फेंक दिया, तब जहाज़ विपदा से निकल गया। लिप्टन को विश्वास था कि उनकी चाय के बक्से दूर देशों के समुद्र तटों पर जा लगेंगे और उनकी चाय का विज्ञापन हो जाएगा।

फिर वैसा ही हुआ। जहाज़ जब लंदन पहुँचा, तब वहाँ के लोग लिप्टन चाय का स्वाद चख रहे थे।

उसके बाद ग्रीन बे पैकर्स के गार्ड 'जेरी क्रेमर' ने एक पुस्तक लिखी थी, जिसका शीर्षक था **'इंस्टेंट रिप्ले: द ग्रीन बे डायरी ऑफ जेरी क्रेमर।'**

उसमें लिखा था, "अमीर बनना फुटबॉल जैसा खेल है। इसलिए पूरी जान लगाकर दौड़ो। किसी व्यक्ति या चीज़ की परवाह मत करो। जब तुम गोल लाइन के क़रीब पहुँच जाओगे, तो तुम जी-जान से जुट जाओगे। सामने चाहे कुछ भी हो, टैंक हो, दीवार हो या ग्यारह खिलाड़ी हों, फिर कोई भी चीज़ तुम्हें उस गोल की लाइन के पार जाने से नहीं रोक पाएगी।"

ऊँची उड़ान भरने की चाहत रखें

मुझे पिछले साल चंडीगढ़ के एक प्राईवेट इन्जीनियरिंग कॉलेज में अन्तिम वर्ष के छात्रों को संबोधित करना था। मिटिंग का आयोजन कॉलेज के प्रांगण में ओपन स्टेज बनाकर किया गया था। वहाँ कई महत्त्वपूर्ण राजनेता, सरकारी अधिकारी और फिल्मी कलाकार मौजूद थे। मैं उनमें से अधिकतर लोगों को व्यक्तिगत रूप से जानता था, इसलिए मैंने स्टेज पर पहुँचकर शायराना अंदाज़ में कहा:-

आँखें कह देंगी ग़ज़ल, ख़ुद पीर बनकर देख लो।

तुम को भी राँझे मिलेंगे, हीर बनकर देख लो॥

पूरा कॉलेज तालियों की गड़गड़ाहट से गूँज उठा। मैंने अपनी बात को जारी रखते हुए कहा, **"यह बात उन सब छात्रों पर लागू होती है, जो अवसर को सफलता में बदलने की चाहत रखते हैं।"**

तभी तो एमिली डिकिंसन ने कहा है, **"आशा पँखों वाली वह चीज़ है, जो आपकी आत्मा में अड्डा जमाए रहती है और हमेशा ऊँची उड़ान भरने की कोशिश करती है। फिर आपके काम करने का तरीका बदल जाता है और आपके अंदर ख़ुद को बदलने की ताकत पैदा हो जाती है।"**

क्योंकि आशावादी दृष्टिकोण आपको कर्म करते रहने के लिए प्रेरित करता है। इसका उदाहरण है कोलंबस, जो सन् 1492 में भारत की खोज में निकला था। वह

भारत से मसालों का व्यापार करना चाहता था। परन्तु उसका जहाज़ भटक गया और वह अमेरिका जा पहुँचा। जबकि वह मरते दम तक यही समझता रहा कि उसने भारत खोज लिया है! तब उसने अमेरिका के मूल निवासियों को भी भारतीय समझा और उन्हें इंडियन पुकारता रहा। उन मूल निवासी को आज भी पूरे अमेरिकी देशों में इंडियन ही कहा जाता है। फिर कोलंबस के पीछे स्पेन के लोग वहाँ पहुँचे, उन्होंने उन सभ्यताओं और उनके मानने वालों को नष्ट करने का बेड़ा उठाया। परन्तु फिर भी कुछ मूल निवासी बच गए। आज उन्हीं लोगों के 5 करोड़ वंशज अमेरिका में मौजूद हैं, जो हमेशा गुनगुनाते रहते हैं

ज़िंदगी का यह, कैसा ऊसुल है।

यहाँ गिरना भी खुद है, और सँभलना भी खुद है॥

इस बात से पता चलता है कि ज़िंदगी में सबकुछ आपको थाली में परोसा हुआ नहीं मिलता, बल्कि यह जीवन आपको संकेत देता है। लेकिन आपको उन संकेतों को पहचानना होता है और उन्हें साकार करने के लिए मेहनत करनी पड़ती है।

शुरुआत कहीं न कहीं से तो करनी होगी

इतिहास गवाह है कि दुनिया का कोई भी व्यक्ति एक दिन में अमीर नहीं बना। सबने सीढ़ी-दर-सीढ़ी चढ़कर सफलता प्राप्त की है। ठीक वैसे ही जैसे कि सौ तक गिनती सीखने के लिए एक, दो, तीन सीखना ज़रूरी होता है। मंदिर की सीढ़ी चढ़ते समय पहली, दूसरी, तीसरी सीढ़ी चढ़ना ज़रूरी है। इसलिए आपको अमीर बनने के लिए शॉर्टकट कभी नहीं अपनाना, बल्कि रिले दौड़ की तरह एक के बाद एक सफलता प्राप्त करनी है। लेकिन सफलता तभी प्राप्त होगी, जब आप पहला क़दम उठाने की शुरुआत करेंगे, क्योंकि छलाँग लगाकर पर्वतों को नहीं लांघा जा सकता। दौड़कर नदी को नहीं पार किया जा सकता।

तभी तो फ़ेसबुक के संस्थापक मार्क जुकरबर्ग ने कहा है, "सोशल नेटवर्किंग के जरिए हम दुनिया को एक अधिक खुली जगह देना चाहते हैं और यही विचारधारा हमें तेज़ी से बदलने के लिए प्रेरित करता है। कभी-कभी ये परिवर्तन इतने तेज़ होते हैं कि शुरुआत में लोग इसके लिए तैयार नहीं होते।

लेकिन शुरुआत कहीं-न-कहीं से तो करनी होती है। क्योंकि रचनात्मक परिवर्तन की शुरुआत खुलेपन की धारणा से ही होती है। इसलिए हम खुलेपन और पारदर्शिता को अपने उच्च स्तर के आदर्शों के रूप में पेश करते हैं और फ़ेसबुक को इसी के आधार पर आगे बढ़ा रहे हैं।

मेरा मानना है कि दो स्तरों पर खुलापन आ सकता है- पहला यह है कि शेयरिंग बढ़नी चाहिए और दूसरा खुलेपन से आप इंडस्ट्री में उस स्थान पर पहुँच सकते हैं,

बिज़नेस गुरु तरुण इन्जीनियर

जहाँ अधिक मुनाफ़ा हो। इसलिए फ़ेसबुक के हर यूज़र के पास इतना नियंत्रण है कि वह अपने आपको सही ढंग से पेश कर सके। यह सच है कि शुरुआत में सभी चीज़ें सीमित दायरे में होती हैं। लेकिन समय के साथ उसका विस्तार होना निश्चित है। इसलिए छोटा-सी शुरुआत कीजिए और उसके विस्तार को बढ़ाने के बारे में बराबर सोचते रहिए।

क्योंकि आप अपनी सफलता के इन्जीनियर खुद हैं। अगर आप अपनी आत्मा की ईंट और जीवन का सीमेंट उस जगह लगाएँगें, जहाँ पर आप जाना चाहते हैं, तब सफलता की मज़बूत इमारत खड़ी हो सकती है। इसलिए अपनी सीमा ऊँचे स्तर पर बनाओ। सोच बदलने का साहस करो, फिर सफलता आपके क़दम चूमेगी।"

मन पर नियंत्रण पाना ज़रूरी है

जैसे धुएँ से अग्नि, मैल से दर्पण और पेट से गर्भ ढका रहता है, ठीक वैसे ही मनुष्य में क्रोध छिपा होता है। इन्द्रियाँ, मन और बुद्धि में इसका वास होता है और यह तीनों को दूषित करके ज्ञान पर पर्दा डाल देता है।

यदि यह पर्दा हट जाए, तो मनुष्य के अन्तर्मन में ज्ञान का प्रकाश फैल सकता है। इसलिए नीचे लिखे प्रश्नों के उत्तर खोजिए, ताकि पता चल सके कि आपने अब तक इस अध्याय को पढ़कर क्या सीखा? यह एक एप्टीट्यूड टेस्ट है, जो आपकी रचनात्मकता का आंकलन करेगा:-

1. क्या आप अपने काम को सुव्यवस्थित तरीके से कर सकते हैं?   हाँ ☐
2. क्या आप अपने काम करने की योजना बना सकते हैं?   हाँ ☐
3. क्या आप अनुशासन में रहकर काम कर सकते हैं?   हाँ ☐
4. क्या आप दूसरों से अपने काम करवा सकते हैं?   हाँ ☐
5. क्या आप अपने ऑफिस को व्यवस्थित रख सकते हैं?   हाँ ☐
6. क्या आप अनावश्यक कामों से पीछा छुड़ा सकते हैं?   हाँ ☐
7. क्या आप अपने महत्त्वपूर्ण कामों की लिस्ट बना सकते हैं?   हाँ ☐
8. क्या आप एक समय पर एक काम पर ध्यान केंद्रित कर
    सकते हैं?   हाँ ☐
9. क्या आप तेज़ी से पढ़ने, लिखने और बात करने की योग्यता
    ला सकते हैं?   हाँ ☐
10. क्या आप अपने काम के प्रति सकारात्मक दृष्टिकोण अपना
    सकते हैं?   हाँ ☐

अब आप अपने सही का निशान लगे उत्तरों का योग कीजिए और पता लगाइए कि आपके उत्तर 8 से कम तो नहीं हैं?

यदि कम हैं, तो इस अध्याय को एक बार फिर पढ़िए और यदि 8 से अधिक हैं, तो **'ए, बी, सी'** विधि में **डी** और जोड़ दीजिए। फिर एक लिस्ट बनाइए:-

ए : महत्त्वपूर्ण एवं आवश्यक कार्य, ऐसे कार्य जिन्हें तुरंत करना है।

बी : महत्त्वपूर्ण लेकिन कम आवश्यक कार्य, ऐसे कार्य जिन्हें कुछ समय के बाद किया जा सकता है।

सी : कम महत्त्वपूर्ण लेकिन अति आवश्यक कार्य, ऐसे कार्य जिन्हें किसी संभावित समस्या से बचाव हेतु शीघ्र करना है।

डी : कम महत्त्वपूर्ण एवं कम आवश्यक कार्य, ऐसे कार्य जिन्हें अन्य व्यक्तियों द्वारा आप करवा सकते हैं।

इस विधि से आपके अंदर पाँच गुण विकसित हो जाएँगे:-

1. **आत्मविश्वास और इच्छाशक्ति**
2. **तेज़ बुद्धि**
3. **उत्तरदायित्व की भावना**
4. **अभिप्रेरणा चातुर्य**
5. **दूरदर्शिता**

ये पाँच गुण आपके जीवन को शक्ति देंगे। क्योंकि जीवन को जीने के दो तरीके हैं, पहला, संसार में पैदा होकर संसार का होकर जीना और दूसरा तरीका यह है कि संसार से ऊपर उठकर जीना। एक संसार **'मूच्छा का संसार'** कहलाता है, दूसरा 'जागरण का संसार'।

ये दोनों ही तरीके जीवन जीने की अलग-अलग शैलियाँ हैं। फ़र्क़ केवल नज़रिए का है। क्या आपने ध्यान दिया कि कीड़ा और कमल दोनों कीचड़ में जन्म लेते हैं। फ़र्क़ यह रहता है कि कीड़ा कीचड़ में पैदा होकर उसमें और धँसता चला जाता है, वहीं कमल कीचड़ में रहकर भी कीचड़ से ऊपर उठता चला जाता है। इसलिए श्रीमद्भागवत गीता के तृतीय अध्याय में भगवान कृष्ण अर्जुन को उपदेश देते हैं, **"पुरुष न चाहते हुए भी पाप करने को विवश हो जाता है। क्योंकि मन, बुद्धि और इंद्रियों पर काम का प्रभुत्व स्थापित हो जाता है। फिर उसकी पूर्ति में जब थोड़ा-भी व्यवधान उत्पन्न होता है, तब क्रोध का उदय होने लगता है और कामी पुरुष अपने मूल स्वरूप को भूल जाता है।"**

तब काम रूपी चतुर घुड़सवार, इन्द्रियाँ, मन और बुद्धि रूपी घोड़ों पर सवार होकर गति प्राप्त करता है। फिर काम इन्हीं तीनों की सहायता से ज्ञान को ढककर जीवन को मोह के पाश में बाँध देता है।

यदि साधक का परिश्रम सफल हो जाता है, तब कभी भी उसकी बुद्धि और आत्मा काम के अधीन नहीं हो पाएगी। क्योंकि उस समय साधक की बुद्धि आत्मा के अधीन हो जाती है और वह ग़लत कार्यों में संलग्न होकर भी ख़ुद को अच्छा इनसान समझता

है। जबकि आत्मा कभी भी ग़लत करने को नहीं कहती, परन्तु आप अपनी आत्मा की आवाज़ सुनना नहीं चाहते। इसलिए सबसे पहले आपको अपनी काम, इच्छाओं और कुबुद्धि पर विजय प्राप्त करनी होगी, उसके बाद आत्मा की आवाज़ आपको साफ़ सुनाई देने लगेगी।

दुनिया की हर चीज़ उपयोगी है

एक राजा था, उसने अपने सैनिक से कहा कि संसार में इस बात की खोज की जाए कि कौन से जीव-जंतु अनुपयोगी हैं। इतना पता चलते ही उनको मार दिया जाए। इस काम में हज़ारों सैनिक लगे। हर सैनिक ने अपने-अपने हिसाब से व्यर्थ जीव-जंतुओं की पहचान की, जिनके बिना दुनिया का काम आराम से चल सकता था। लेकिन वे सैनिक अपनी खोज का कारण नहीं बता पाए। बहुत दिनों तक खोजबीन करने के बाद राजा को सिर्फ़ दो जीव ऐसे दिखाई दिए, जिनका कोई उपयोग नहीं था। उनमें एक थी जंगली मक्खी और दूसरी मकड़ी। राजा ने सोचा, क्यों न जंगली मक्खियों और मकड़ियों को ख़त्म कर दिया जाए!

इसी बीच उस राजा पर पड़ोस के शक्तिशाली राजा ने आक्रमण कर दिया, जिसमें राजा हार गया और जान बचाने के लिए राजपाट छोड़कर जंगल चला गया। शत्रु के सैनिक उसका पीछा करने लगे। बहुत दौड़-भाग के बाद राजा ने अपनी जान बचाई और थक कर एक पेड़ के नीचे सो गया। तभी एक जंगली मक्खी ने उसकी नाक पर डंक मारा। जिससे राजा की नींद खुल गई। उसे ख़याल आया कि खुले में इस तरह सोना सुरक्षित नहीं है। कहीं सुरक्षित स्थान पर छुपना चाहिए, जहाँ कोई देख न पाए। उसने यहाँ-वहाँ घूमकर देखा, कुछ दिखाई नहीं दिया। बहुत भटकने के बाद उसे एक गुफा दिखाई दी, जहाँ वह जाकर छुप गया। बड़े दिनों तक छुपा रहा उसके छुपे रहने के दौरान मकड़ियों ने गुफा के द्वार पर जाला बुन दिया।

शत्रु के सैनिक उसे ढूँढ़ ही रहे थे। जब वे गुफा के पास पहुँचे, तो गुफा को देखकर वे सोचने लगे कि राजा यहीं पर छुपा हुआ तो नहीं है!

वे गुफा में घुसने की कोशिश कर ही रहे थे कि द्वार पर घना जाला देखकर आपस में कहने लगे, **"अरे! चलो आगे। इस गुफा में यदि वह आया होता, तो द्वार पर बना यह मकड़ी का जाला क्यों होता?"**

गुफा में छिपा बैठा राजा ये बातें सुन रहा था। शत्रु के सैनिक आगे निकल गए। उस समय राजा की समझ में यह बात आई कि संसार में कोई चीज़ बेकार नहीं है। अगर जंगली मक्खी और मकड़ी न होतीं, तो उसकी जान न बच पाती।

कठिनाई में धैर्य रखें

ज्ञान, भक्ति और कर्म, तीनों मार्गों में धैर्य का महत्त्व है। बिना धैर्य के कोई व्यक्ति अपने लक्ष्य तक नहीं पहुँच सकता।

रामायण में भी यही लिखा है, **"जिस व्यक्ति के पिता धैर्य, क्षमा जननी, शांत पत्नी, सत्य पुत्र, दया भगिनी, मन का संयम भ्राता, पृथ्वी जिनकी शय्या, दिशाएँ वस्त्र और जिन्हें भोजन में ज्ञान का अमृत मिले, उन्हें किस बात का भय हो सकता है?"**

इसलिए आपको खुद अपने आपसे कुछ सवाल पूछने होंगे:-

- मुझे किस चीज़ में दिलचस्पी है? ऐसे कौन-से काम हैं जिन्हें करने से मुझमें जोश आता है।

- मेरी अब तक की उपलब्धियाँ क्या हैं?

- मेरे व्यक्तित्व में ऐसे कौन से गुण हैं, जिन्होंने मेरे जीवन को आगे बढ़ाने में मदद की है?

- ऐसे कौन-से काम हैं, जो स्वाभाविक रूप से मेरे लिए बेहद आसान हैं?

- मुझमें कौन-सी योग्यताएँ हैं, जो मेरे जीवन में सफलता की संभावना को बढ़ा सकती हैं?

- किस काम को करने से मेरे अंदर जोश और ऊर्जा उत्पन्न होती है?

- मेरे सपने क्या हैं और उन सपनों को हक़ीक़त में कैसे बदल सकता हूँ?

- कौन से छोटे-छोटे काम हैं, जिनमें मेरी दिलचस्पी हमेशा रहती है? और इन कामों को एक साथ कैसे जोड़ा जा सकता है?

- वर्तमान कार्यक्षेत्र से जुड़ी ज़रूरतों के हिसाब से मेरे करियर के विकल्प कितने सही हैं?

- करियर से संबंधित विकल्पों के बारे में मैं कितनी जानकारी रखता हूँ?

- मेरी कौन-सी कमज़ोरियाँ हैं? उन कमज़ोरियों का मुझपर और मेरे करियर पर क्या असर होगा?

- ऐसे कौन से उपाय अपनाऊँ, जिससे मैं अपनी कमज़ोरियों से उभर सकूँ?

- जो करियर चुनने जा रहा हूँ उसके लिए कैसे व्यक्तित्व की ज़रूरत होती है और मेरा व्यक्तित्व क्या उसके लिए सही है?

- क्या मैं उस क्षेत्र में जाने से पहले खुद को परख सकता हूँ?

- अपने चयनित कार्यक्षेत्र में लंबे समय तक सफल बने रहने के लिए मुझे किससे सहयोग मिल सकता है?

इन सवालों के बारे में सोचने के बाद आप अपनी स्थिति को क़रीब से जान जाएँगे। क्योंकि संगीत के जादूगर ए.आर.रहमान का कहना है, **"आप सीखने से पहले कमाने की अपेक्षा नहीं कर सकते, और जब आप सीखने का फैसला करें, तब उसमें महारथ हासिल करें।"**

आज ए.आर.रहमान संगीत उद्योग की महान हस्ती बन चुके हैं। जबकि 19 साल की उम्र में वे जाकिर हुसैन की टीम में की-बोर्ड बजाया करते थे। लेकिन ऑस्कर एवॉर्ड प्राप्त करने के बाद अब उनकी पहचान विश्वस्तर पर बन चुकी है। सिर्फ़ 43 साल की उम्र में वे दुनिया के सबसे अमीर संगीतकार बन चुके हैं।

लेकिन जो भी करते हैं, उसे दिल से करते हैं और नया काम शुरू करने से पहले ईश्वर की प्रार्थना करते हैं। जब किसी पत्रकार ने उनकी सफलता के बारे में जानना चाहा, तो ए.आर.रहमान ने उसे सफलता प्राप्त करने के 10 सिद्धांत बता दिए:-

1. **जब शुरुआत करें तो एक मील अधिक चलें–** चार साल की उम्र में ए.आर.रहमान ने पियानो बजाना शुरू कर दिया था। फिर संगीत की जानकारी न होने के बावजूद वे घंटों तक रियाज करते रहते थे। लेकिन अब ए.आर.रहमान कहते हैं, "आप अपनी ज़िंदगी में कहाँ तक जाना चाहते हैं? यह इस बात पर निर्भर करता है कि आप अपने सीखने की खोज को कहाँ तक ले जाते हैं और कितना बेहतर कर पाते हैं।"

2. **अनुभव की जगह कोई और नहीं ले सकता–** अपनी पहली फिल्म के गीत को कंपोज करने से पहले रहमान के पास 300 जिंगल का अनुभव था और पहला जिंगल बनाने से पहले उनके पास छोटे-छोटे संगीत सम्मेलन (कंसर्ट) में संगीत बजाने का 10 वर्ष का अनुभव था और पहला ऑस्कर पाने से पहले उनके पास संगीत के क्षेत्र का 39 वर्षों का सक्रिय अनुभव था। तभी तो ए.आर.रहमान कहते हैं, "सफलता अनुभवों की शृंखला होती है, जितना अधिक अनुभव होगा, आप सफलता के उतने क़रीब होंगे।"

3. **पहले काम आता है उसके बाद पैसा–** जब रहमान का करियर विज्ञापन की दुनिया में फल-फूल रहा था, तब उन्होंने केवल 25,000 रुपये में मणिरत्नम के लिए म्यूजिक कंपोज करने का प्रस्ताव स्वीकार कर लिया था।

जबकि इतनी राशि वे विज्ञापन के लिए जिंगल बनाकर केवल तीन दिनों में कमा सकते थे। लेकिन उन्होंने यह प्रोजेक्ट पैसे के लिए नहीं किया था, बल्कि अपनी प्रतिभा दिखाने के लिए किया था।

इस बात को ए.आर.रहमान खुद स्वीकार करते हैं, **"अगर आप नई शुरुआत करना चाहते हैं, तो अपने काम पर ध्यान केंद्रित करें, फिर पैसा आपके पीछे दौड़ेगा।"**

4. **अपने विकल्पों पर अच्छी तरह सोचें–** रहमान एक कुशल प्रशिक्षित संगीतकार हैं, लेकिन कुछ नया शुरू करने से पहले वे विकल्पों पर काम शुरू कर देते हैं।

फ़िल्मों के लिए संगीत देने का काम अपनाने और विज्ञापन का क्षेत्र छोड़ने से पहले उन्होंने ड्राइविंग सीखी, ताकि फ़िल्मी दुनिया के दरवाज़े उनके लिए नहीं खुलें, तो वे अपनी ज़िंदगी चलाने के लिए कम-से-कम ड्राइवर का काम तो कर सकते हैं।

क्योंकि ए.आर.रहमान का मानना है, **"ज्ञान आपका मस्तिष्क है, दर्शन आपका हृदय है और चरित्र आपके हाथ-पैर हैं। फिर जब ये तीनों एक साथ काम करते हैं, तब आप सफल हो जाते हैं।"**

5. **काम के लिए जुनून पैदा करें–** पैसा कमाने की जगह ए.आर.रहमान लोगों को ख़ुश रखने में यक़ीन करते हैं, बाक़ी बातें बाद में सोचते हैं। क्योंकि उनका मानना है, **"अगर आपका काम लोगों को ख़ुशी देता है और आप उस काम में बने हुए हैं, तब समझ लीजिए कि आप प्रगति की राह पर चल रहे हैं।"**

6. **दूसरों से सम्मान के साथ पेश आएँ–** हर गायक का यह सपना होता है कि वह ए.आर.रहमान के साथ काम करे। क्योंकि वह आपको ईश्वर जैसा महसूस करवाते हैं। उनके सहयोगी गायक तो यहाँ तक कहते हैं कि वे ऐसा महसूस करवाते हैं, जैसे हम ए.आर.रहमान हों, और वह एक साधारण साथी। तभी तो ए.आर.रहमान कहते हैं, **"जब आप लोगों को महत्त्व देते हैं, तो वे भी अपना सर्वश्रेष्ठ प्रदर्शन करते हैं और जब आपकी टीम, विभाग और सहयोगी अच्छा प्रदर्शन करते हैं, तब आप हर स्थिति में जीत जाते हैं।"**

7. **अपनी टीम का सर्वश्रेष्ठ प्रदर्शन कराने में सहायक बनें–** ए.आर.रहमान हर किसी में से कुछ अतिरिक्त निकालने की कोशिश करते हैं, चाहे वह संगीतकार हो या गायक। वे अतिरिक्त प्रयास में यक़ीन रखते हैं और दूसरों को सुधार लाने का अवसर भी देते हैं।

इसलिए ए.आर.रहमान ने कहा था, **"प्रोजेक्ट से जुड़े लोगों के विचारों को सुनना, दुनिया में अपने प्रोजेक्ट को मास्टर पीस बनाने का सबसे बेहतर तरीका है।"**

8. **लोगों के साथ मिलकर काम करें–** जब अच्छा संगीत उभरकर आता है, तब समझें कि विचारों का आदान-प्रदान ठीक हुआ है। लेकिन कुछ ऐसी कहानियाँ भी होती हैं, जो उन्हें प्रेरित करती हैं। फिर वे अपनी टीम से पूरी तरह से जुड़ जाते हैं, जो उनकी रचनात्मकता को उच्चतम स्तर पर ले जाता है।

इस बात को ए.आर.रहमान ने ख़ुद स्वीकार किया है, **"मैं 80 प्रतिशत काम कर्तव्य और अनिवार्यता के आधार पर करता हूँ, लेकिन 20 प्रतिशत के लिए मुझे पूरी शक्ति और ऊर्जा को झोंकना पड़ता है।"**

9. **काम पसंद न आने पर नहीं कहना सीखें–** कुछ हासिल करने के लिए आपको किसी को नहीं कहकर बचाव का जोख़िम भी उठाना पड़ता है। क्योंकि अच्छा काम करने के लिए आपको समय की ज़रूरत होती है और समय के अनुसार काम का चुनाव करना पड़ता है।

वैसे तो ए.आर.रहमान बहुत सारी फिल्में कर सकते हैं, और बहुत सारे गीत कंपोज कर सकते हैं। लेकिन उन्होंने कुछ प्रस्तावों के लिए इनकार किया, क्योंकि वे उन्हें नहीं कर सकते थे।

तब ए.आर.रहमान ने कहा था, **"मेरे लिए कोई काम मुश्किल नहीं है। लेकिन मैं उतना ही काम हाथ में लेता हूँ, जितनी मेरी सामर्थ्यता है।"**

10. **काम के दौरान आराम हराम समझें–** आराम करने का विचार तब आता है, जब आप अपने काम में ख़ुशी महसूस नहीं करते। यदि आप परिवार के दबावों या वित्तीय परेशानियों की वजह से कोई काम कर रहे हैं, तो अपनी नज़रों को अपने जुनून की ओर मोड़िए और उसको करने का सही तरीका ढूँढ़िए।

ए.आर.रहमान का मानना है, **"आप जो कर रहे हैं, उसका पूरा आनंद उठाइए, फिर आप कभी भी ब्रेक या आराम करना नहीं चाहेंगे।"**

यही सफलता की शुरुआत है और जब आप सफल होते हैं, तब आप सिर्फ़ शुरुआत करते हैं। फिर रचनात्मकता की यात्रा शुरू हो जाती है। परन्तु आपको अपने मानसिक सिस्टम को फिट रखना होगा और अपनी हर गतिविधि को नदी की तरह सक्रिय रखना होगा। क्योंकि नदी जब बहते हुए नए किनारों और पत्थरों से टकराती है, तब उसमें ताज़गी बनी रहती है।

यह मत सोचो कि देश की अर्थव्यवस्था कब समृद्ध होगी, बल्कि यह सोचो कि आपकी अपनी अर्थव्यवस्था कैसे समृद्ध होगी!

आपकी प्रसन्नता का रहस्य जिज्ञासा में छिपा है और जिज्ञासा का रहस्य प्रसन्नता में छिपा है।

इसलिए आप तब ही सफल हो सकते हैं जब आप इस रहस्य को जान जाएँगे।

लेकिन समस्या यह है कि प्रसन्न कैसे रहा जाए? जबकि प्रसन्न रहना आपकी सबसे बड़ी ज़रूरत है।

परन्तु यह नहीं सोचते कि कल आप प्रसन्न थे, तो अब क्यों नहीं हो सकते? इसलिए सिर्फ़ भविष्य के बारे में सोचिए और जिज्ञासा को दौलत में बदलने का तरीका सोचिए।

पाँचवाँ मंत्र
भाग्य को बदलने का संकल्प लें

बहुत पहले की बात है, आस्ट्रेलिया में छतरी लेकर चलना गँवारपन की निशानी माना जाता था। तब लोग छतरी लेकर चलने वाले को बेवकूफ़ समझते थे। जबकि उन्हें बारिस में भीगना कतई पसंद नहीं था, लेकिन मज़ाक बनने के भय से छाता साथ नहीं रखते थे। परन्तु आस्ट्रेलिया के एक राजदरबारी जेम्स जूलियन को यह बात अच्छी नहीं लगी। उसने इस सोच को बदलने का फैसला किया। धूप हो या बारिस, वह हर समय अपने साथ छाता लेकर चलता। कुछ दिनों तक तो लोगों ने उसका मज़ाक उड़ाया, लेकिन बाद में यही फ़ैशन बन गया। लोगों का छाता साथ रखना फिर आदत में आ गया।

जूलियन को जब उसके दोस्तों ने उन्हें बधाई दी, तो वह बोले, **"जो उपहास या मज़ाक से नहीं डरता, वही बड़े-बड़े परिवर्तन ला सकता है। परन्तु इसके लिए पुरानी व्यवस्था को तोड़ना ज़रूरी हो जाता है।"**

कुछ इसी तरह से मनुष्य का भाग्य भी उसी के हाथों में ही होता है, लेकिन हाथ की रेखाओं से भाग्य नहीं बदलता, बल्कि उन्हीं हाथों से मेहनत करने से भाग्य बदलता है।

तभी तो ग्रंथों में लिखा है, **"मन के जीते जीत है, मन के हारे हार है।"** यानी जो मन से हार जाते हैं, वही लोग कमज़ोर होकर बैठ जाते हैं। लेकिन जो मन से मज़बूत होते हैं, वे कठिन परिस्थितियों में भी आगे बढ़ते रहते हैं। फिर वही लोग अमीर बन जाते हैं।

क्योंकि कर्म के बिना व्यक्ति चलती-फिरती लाश है। जो लगन से काम करते हैं, शरीर से मेहनत करते हैं, सड़कों पर पत्थर तोड़ते हैं, सड़कें बनाते हैं, भवन निर्माण करते हैं, ये लोग भी सफल होते हैं,

कैसे करें स्वभाव की पहचान

एक गाँव में दो औरतें रहती थीं, जो दूध बेचकर जीवन निर्वाह करती थीं। दोनों पड़ोसन थीं। एक के पास पाँच गायें थीं और दूसरी के पास केवल एक। एक बार पाँच गायों वाली औरत एक गाय वाली पड़ोसन के पास गई और उससे कुछ रुपये उधार माँगे। एक गाय वाली औरत ने रुपये दे दिए। एक साल बीत गया। उधार देने वाली औरत अपनी पड़ोसन के पास पहुँची और उससे अपनी रकम लौटाने को कहा किंतु कर्ज़ लेने वाली औरत के मन में बेईमानी आ गई और बोली, **"मैंने तो उधार लिया ही नहीं है।"**

मामला अदालत में पहुँचा। कर्ज़ लेने वाली औरत ने जज से कहा, **"जनाब, मेरे पास पाँच गायें हैं, जो मेरे जीवन निर्वाह के लिए पर्याप्त हैं। इस औरत के पास केवल एक गाय है। मुझे इससे कर्ज़ लेने की क्या ज़रूरत है?"**

जज ने उन दोनों को दूसरे दिन अदालत में बुलाया। लेकिन अदालत के बाहर एक ओर पाँच लोटों में तथा दूसरी ओर एक लोटे में पानी भरवाकर रख दिया। फिर उन औरतों को पैर धोकर अंदर आने के लिए कहा गया।

पाँच गायों वाली औरत ने एक के बाद एक पाँचों लोटों का पानी अपने पैरों पर डालकर प्रवेश किया। जबकि एक गाय वाली औरत ने एक लोटे से पानी लेकर बड़ी सावधानी पूर्वक अपने पैर साफ़ किए और थोड़ा पानी बचा भी लिया।

उन दोनों औरतों के बर्ताव को जज बड़े ध्यान से देखते रहे और उसके आधार पर उन्होंने यह जान लिया कि वाकई पाँच गायों वाली औरत ने कर्ज़ लिया होगा।

क्योंकि पाँच लोटों का पानी डालने वाली औरत बहुत ख़र्चीले स्वभाव की है, इसलिए उसे कर्ज़ लेने की आवश्यकता पड़ी होगी। जबकि एक लोटे में से थोड़ा पानी लेकर अपना काम चला लेने वाली औरत किफ़ायती स्वभाव की होगी, इसलिए वह उधार दे सकती है। फिर जज ने इस आधार पर अपना फैसला एक गाय वाली औरत के पक्ष में सुना दिया, जोकि एकदम सही था। क्योंकि पाँच गायों वाली औरत ने कर्ज़ लिया था।

छह गुणों से बदलता है दृष्टिकोण

आपका जीवन उस रेल के इंजन के समान है, जिसमें छह पहिये लगे होते हैं और उन सभी पहियों का एक साथ घूमना ज़रूरी होता है। तभी इंजन स्पीड पकड़ पाता है। ठीक वैसे ही नीचे लिखे छह गुणों का संतुलन अपने जीवन में बनाकर चलना है, तभी आप अवसर को सफलता में बदल पाएँगे–

1. **आध्यात्मिक चेतना–** आप जीवन में क्या करना चाहते हैं? आपके जीवन का क्या उद्देश्य है? इस बात का पता आध्यात्मिक चेतना से चलता है। क्योंकि इससे आपकी नियत और चरित्र का विकास होता है। इसलिए आपको अध्यात्म का भी ज्ञान लेना होगा।

2. **मानसिक उन्नति–** मानसिक उन्नति से आपके ज्ञान और बुद्धि में तेज़ी से वृद्धि होती है। जिससे स्वस्थ और नए विचार आपके अंदर पनपते हैं, जो लक्ष्य को आगे बढ़ाने में सहायक होते हैं।

3. **शारीरिक स्वस्थता–** मन के साथ तन की स्वस्थता बहुत ज़रूरी है। क्योंकि जब आप निरोगी होंगे, तभी सफलता की राह पर चल सकते हैं, और अच्छी सेहत के बग़ैर किसी चीज़ का कोई मूल्य नहीं है।

4. **भौतिक समृद्धि–** किसी चहेती चीज़ का अभाव आपके उत्साह और लगन में कमी पैदा कर सकता है, जो आपकी सफलता में बाधक बन जाएगा। इसलिए जीवन में भौतिक संपन्नता भी ज़रूरी है।

5. **सामाजिक जीवन–** मनुष्य एक सामाजिक प्राणी है और उसकी समाज के प्रति कुछ ज़िम्मेदारियाँ भी हैं, जिन्हें पूरा करना उसका कर्तव्य है। इसलिए आपका सामाजिक होना बहुत ज़रूरी है। क्योंकि समाज में रहकर आप अधिक सीखते हैं।

6. **पारिवारिक समृद्धि–** हर व्यक्ति के लिए उसके परिवार की समृद्धि ज़रूरी है। क्योंकि परिवार के लोग ही उसके जीने और जीविका कमाने का साधन हैं। इसलिए आपको परिवार को भी विशेष महत्त्व देना होगा और उन्हें ख़ुश रखने की कोशिश करनी होगी।

खोज के लिए ज़रूरी है स्पष्ट नज़रिया

घटना इथियोपिया की है, जहाँ काल्दी नाम का एक गडरिया अपनी बकरी चरा रहा था। अचानक कुछ बकरियों ने एक अनजाने जंगली पौधे की लाल बेरियाँ चबा लीं। फिर बेरियाँ चबाते ही वे कूदने-फाँदने लगीं। काल्दी को लगा कि बेरियों में कोई नशीली चीज़ है। उसने कुछ बेरियाँ तोड़ लीं और पूरी घटना की जानकारी अपने गाँव के पादरी को दे दी।

पादरी ने उन्हें पानी में उबाल कर पी लिया, फिर पीते ही उनके शरीर में चुस्ती-फुर्ती भर गई। जबकि पहले वह चर्च में प्रार्थना के समय ऊँघने लगता था। तब पादरी ने लोगों को नींद भगाने के लिए बेरियों को उबालकर पीने की सलाह दी। बाद में उसका नाम कॉफी पड़ गया और 13वीं शताब्दी में वह अरब का बेहद लोकप्रिय पेय बन गया।

उसके बाद कॉफी पूरे विश्व में फैल गई। क्योंकि कॉफी में **'कैफिन'** नामक रसायन पाया जाता है, जो दिमाग़ को उत्तेजित करता है। लेकिन यह गडरिये के आशावादी दृष्टिकोण के कारण प्रकाश में आया था।

कोई काम छोटा नही होता

कई कुली मिलकर भारी खंभे को उठाने का प्रयास कर रहे थे। वहीं पास खड़ा एक आदमी उन सब को निर्देश दे रहा था। तभी वहाँ से गुज़रते हुए नेपोलियन की नज़र उन पर पड़ी।

नेपोलियन उस आदमी के पास गया और बोला, "आप इन कुलियों की मदद क्यों नहीं करते?"

"तुम्हें मालूम है मैं कौन हूँ?" वह गुस्से से बोला।

"नहीं भाई, मुझे क्या मालूम?" कहते हुए नेपोलियन कुलियों की मदद करने के लिए आगे बढ़ गया।

"मैं इन कुलियों का ठेकेदार हूँ।" रोब से वह व्यक्ति बोला और नेपोलियन को कुलियों की मदद करते हुए हैरानी से देखता रहा नेपोलियन की मदद से कुलियों ने खंभे उठाकर दूसरे स्थान पर रख दिए। फिर वह ठेकेदार के पास जाकर बोला, "मुझे नेपोलियन कहते हैं।"

यह सुनकर ठेकेदार की आश्चर्य की सीमा नहीं रही। उसने अपने इस व्यवहार के लिए माफ़ी माँगी।

नेपोलियन ने उसे समझाते हुए कहा, "किसी काम को अपने ओहदे से नहीं देखना चाहिए और न ही किसी काम को छोटा समझना चाहिए।"

प्रगतिशील सोच का मतलब समझें

असफलता से उबरने के लिए प्रगतिशील और सकारात्मक सोच बहुत काम आती है। क्योंकि नकारात्मक चिंतक नकारात्मक विचार भेजकर अपने चारों तरफ की दुनिया को नकारात्मक रूप दे देता है। जबकि सकारात्मक चिंतक सकारात्मक विचार भेजकर आपको सकारात्मक रूप से प्रेरित करता है और अपनी ओर सकारत्मक परिणामों को आकर्षित करता है।

जब दो पंखों के पक्षी एक साथ रहते हैं, तब उनके विचारों में नैसर्गिक समानता होती है। फिर वे अपने जैसे विचार उत्पन्न करते हैं। नकारात्मक विचार से नकारात्मक परिणाम तथा सकारात्मक विचार से सकारात्मक परिणाम की उतपत्ति होती है।

जब मस्तिष्क के दूसरे संसाधनों को आप ज्यादा महत्त्व देने लगते हैं, तब आप आश्चर्यजनक काम कर सकते हैं। कल्पना से भी अधिक आश्चर्यजनक। परन्तु इसके लिए साहस की ज़रूरत पड़ती है और साहस मानसिक शक्ति की प्रेरणा होता है। जैसा कि बासिल किंग ने अपनी पुस्तक 'द कॉनक्वेस्ट ऑफ फियर' में लिखा है, **"जब आप साहस से किसी चीज़ का सामना करते हैं, तब आप अपने आसपास अदृश्य शक्तियों को पाते हैं, जो आपकी मदद करने के लिए हमेशा तैयार रहती हैं।"**

अवसर का सही उपयोग करें

एक बार पाँच असमर्थ और अपंग लोग एक जगह इकट्ठे हुए और कहने लगे। यदि भगवान ने हमें समर्थ बनाया होता, तो हम परोपकार के बहुत सारे काम करते।

अंधे ने कहा, "यदि मेरी आँखें होतीं, तो जहाँ कहीं भी कुछ ग़लत देखता, उसे सुधार देता।"

लंगड़ा कहने लगा, "भगवान ने अगर मुझे पैर दिए होते, तो दौड़-दौड़कर भलाई के काम करता।"

निर्बल ने कहा, "अगर मेरे पास बल होता, तो अत्याचारियों से मुकाबला करता।"

निर्धन बोला, "यदि मैं धनी होता, तो सभी दीन-दुखियों की सेवा करता।"

अनपढ़ ने अन्त में कहा, "अगर मैं विद्वान होता, तो संसार में ज्ञान की गंगा बहाता और धर्म का प्रचार करता।"

भगवान उन पाँचों की बातें सुन रहे थे। उन्होंने पाँचों को आशीर्वाद दिया। फिर देखते-ही-देखते अंधे ने आँखें, लंगड़े ने पैर, निर्बल ने बल, निर्धन ने धन और मूर्ख ने विद्या पा ली। फिर वे फूले न समाए। क्योंकि परिस्थिति बदलते ही उनके विचार भी बदल गए थे।

अंधा सुंदर चीज़ें देखने में ही लगा रहता और अपनी प्यास बुझाता। लंगड़े को सैर-सपाटे से फ़ुर्सत नहीं थी। निर्धन और सुख-सुविधा जमा करने में लगा रहता। निर्बल ने अपने बल से दूसरों को आतंकित करना शुरू कर दिया और विद्वान ने अपनी चतुराई से समाज को मूर्ख बनाना शुरू कर दिया।

एक दिन भगवान उन पाँच असमर्थ लोगों का हाल देखने आए। उन्होंने देखा कि पाँचों अपनी-अपनी स्वार्थ सिद्ध में लगे हुए हैं। उन्होंने अपने आशीर्वाद का दुरुपयोग होते देखकर अपने सभी वरदान वापस ले लिए। पाँचों फिर जैसे के तैसे हो गए। अब उन सब को अपनी पुरानी प्रतिज्ञाएँ याद आईं और वे पछताने लगे। परन्तु अब क्या हो सकता था!

इसलिए भगवान राम के तीर से घायल होने के बाद जब रावण का अन्तिम समय आया, तो उन्होंने लक्ष्मण जी को रावण के पैरों की ओर खड़े होकर उनसे ज्ञान लेने का आदेश दिया था।

जो इस बात का उदाहरण है कि ज्ञान के आगे कोई छोटा-बड़ा नहीं होता। आप अच्छी बातें कहीं से भी ग्रहण कर सकते हैं।

कुछ भी असम्भव नहीं है

कुछ साल पहले प्रदर्शित फिल्म 'शैडो' आपने देखी होगी। नासिर खान ने जब अपने परिवार के सामने फिल्म में एक्टिंग करने की इच्छा जताई, तो सबने कहा कि एक्टिंग आपके बस की बात नहीं है। शायद भूल गए हैं कि आपको दिखाई नहीं देता, आप कैमरे के सामने एक्टिंग कैसे करेंगे?

नासिर ने इस बात को चुनौती के रूप में लिया। फिर वे मुंबई आए और उन्होंने ख़ुद को फिल्मों के लिए तैयार किया। उसके बाद निर्माताओं के चक्कर लगाए। लेकिन कोई उन्हें लेकर फिल्म बनाने को तैयार नहीं हुआ।

परन्तु नासिर ने हिम्मत नहीं हारी। उन्होंने व्यवसायी दोस्तों को अपनी फिल्म में पैसा लगाने के लिए तैयार किया। फिर उनकी फिल्म **'शैडो'** बनी।

अब नासिर आत्मविश्वास के साथ कहते हैं, **"मैं दुनिया को बताना चाहता था कि कुछ भी असंभव नहीं होता। मैं मिसाल पेश करना चाहता था कि यदि मैं अंधा होकर अपने लक्ष्य को हासिल कर सकता हूँ, तब शारीरिक रूप से स्वस्थ लोगों के लिए तो कोई भी काम असंभव नहीं होना चाहिए।"**

अपने नज़रिए को पहचानिए

ज़िंदगी में सफलता पाना उतना मुश्किल नहीं है, जितना की आप समझते हैं। लेकिन ज़रूरत होती है अपने नज़रिए को जानने की। इसलिए इस क्वीज में भाग लीजिए, ताकि आप अपने बारे में पूरी तरह से जान सकें। आपको सिर्फ़ नीचे दिए गए बॉक्स के सामने सही का निशान लगाना है:-

1. क्या आप शंकाग्रस्त होने पर अपने काम को जारी रखते हैं। हाँ ☐
2. क्या आप गुस्सा आने पर शांत रहते हैं। हाँ ☐
3. क्या आप परिवार के लोगों की सलाह मानते हैं। हाँ ☐
4. क्या आप खुले दिल से दूसरों की बात सुनते हैं। हाँ ☐
5. क्या आप अकेले में सोच-विचार करते हैं। हाँ ☐
6. क्या आप बचत करने में विश्वास रखते हैं। हाँ ☐
7. क्या आप भविष्य के बारे में सोचते हैं। हाँ ☐
8. क्या आप नए रिश्ते बनाने में विश्वास रखते हैं। हाँ ☐
9. क्या आप अच्छे निर्णय ले सकते हैं। हाँ ☐
10. क्या आप सज-सँवर कर रहते हैं। हाँ ☐
11. क्या आप परेशानी में दोस्तों से सलाह लेते हैं। हाँ ☐
12. क्या आप अपने राज छुपा सकते हैं। हाँ ☐
13. क्या आप दूसरों से अपनी तुलना करते हैं। हाँ ☐
14. क्या आप मेहनत करने का साहस रखते हैं। हाँ ☐
15. क्या आप चमत्कार करने में विश्वास रखते हैं। हाँ ☐

अब अपने नज़रिए को ख़ुद जान लीजिए, फिर आपको पता चल जाएगा कि आपका नज़रिया अमीर बनाने में सहायक हो सकता है या नहीं?

➲ यदि आपके 10 से कम जवाब 'हाँ' में हैं, तब आप हमेशा नकारात्मक तरीके से सोचते हैं और हमेशा तनाव में रहते हैं। इसलिए आपको अमीर बनने के लिए कड़ी मेहनत करनी होगी और पुस्तक को ध्यान से पढ़ना होगा।

➲ यदि आपके 12 से कम जवाब 'हाँ' में हैं, तब आपकी सोच-विचार करने की स्थिति मीडियम है, यानी आप न तो बहुत अधिक नकारात्मक सोचते हैं और न ही बहुत सकारात्मक। आप अपने विचारों को परिस्थिति और माहौल को देखकर बदलने के लिए तैयार रहते हैं। लेकिन आपकी ज़िंदगी में कोई विशेष तेज़ी, उल्लास या उत्तेजना नहीं है, और आप अपनी क्षमता को पहचान नहीं पाते। इसलिए आप को भी पुस्तक को बहुत ध्यान से पढ़ना होगा, तभी आप अपने अंदर अमीर बनने का जज़्बा पैदा कर पाएँगे।

➲ यदि आपके 12 से अधिक जवाब 'हाँ' में हैं, तब आपके सोचने का तरीका बहुत ज़्यादा सकारात्मक है और आप पुस्तक को पढ़ने के बाद ही अवसरों को पहचान सकते हैं तथा बहुत कम समय में सफलता पा सकते हैं।

यह सोच को परखने का वैज्ञानिक तरीका है, जिसके माध्यम से आप अपने आपको ख़ुद परख सकते हैं और उसी के आधार पर इस पुस्तक से लाभ उठा सकते हैं।

कहते हैं कि हर यात्रा की शुरुआत पहले क़दम से शुरू
होती है और व्यापार करने के लिए
जुनून की ज़रूरत होती है।
लेकिन मुक़द्दर के सहारे कोई भी व्यापार
सफल नहीं होता।
क्योंकि व्यापार को शिखर तक पहुँचाने के लिए साधन
जुटाने पड़ते हैं मन में जोश जगाने पड़ते हैं
हौसलों को पँख लगाने पड़ते हैं।

जिस तरह एक छोटे से बीज में बड़ी संभावनाएँ छिपी होती हैं, उसी तरह आपके भीतर भी अनन्त संभावनाएँ छिपी हुई हैं।

इसलिए अपने संकल्प रूपी बीज को आत्मविश्वास की ज़मीन में रोपने का हुनर सीखो। फिर जब उसके ऊपर जुनून की बूँदे गिरेंगी, तब बीज पेड़ बन जाएँगे। उसमें दौलत के फल आएँगे, जिन्हें आप ताउम्र खाएँगे।

दुनिया को बदलने की सोचें

सिद्ध उद्योगपति वॉरेन बफे से किसी युवक ने ऑटोग्राफ़ देने के लिए कहा तब वॉरेन बफे ने उसकी ऑटोग्राफ़ बुक में लिखा, "दूसरों से ऑटोग्राफ़ लेने में अपना समय बर्बाद मत करो। ख़ुद को इस योग्य बनाओ कि लोग तुम्हारे ऑटोग्राफ़ लेने के लिए तरसें।"

युवक ने जब संदेश पढ़ा, तो उसकी आँखें खुली-की-खुली रह गईं। उस युवक का नाम था जैकी चान, जिसका जन्म 7 अप्रैल 1954 में हाँगकांग में हुआ था। उसके माता-पिता इतने ग़रीब थे कि बच्चे के जन्म की खुशियाँ मनाने के बजाय उन्होंने ब्रिटिश मूल की डॉक्टर (हाँगकांग तब ब्रिटिश उपनिवेश था) से गिड़गिड़ाकर विनती की और कहा कि वे बच्चे को या तो गोद ले लें, या किसी अनाथालय में भेजने का इंतज़ाम कर दें।

तब दूध की जो बोतल अस्पताल द्वारा दी गई थी, वह ज़मीन पर गिर कर टूट गई और उसका ख़र्चा चुकाने के लिए भी इमारतों पर मज़दूरी करने वाले ग़रीब माता-पिता के पास पैसे नहीं थे।

उन दिनों हाँगकांग के फ्रेंच राजदूत का आस्ट्रेलिया तबादला हो गया था। दया खाकर उन्होंने जैकी चान को गोद ले लिया और उसके माता-पिता को भी साथ ले गए।

वहाँ पर हाँगकांग मूल के कई बच्चे मिले और जैकी चान के दोस्त बन गए। जिनमें यू.ए.न. बिलाओ, शामो हुँग और यू.ए.न. वा शामिल थे। बाद में ये हाँगकांग सिनेमा में अच्छे-ख़ासे सितारे साबित हुए। इन दोस्तों ने अपनी पहली फिल्म **'चंदा और चोरी'** एक पुराने 16 एम.एम. कैमरे पर बनाई और वह चल भी गई। इसलिए पूत के पाँव पालने में ही दिखने का मुहावरा जैकी चान की ज़िंदगी पर लागू होता है। क्योंकि ढाई

साल की उम्र में जो पहला कारनामा उन्होंने किया, वह यह था कि सर्वेंट क्वार्टर्स की सीढ़ियों से लुढ़के और पीतल के एक गमले पर जा गिरे।

तब बच्चे का तो कुछ नहीं बिगड़ा, लेकिन गमले के दो टुकड़े हो गए। फिर उनके पिता को अपने आधे महीने के वेतन से यह मुआवजा भरना पड़ा। उसके बाद एक आम स्कूल में किसी तरह उन्हें भर्ती किया गया। परन्तु वह पहली क्लास में ही फेल हो गया और सात साल की उम्र तक उसी क्लास में बना रहा।

चिंतित पिता ने जैकी चान को अपने एक जानकार के स्कूल में भर्ती करा दिया। जहाँ उन्होंने किताबें कम पढ़ीं और तलवारों और डंडों से खेलना ज्यादा सीखा। इसलिए आज जैकी चान के नाम पर कम-से-कम तीन लाख वेब पेज हैं। आठ सुपर हिट किताबें लिखी जा चुकी हैं, जिनका कई भाषाओं में अनुवाद भी हो चुका है।

जबकि जैकी चान खुद बहुत मुश्किल से उन्हें पढ़ पाते हैं। लिखने के मामले में भी उनका हाथ तंग है। ऑटोग्राफ़ भी वे इतने अनोखे तरीके से देते हैं कि लोगों को यह प्रमाणित करना मुश्किल पड़ जाता है कि वह वाकई जैकी चान के ही हस्ताक्षर हैं।

लेकिन जैकी चान के बचपन का एक क़िस्सा बहुत मशहूर है। जब वे अपने पसंदीदा हीरो ब्रूस ली की एक फिल्म देखने के लिए माँ से पैसे लेना चाहते थे, तब उन्हें पैसे नहीं मिले, फिर वे शीर्षासन की मुद्रा में तब तक खड़े रहे, जब तक उन्हें फिल्म की टिकट के लिए पैसे नहीं मिल गए।

दिल टूटा तो जैकी चान हाँगकांग लौट आए। क्योंकि जन्म के आधार पर नागरिकता वहीं की थी। फिल्मों की उनकी ख़याति पहले ही वहाँ पहुँच चुकी थी और 18 साल के होते-होते वे हाँगकांग में फिल्मों के सुपर हीरो बन गए। उन दिनों उनकी भूमिकाएँ लोकल माफ़िया को धूल चटाकर ग़रीबों की मदद करने वाले की होती थीं। तब फिल्मों में लीड हीरो ब्रूस ली हुआ करते थे और वे सेकंड हीरो के रूप में काम करते थे।

जबकि शुरुआत की कुछ फिल्मों में ब्रूस ली के साथ उन्हें एक्स्ट्रा तक की भूमिकाएँ अदा करनी पड़ीं। फिर अचानक सन् 1973 में बहुत रहस्यमय स्थितियों में ब्रूस ली की मृत्यु हो गई और खाली जगह को भरने के लिए बहुत सारे डुप्लीकेट ब्रूस ली पैदा हो गए।

तब तक जैकी चान ने अपने जन्म का नाम **'चान कांग सांग'** नहीं बदला था। इसलिए कुछ फिल्मों से पैसा कमाकर वे माता-पिता के साथ आस्ट्रेलिया गए। परन्तु वहाँ जब उनके नाम के उच्चारण में लोगों को दिक्कत आई, तो उन्होंने अपना नाम **'जैकी चान'** रख लिया।

उसके बाद हॉलीवुड की फिल्म **'द ब्रौक्स'** में काम किया, जोकि सुपरहिट हो गयी। यह फिल्म 35 मिलियन डॉलर के बजट से बनी थी और उसने 141 मिलियन

डॉलर कमाए। फिर जैकी चान ने हाँगकांग की एक पिटी हुई फिल्म की कहानी लेकर उसे झाड़ा-पोछा और उसे नए अंदाज़ में शूट किया।

उस फिल्म में वे एक शातिर अरबपति बने थे, जो आमतौर पर युवतियों को पटाता है। तब जैकी चान का सितारा इतना बुलंद था कि हॉलीवुड की एक कंपनी गोल्डन हारवेस्ट ने उन्हें मेहनताने की जगह अपने मालिकों में से एक बना लिया था। फिर आई **'रश आवर'** जो हॉलीवुड की फिल्म थी, मगर शूट हाँगकांग में की गई थी, उस अकेली फिल्म ने 226 मिलियन डॉलर कमा डाले। जिसमे से फ़ीस के अलावा 90 मिलियन डॉलर अकेले जैकी चान के थे। उसी फिल्म की कमाई से जैकी चान ने अपना पहला हवाई जहाज़ ख़रीदा।

आज उनके पास तीन जहाज़ हैं, मगर अपनी पहली प्रेमिका द्वारा दी गई साइकिल उन्होंने अब भी अपने हाँगकांग के स्टूडियो के बाहर काँच के फ्रेम में सजाकर रखी हुई है। जैकी चान अब तक 200 से ज़्यादा फिल्में बना चुके हैं। उनमें से ज़्यादातर फिल्मों में वे हीरो हैं। 10-12 को छोड़कर सारी फिल्में हिट हुई हैं और आधी से ज़्यादा सुपरहिट।

जैकी चान के पास आज इतनी दौलत है कि वे जो चाहें कर सकते हैं, क्योंकि दुनिया के लगभग 20 देशों में जैकी चान के घर हैं और हर घर के बैडरूम में जिम मौजूद है। कई बार तो वे जिम की मशीनों पर ही आराम कर लिया करते हैं। इसलिए आपको जैकी चान के जीवन से प्रेरणा लेनी है और अपने आपको उसी अंदाज़ में ढालना है, जिसमें जैकी चान ढले हैं।

अपने रिकॉर्ड खुद तोड़ते रहें

एंटरटेनमेंट की सुपर हीरोइन ओपरा विनफ्रे ने कहा है, **"जब आप सफल होने का फैसला कर लेते हैं, तब आपकी ताकत बढ़ने लगती है और प्रेरणा लेने वाले आयातों का विस्तार होना शुरू हो जाता है। फिर आप जैसा बनने की ठानते हैं, वैसे ही बन जाते हैं।"**

ओरिसन स्वेट मार्डेन ने कहा था, **"लोगों को बुलंदियों तक ले जाने वाली ताकत को आप उनके लक्ष्य में खोज सकते हैं। फिर वही लक्ष्य उन्हें दौलतमंद बना देते हैं।"**

इसलिए चुनौतियों से लड़ने के लिए तैयार रहें, हार कभी न मानें। यदि कभी आपका हौसला टूटे, तो आगे बढ़ने की सीख चीटियों से लें:-

- ⮌ वे मुश्किलों की उम्मीद करती हैं।
- ⮌ वे जानती हैं कि उनका लक्ष्य क्या है।
- ⮌ वे लगनशील और कभी न हार मानने वाली होती हैं।
- ⮌ वे योजना बनाकर काम करती हैं।
- ⮌ वे आगे बढ़ते रहने का विकल्प चुनती हैं।

हो सकता है, दूसरे कीड़े-मकोड़े उनकी हँसी उड़ाते हों, लेकिन चीटियाँ उनकी परवाह नहीं करतीं, वे अपने लक्ष्य की ओर बढ़ती रहती हैं। इसलिए **'दे ऑल लॉफ्ड फ़्रॉम लाइटबल्ब्स टु लेज़र'** नामक पुस्तक में उन लोगों का ज़िक्र किया गया था, जिन्होंने अविश्वसनीय काम किए थे और बड़ी सफलता पाई थी। लेकिन सफलता पाने से पहले दूसरे लोगों ने उनकी खूब हँसी उड़ाई थी। उनमें से कुछ नाम मैं आपको गिनवाना चाहता हूँ:-

1. थॉमस एडिसन ने जब बिजली का बल्ब बनाने की बात लोगों को बताई, तब लोगों ने उन्हें पागल कहा था।

2. धीरूभाई अम्बानी ने पॉलिएस्टर बनाने के बारे में जब यार-दोस्तों को बताया, तो उन्होंने मूर्ख कहा था।

3. अलेक्ज़ेंडर ग्राहम बेल ने जब टेलीफोन बनाने का अपना निर्णय सुनाया, तो लोगों ने बेवकूफ़ कहा था।

4. क्रिस्टोफ़र कोलंबस ने जब ऐलान किया कि पृथ्वी गोल है, तब लोगों ने उन्हें उल्लू कहा था।

5. राइट ब्राइर्स ने जब उड़ने वाला प्लेन बनाने की योजना बतायी, तब लोगों ने उन्हें पागल कहा था।

अब यदि लोग आपकी भी हँसी उड़ाएँ तो बिलकुल न घबराएँ। क्योंकि आपको अपने लक्ष्य तक पहुँचना है। इसलिए एक बार फिर संकल्प लें, **"मैं जो बनना चाहता हूँ, वही बनके रहूँगा।"**

वाल्ट डिज़्नी ने जब कैलिफोर्निया स्थित ऑरेंज काउंटी में थीम पार्क के निर्माण के लिए वित्तीय सहायता माँगी थी, तब उन्हें कर्ज़ देने के लिए कोई तैयार नहीं हुआ, क्योंकि वे लोग यह समझते थे कि डिज़्नी पागल हो गया है।

जब स्टीफन ने आई.बी.एम. छोड़कर अपना कारोबार शुरू किया था, तब कंपनी में बहुत चुनौतियाँ थीं। क्योंकि कंपनी की शुरुआत मात्र एक हज़ार डॉलर से की गयी थी।

रिचर्ड ब्रानसन ने वर्जिन एयरवेज को मात्र दस सालों में सबसे अमीर एयरलाइंस बना दिया था, जबकि उसकी शुरुआत मात्र 10 हज़ार डॉलर से की गयी थी।

रे क्रॉक पहले कागज़ का प्याला बनाकर बेचा करते थे, फिर उन्होंने 54 साल की उम्र में निर्णय लिया था कि मैकडोनाल्ड बंधुओं से हैमबर्गर बेचने के लिए एक स्टैंड लेंगे। उसके बाद उनकी दुनिया ही बदल गई।

फ्रेड स्मिथ ने जब फेडरेल एक्सप्रेस के माध्यम से चिट्ठी और सामान एक रात में दुनिया के एक मुल्क से दूसरे मुल्क में भेजने की सेवा शुरू की थी। तब उसपर लोग हँसते थे। लेकिन जब वे अपना लक्ष्य पाने में सफल हो गए, तब लोगों की आँखें फटी रह गईं।

इसलिए अपने हौसले बरकरार रखिए, चाहे कोई कुछ भी कहे, क्योंकि वॉल्ट डिज्नी ने कहा था, **"यदि आप आगे बढ़ने का हौसला रखते हैं, तब आप ज़रूर सफल होते हैं।"**

यह सफलता प्राप्त करने का छठा गुरुमंत्र है, जो आपको आगे बढ़ने के लिए हमेशा प्रेरित करता रहेगा।

> इनसान घर बदलता है, लिबास बदलता है, रिश्ते बदलता है, लेकिन नौकरी छोड़कर बिज़नेस नहीं कर पाता, क्योंकि वो खुद को नहीं बदलता। तभी तो मिर्ज़ा ग़ालिब ने कहा था,
> "उम्र भर ग़ालिब यही भूल करता रहा धूल चेहरे पे थी, लेकिन मैं आईना साफ़ करता रहा।"
> इसलिए एक बार अवसर को पहचानने की कोशिश तो करो। सफलता आपके इंतज़ार में अपना दामन फैलाए बैठी है। क्योंकि किसी शायर ने कहा है, ''तकदीर बदलती रहती है। शीशा वही रहता है, तस्वीर बदलती रहती है।''

उड़ने के लिए गिरना ज़रूरी है। लड़ने के लिए अड़ना ज़रूरी है। हँसने के लिए रोना ज़रूरी है। जीतने के लिए हारना ज़रूरी है।

लेकिन ज़रूरत होती है खुद को रास्ता दिखाने की, इरादों को बुलंद करने की। क्योंकि हौसलों का बुलंद होना ज़रूरी है और बड़ी सफलता पाने के लिए जोखिम लेना ज़रूरी है।

सातवाँ मंत्र

बिज़नेस शुरू करने का लक्ष्य निश्चित करें

कुछ दिनों पहले मैं मनाली गया था, क्योंकि वहाँ के माल रोड स्थित **'होटल कुन्ज़ाम मनाली'** में **'एयर इंडिया'** के सीनियर एग्जीक्यूटिव को सम्बोधित करना था। वह एक तरह से सेमीनार था, जिसे विश्व की जानी-मानी कंपनी **'अल्हन मोटिवेशन इंकार्पोरेट, यू.एस.ए.'** ने विशेष तौर पर **'एयर इंडिया'** के लिए ऑर्गनाइज किया था। लगभग दस विदेशी मोटिवेटर उस सेमीनार में अपनी स्पीच देने वाले थे। विषय था— **'शिखर पर पहुँचने के लिए सही लक्ष्य का चुनाव।'**

मैं पहला भारतीय मोटिवेटर था, जिसे उस सेमीनार में बोलना था। हॉल पूरी तरह से भरा हुआ था। एयर इंडिया के सीनियर एग्जीक्यूटिव सीटों पर बैठे हुए थे। पहले विदेशी मोटिवेटरों ने सम्बोधित किया। फिर जब मेरा नंबर आया, तब तक श्रोता थक चुके थे।

परन्तु मुझे अपनी बात उन तक पहुँचानी थी, इसलिए मैंने श्रोताओं में जोश भरने के लिए तेज़ स्वर में कहा:-

ऊँचा तख्त ऊँची शान, ऊँचा क्रद कौन नहीं चाहता है।
लेकिन पहुँचता वही है, जिसे लक्ष्य भेदना आता है॥

मेरा शेर पूरा होते ही हॉल तालियों की गड़गड़ाहट से गूँज उठा। फिर श्रोताओं के चेहरे पर मुस्कराहट आ गई, तब मैंने आगे बोलना शुरू किया।

मैं आज आपको लक्ष्य का सही चुनाव करना सिखाऊँगा, ताकि आप दूसरी एयर लाइंस की तरह एयर इंडिया को सफलता के शिखर पर पहुँचा सकें।

लेकिन सबसे पहले मैं आपको यह बताना चाहूँगा कि इस युग में जो लोग सफलता के शिखर पर पहुँचे हैं, उन्होंने किसी एक लक्ष्य पर काम किया था और अपनी पूरी योग्यता झोंक दी थी।

लेकिन उन लोगों में से कुछ के बेटे ऐसे भी हैं, जिन्हें अपने पिता के नाम का सहारा लेना पड़ता है। राष्ट्रपिता महात्मा गांधी के पुत्र राजमोहन गांधी को जब घनश्याम दास बिड़ला ने हिंदुस्तान टाइम्स का संपादक बनाया था, तब उन्होंने कहा था कि यह राजमोहन गांधी के लिए नहीं, बल्कि अख़बार के लिए सम्मान होगा कि देश के राष्ट्रपिता का पुत्र हमारे समाचार पत्र का संपादक है। बाद में वे समाचार पत्र चलाने में असमर्थ असफल रहे। फिर गांधी जी की पीढ़ी में कोई ऐसा व्यक्ति पैदा नहीं हुआ, जो उनके नाम के बिना सफल हुआ हो।

भारत के पूर्व प्रधानमंत्री लाल बहादुर शास्त्री के परिवार का भी हाल यही है। क्योंकि उनके बेटे आज भी अपनी पहचान यही बताते हैं कि वे लाल बहादुर शास्त्री के पुत्र हैं। पूर्व केंद्रीय स्वास्थ्य मंत्री राजनारायण के पुत्र को राष्ट्रीयकृत बैंक में क्लर्क की नौकरी के लिए भी अपने पिता का परिचय देना पड़ा था। अब वे उत्तर प्रदेश रोडवेज में एक बस कंडक्टर हैं, जिन्होंने इतिहास में पीएच.डी. की हुई है। लेकिन नौकरी कंडक्टर की ही कर रहे हैं।

आज नवाब छतारी का पोता नौकरी के लिए दर-दर की ठोकरें खा रहा है, लेकिन उसे नौकरी नहीं मिल रही। कुछ साल पहले ब्रिटेन के प्रिंस चार्ल्स ने अपने बारे में कहा था, **"यदि मैं प्रिंस नहीं होता, तो मुझे मेरी योग्यता पर कोई अच्छी नौकरी नहीं मिलती और यदि मिलती भी, तो वह अच्छी श्रेणी में नहीं होती।"**

फिल्म अभिनेता अमिताभ बच्चन के बेटे अभिषेक बच्चन के साथ यदि अपने पिता के नाम का सहारा न होता, तो शायद उन्हें भी अपने बारे में गहराई से सोचना पड़ता। मोदी उद्योग समूह के एक सदस्य ऐसे भी हैं, जिन्हें अपनी बेटियों की शादी करने के लिए अपनी संपत्तियों को बेचना पड़ा।

तभी तो लार्ड माउंटबेटन ने देश की आज़ादी के वक़्त जवाहरलाल नेहरू के लिए एक टिप्पणी की थी, **"मैं भारत में आकर असफल रहा हूँ, क्योंकि मैं आज़ाद होने वाले देश के प्रधानमंत्री के साथ चल रहा हूँ। आज यही मेरा परिचय है, जबकि कल मेरा था। परन्तु आने वाला कल नेहरू का होगा।"**

लेकिन ऐसा क्यों होता है कि सबकुछ होने के बाद भी लोग सफल नहीं हो पाते। क्योंकि उनमें नीचे लिखी 10 कमियाँ होती हैं:-

1. **योग्यता का भ्रम होनाः-** कभी-कभी लोगों को अपनी योग्यता के बारे में भ्रम हो जाता है कि उनसे अधिक योग्य और कोई नहीं है। वही भ्रम उन्हें असफलता का रास्ता दिखाता है।

2. **आसान समझनाः-** जो व्यक्ति हर काम को आसान समझकर चलते हैं, उनसे कोई आसान काम भी नहीं हो पाता, क्योंकि उनकी सोच गहरी नहीं होती।

3. **योजना का न होनाः-** लोगों के पास सफलता के लिए सबकुछ होता है, लेकिन योजना बनाकर न चलने के कारण वे असफल हो जाते हैं।

4. **अनिर्णय की स्थितिः-** जो लोग अपने बारे में निर्णय नहीं ले पाते और अपने निर्णयों को दूसरे पर छोड़ देते हैं, वे हमेशा असफल होते हैं।

5. **समय का सदुपयोग न करनाः-** जो लोग समय का सदुपयोग करना नहीं जानते और समय को बेकार गँवा देते हैं, उन्हें कभी सफलता नहीं मिलती।

6. **आत्मनिर्भर न होनाः-** जो लोग अपने आप में आत्मनिर्भर नहीं होते, वे हमेशा असफल होते हैं।

7. **भाग्य के सहारे रहनाः-** जो लोग केवल भाग्य के सहारे रहते हैं, वे असफल होते हैं। क्योंकि भाग्य के सहारे रहने वाले मेहनत नहीं कर पाते और उनकी मेहनत भी भाग्य पर ही निर्भर रहती है।

8. **आत्मविश्वास का न होनाः-** मनुष्य में आत्मविश्वास जब कम हो जाता है, तब वह गुमराह हो जाता है। जो उसकी असफलता का कारण बन जाता है।

9. **सहयोग न करनाः-** जो लोग दूसरों का सहयोग नहीं करते, वे भी सफल नहीं हो पाते। क्योंकि उन्हें भी दूसरों से सहयोग नहीं मिलता। फिर वह जीवन भर उपेक्षित रहते हैं और यह उपेक्षा ही उनके लिए असफलता का कारण बन जाती है।

10. **अति उत्साही होनाः-** उत्साही होना ग़लत नहीं है, लेकिन अति उत्साही होना ग़लत है। फिर सब कुछ होने पर भी मनुष्य असफल हो जाता है। क्योंकि वह सफलता को जल्दी पाने की कोशिश करता है।

इसलिए स्वेट मार्टिन ने कहा था, **"दुनिया की कोई भी दौलत मनुष्य को सफलता नहीं दिला सकती। क्योंकि धन-दौलत से आप कहीं प्रवेश तो पा सकते हैं, लेकिन बिना गुणों के वहाँ टिक नहीं सकते। डॉक्टर बनने के लिए जो गुण होने चाहिए, वे पैसे से नहीं खरीदे जा सकते। उसके लिए मेहनत से पढ़ना और समझना ज़रूरी होता है।"**

एक सफल प्लेयर बनने के लिए जिन गुणों का होना ज़रूरी है, उनके न होने से एक अच्छा प्लेयर नहीं बना जा सकता। विवेकानंद ने कहा था, "सफलता और असफलता में केवल **'अ'** शब्द का फ़र्क़ होता है, जिसका अर्थ होता है।

लेकिन इस उपन्यास का सृजन रचनात्मक तरीके से किया गया था, जिसने लेखक को रातो-रात विश्वप्रसिद्ध बना दिया था। आज जैकलीन सूसन अमेरिका की सबसे अमीर लेखकों की सूची में शामिल हो चुकी हैं।

तभी तो शास्त्रों में लिखा है:-

योजनानां सहस्त्रं तु शनैर्गच्छेत्पिपीलिका।
आगच्छनवैनतेयोऽपि पदमेकं न गच्छति॥

इस श्लोक का अर्थ है कि धीर-धीरे चलती हुई चींटी भी हज़ार मील तक चल लेती है और न चलता हुआ गरुड़ एक क़दम भी आगे नहीं बढ़ पाता।

इसलिए मनुष्य को धीरे-धीरे सफलता अर्जित करनी चाहिए। लेकिन अपने लक्ष्य से कभी भटकना नहीं चाहिए।

हनुमान जी जब सीता जी की खोज में लंका जाने के लिए निकले थे, तब रास्ते में उन्हें छायाग्रहिणी, सुरसा और लंकिनी नामक तीन राक्षसनी मिली थीं। लेकिन हनुमान जी उनसे टकराते नहीं हैं, फिर वे अपने लक्ष्य को ध्यान में रखकर उन बाधाओं को पार करके आगे बढ़ जाते हैं।

इसलिए रामायण में लिखा है:-

प्रारभ्यते न खलु विघ्नभयेन नीचैः प्रारभ्य विघ्नविहता विरमन्ति मध्याः।
विघ्नैः पुनः पुनरपि प्रतिहन्यमानाः प्रारब्ध मुत्तमजना न परित्यजन्ति॥

इसका मतलब है कि साधारण व्यक्ति विघ्नों के भय से काम शुरू नहीं करते। मध्यम लोग काम शुरू करके विघ्नों के आने पर बीच में छोड़ देते हैं। लेकिन बड़े लोग विघ्नों को पार करके बड़ी सफलता प्राप्त करते हैं।

शायद इसलिए अंग्रेज़ी के महान साहित्यकार कार्लाइल ने कहा था, **"आप अपने जीवन का एक लक्ष्य बनाएँ, फिर उसमें अपने शारीरिक और मानसिक ताकत को पूरी तरह से झोंक दें। तब आप उतने ही महान बन जाएँगे, जितना की आपका लक्ष्य था।"**

महान लक्ष्य के लिए महान विचार रखें

विचार एक प्रकार की शक्ति है, जो अत्यन्त सूक्ष्म है और किसी भौतिक माध्यम की मोहताज नहीं है। इसलिए विचार शक्ति की तरंगें रेडियो तरंगों की तरह ब्रह्माण्ड में तैरती रहती हैं। फिर वे तरंगें वृद्धि और अनुभूति के माध्यम से मनुष्य में प्रवेश करके, ज्ञान के रूप में अवतरित होती हैं।

तभी तो ग्रंथों में लिखा है:-

'सर्वे भवन्तु सुखिनः, सर्वे सन्तु निरामयाः॥'

यानी, विचारों की शक्ति आपके कर्मों पर निर्भर करती है। क्योंकि आपका मन जितना निर्मल होगा, उतना ही आपका व्यक्तित्व सशक्त होगा। फिर जब आप कोई बात कहेंगे, तब वह दूसरों के हृदय में सीधा प्रवेश कर जाएगी। क्योंकि विचारों की शक्ति में नीचे लिखे गुण होते हैं:-

बिज़नेस गुरु तरुण इन्जीनियर

➲ यह आपके कार्य का बीज है।

➲ यह अधिक शक्तिशाली होता है।

➲ यह आपको प्रतीक्षा नहीं कराता है।

➲ यह बेहतर तरीके से क्रियान्वित होता है।

➲ यह जीवन की उन्नति करता है।

➲ यह दिमाग़ को खोलता है।

➲ यह श्रेष्ठ हल निकालता है।

➲ यह भीतरी सुन्दरता बढ़ाता है।

➲ यह बिगड़े काम बनाता है।

➲ यह भविष्य निखारता है।

➲ यह सर्वश्रेष्ठ बनाता है।

इसलिए महान कार्यों के पीछे महान विचारों की प्रेरणा छिपी होती है। तब आपके विचार जितने ही महान होंगे, आप उतने ही महान बन जाएँगे। इसलिए आप विचारों की शक्ति पर ध्यान दें और श्रेष्ठ विचारों की ऊर्जा को अपने अंदर संग्रह करते रहें।

लक्ष्य को सफलता की सीढ़ी समझें

लक्ष्य कोई भी हो, उसकी ओर ले जाने वाली सीढ़ी पर एक के बाद एक क़दम रखते रहिए। क्योंकि सौ तक गिनती बोलने और सीखने के लिए एक, दो, तीन बोलना ज़रूरी है।

किसी मंदिर की सीढ़ी चढ़ते समय पहली सीढ़ी के बाद दूसरी सीढ़ी चढ़ना ज़रूरी है। पर्वत की चोटी पर पहुँचने के लिए टेढ़े-मेढ़े चक्करदार रास्ते से गुज़रना ज़रूरी है। लेकिन साथ में अपना फावड़ा तथा कुदाल भी लेकर जाना होता है, जिससे आगे चढ़ने के लिए सीढ़ियों का निर्माण किया जा सके।

मान्यता है कि युधिष्ठिर के नेतृत्व में पांडवों और उनकी पत्नी द्रोपदी ने स्वर्ग तक पहुँचने के लिए हिमालय को चुना था। फिर यात्रा के दौरान युधिष्ठिर और उनके साथ चल रहे कुत्ते के अलावा उनके सभी परिवारजनों ने एक-एक करके अपना शरीर त्याग दिया था। उसके बाद इंद्र खुद युधिष्ठिर के पास आए और उन्होंने स्वर्गलोक चलने का आग्रह किया। परन्तु वे कुत्ते को रथ पर बैठाने में आपत्ति करने लगे।

क्योंकि उनका मानना था कि कुत्ता एक अपवित्र जीव होता है। लेकिन युधिष्ठिर ने कहा कि शरणागत की रक्षा करना मेरा लक्ष्य है। इसने मेरा यहाँ तक साथ दिया है और कोई पाप-कर्म भी नहीं किया है। जबकि मेरे सभी परिवारजनों ने शरीर का त्याग कर दिया, लेकिन यह बचा रहा इसलिए मैं इसे छोड़कर नहीं सकता। भले ही मैं स्वर्ग न जा पाऊँ।

कथा के अनुसार, कुत्ता सामान्य जीव नहीं था। वे धर्मराज थे और स्वयं धर्म कुत्ते के रूप उनके साथ जा रहा था। फिर प्रसन्न होकर धर्मराज ने अपना रूप प्रकट किया

और प्रशंसा करते हुए कहा, **"तुमने धर्म को सार्थक किया है अब मेरी आँखें खुल गईं और तुम्हारे लक्ष्य को पहचान गया हूँ। इसलिए मैं तुम्हारे साथ कुत्ते को भी रथ में बैठाकर स्वर्गलोग ले जाऊँगा।"**

यही वजह थी कि एंड्रयू कारनेगी अपने जिन कर्मचारियों को सुपरवाइजर पद पर प्रमोशन देने के बारे में सोचते थे, वे दो इम्तिहान लेते थे।

पहले इम्तिहान में तो वे यह देखते थे कि कर्मचारी किस हद तक आगे जाने को इच्छुक है? और दूसरे इम्तिहान में वे यह पता लगाते थे कि कर्मचारी का मस्तिष्क किसी लक्ष्य पर केंद्रित है या नहीं?

इस बात से पता चलता है कि एंड्रयू कारनेगी लक्ष्य को कितना महत्त्व देते थे। पहले उन्होंने एक स्टील कंपनी बनाई, फिर ढेर सारी दौलत कमाकर विश्व के अमीर लोगों की श्रेणी में शामिल हो गए। क्योंकि वह जानते थे कि लक्ष्य बनाकर ही अमीर बना जा सकता है।

वॉरेन बफे के अमीर बनने की भी कहानी कुछ ऐसी ही है। सन् 1869 में वॉरेन के दादा ने रोजी-रोटी चलाने के लिए रोज़मर्रा के सामान की एक छोटी-सी दुकान खोली थी और उसका नाम रखा गया **'ग्रॉसरी स्टोर'**। जिसे जमने में ज्यादा वक़्त नहीं लगा और कुछ ही दिनों में चल निकला।

धीरे-धीरे यही स्टोर उनकी पहचान बन गया। जब दो बेटों वाला बफे परिवार बढ़ने लगा, तो 11 साल की उम्र में वॉरेन बफे ने शेयर बाज़ार में निवेश किया। तब उन्होंने **'सिटी सर्विस प्रिफर्ड'** के 3 शेयर 38 डॉलर प्रति शेयर के दाम पर ख़रीदे थे। जिसमें 2 शेयर ख़ुद के नाम लिए थे और एक अपनी बहन डोरिस के नाम पर ख़रीदा था।

लेकिन किस्मत ने साथ नहीं दिया और वॉरेन बफे ने उन शेयरों को 40 डॉलर में बेच दिए। फिर उन्होंने बेचने के फैसले को एक बड़ी ग़लती माना, क्योंकि बाद में वही शेयर 200 डॉलर तक पहुँच गए थे।

इस घटना से वॉरेन बफे ने शेयर बाज़ार का पहला और बुनियादी सबक सीखा कि पैसों को हमेशा लंबी अवधि के लिए निवेश करना चाहिए। आगे चलकर इसी सबक के ज़रिए वे दुनिया के सबसे बड़े अमीर बन गए।

तभी तो किसी शायर ने कहा है:-

जो मुस्करा रहा है, उसे दर्द ने पाला होगा।
जो चल रहा है, उसके पाँव में छाला होगा॥
बिना लक्ष्य के नहीं मिलती, किसी को मंज़िल।
जब दिया जलेगा, तभी तो उजाला होगा॥

इस का अर्थ है कि आपको हर हाल में सफलता प्राप्त करनी है और कर्ण की तरह अपने लक्ष्य का चुनाव करना है।

एक पुरानी कहानी है। तीन साधु पहाड़ की ऊपरी चोटी पर लंबा रास्ता पार कर रहे थे। जब धूप और थकान से उनका गला सूखने लगा। तब प्यास से व्याकुल होकर उन्होंने चारों ओर देखा, परन्तु वहाँ पर कहीं पानी नहीं था। फिर काफ़ी भटकने के बाद उन्हें एक झरना बहुत गहराई में नीचे बहता हुआ दिखाई दिया। तब एक साधु ने आवाज़ लगाई, **"ईश्वर! हमारी सहायता कर और हम तक पानी पहुँचा!"**

दूसरे ने पुकारा, **"हे इंद्र देवता, बादल ला और जल बरसा!"**

परन्तु तीसरे साधु ने किसी से कुछ नहीं माँगा। वह चोटी से नीचे उतरा और तलहटी में बह रहे झरने तक पहुँचकर प्यास बुझा ली। लेकिन दो प्यासों की आवाज़ें अब भी सहायता के लिए पहाड़ियों में गूँज रही थीं। क्योंकि उन्होंने आगे बढ़ने का साहस नहीं किया था और जिसने किया था, वह तृप्त होकर आगे बढ़ गया।

इसलिए आपको तीसरे साधु का अनुसरण करना है। ओशो ने भी यही कहा है, **"आलसी व्यक्ति किसी को हानि नहीं पहुँचा सकता, क्योंकि वह ऐसा कुछ नहीं करेगा, जिससे किसी को कोई परेशानी हो।"**

इसलिए आप आलस को त्याग दें और नए जोश के साथ जुट जाएँ, अपना लक्ष्य बनाने में। क्योंकि शास्त्रों में लिखा है:-

यथा होकेन चक्रेण न रथस्य गतिर्भवेत्।
एवं पुरुषकारेण विना दैवं न सिध्यति।।

जिस तरह एक पहिये का रथ चल नहीं पाता, उसी तरह परिश्रम के बिना भाग्य साथ नहीं देता। क्योंकि भाग्य को चमकाने के लिए परिश्रम और पक्के इरादे की ज़रूरत होती है।

फिर जब आप किसी काम को करने की ठान लेते हैं, तब वह काम पूरा हो जाता है। जब आप किसी परीक्षा में नब्बे प्रतिशत अंक लाने की सोच लेते हैं, तब आपके उतने ही अंक आ जाते हैं। सिर्फ़ आपके सोचने की देर है। इसलिए लक्ष्य का चुनाव करने से पहले सोचिए कि आप जीवन में क्या करना चाहते हैं:-

1. क्या आप जीवन में ऊँचा उठकर कुछ पाना चाहते हैं?　हाँ ☐
2. क्या आप अपनी पर्सनालिटी डेवलप करना चाहते हैं?　हाँ ☐
3. क्या आप सम्पूर्ण मानवता को दिशा देना चाहते हैं?　हाँ ☐
4. क्या आप पूरी दुनिया में अपना नाम रोशन करना चाहते हैं?　हाँ ☐
5. क्या आप हर समय चुस्त-दुरुस्त और तंदुरुस्त रहना चाहते हैं?　हाँ ☐
6. क्या आप परेशानियों का समाधान चाहते हैं?　हाँ ☐
7. क्या आप अमीर लोगों की श्रेणी में शामिल होना चाहते हैं?　हाँ ☐

यदि आपका इनमें से किन्हीं पाँच प्रश्नों का जवाब **'हाँ'** में है, तब आप अपने लक्ष्य का चुनाव करने के लिए आगे बढ़ें। आगे की प्रक्रिया बहुत सरल है, लेकिन आपको सबसे पहले यह जानना होगा कि आप किस व्यक्ति को अपनी प्रेरणा बनाना चाहते हैं नीचे विश्व की 15 महान व्यक्तियों के नाम दिए गए हैं, उनमें से आपको किसी एक के सामने (✓) सही का निशान लगाना है:-

1.   अब्राहम लिंकन   हाँ ☐
2.   लाल बहादुर शास्त्री   हाँ ☐
3.   मुंशी प्रेमचंद   हाँ ☐
4.   धीरूभाई अम्बानी   हाँ ☐
5.   राजकपूर   हाँ ☐
6.   गुलशन कुमार   हाँ ☐
7.   महाशय धर्मपाल   हाँ ☐
8.   आर.डी. शर्मा   हाँ ☐
9.   ओमपूरी   हाँ ☐
10. कर्पूरी ठाकुर   हाँ ☐
11. मैक्सिम गोर्की   हाँ ☐
12. वॉल्ट डिज्नी   हाँ ☐
13. चार्ली चैपलिन   हाँ ☐
14. रिच डेवॉस   हाँ ☐
15. ओपेरा विनफ्री   हाँ ☐

अब आप उस व्यक्ति का नाम नीचे लिखें:-

मैं ....को अपनी प्रेरणा बनाना चाहता हूँ।

(उदाहरण: मैं **गुलशन कुमार** को अपनी प्रेरणा बनाना चाहता हूँ)

यानी कि आप गुलशन कुमार की तरह अमीर बनना चाहते हैं, क्योंकि आपने गुलशन कुमार को अपनी प्रेरणा का श्रोत चुना है, इसलिए अब आपका यही लक्ष्य माना जाएगा। और प्रेरणा सफलता की धड़कन होती है, जो आपके लक्ष्य को हमेशा जिंदा रखेगी। ठीक वैसे ही जैसे कार के इंजन को पेट्रोल चलाता है। इसलिए आप प्रेरणा को लक्ष्य का ईंधन भी कह सकते हैं।

अब अपने गुणों का मिलान उस व्यक्ति से करें, जिसे आपने अपनी प्रेरणा चुना है या आप जिससे प्रेरित हैं:-

1.   क्या आपकी योग्यता उस व्यक्ति के बराबर है?   हाँ ☐
2.   क्या आप उसकी तरह सोचते हैं?   हाँ ☐
3.   क्या आप उसकी तरह बातें करते हैं?   हाँ ☐

4. क्या आप उसकी तरह निर्णय ले सकते हैं? हाँ ☐

5. क्या आप उसकी तरह भविष्य पर दृष्टि टिकाए रखते हैं? हाँ ☐

6. क्या आप उसकी तरह संकट से निपट सकते हैं? हाँ ☐

7. क्या आप उसकी तरह दबंग दिखते हैं? हाँ ☐

8. क्या आप उसकी तरह शक्ति का प्रदर्शन कर सकते हैं? हाँ ☐

9. क्या आप उसकी तरह विकल्पों पर गौर कर सकते हैं? हाँ ☐

10. क्या आप उसकी तरह मेहनत कर सकते हैं? हाँ ☐

11. क्या आप उसकी तरह ज़िम्मेदारी निभा सकते हैं? हाँ ☐

12. क्या आप उसकी तरह अपने आपको बदल सकते हैं? हाँ ☐

13. क्या आप उसकी तरह अपने क्रोध को शांत रख सकते हैं? हाँ ☐

14. क्या आप उसकी तरह संकल्प ले सकते हैं? हाँ ☐

15. क्या आप उसकी तरह ईश्वर में आस्था रखते हैं? हाँ ☐

जब आपके बारह से अधिक जवाब **'हाँ'** में आ जाएँगे, तब आप उसकी तरह बनते चले जाएँगे। इसलिए बारह से आगे बढ़ने की कोशिश कीजिए, क्योंकि ज़िंदगी बदलने में सिर्फ़ एक मिनट लगता है और वह महत्त्वपूर्ण पल आपकी कायापलट कर सकता है, जो उस मैच की तरह होता है, जिसमें एक टीम हार रही होती है और ऐसा लगता है कि उसकी हार निश्चित है, परन्तु एक मिनट में सबकुछ बदल जाता है। गति बदल जाती है, ऊर्जा बदल जाती है, और हारने वाली टीम, जीतने वाली टीम को पछाड़ देती है। तब खिलाड़ी तथा दर्शक दोनों ही रोमांचित हो जाते हैं।

आपके जीवन में भी कुछ ऐसे पल होते हैं, जहाँ आप हार रहे होते हैं, परन्तु एक ही मिनट में सबकुछ बदल जाता है। गति बदल जाती है, ऊर्जा बदल जाती है, और आप जीत जाते हैं। चाहे आपको कितने भी संकटों का सामना करना पड़ा हो।

थॉमस एडिसन, वाल्ट डिज़्नी, जॉर्ज वॉशिंगटन कार्वर, माइकल जॉर्डन, स्टीवन स्पीलबर्ग, ओपरा विनफ्री जैसे सभी सफल लोगों ने भी संकटों का सामना किया था। लेकिन उनके अंदर चार खूबियाँ थीं:-

1. **बड़ा सपना देखा था।**

2. **कठोर निर्णय लेने का संकल्प लिया था।**

3. **सपने तक पहुँचने की योजना पर काम किया था।**

4. **आगे बढ़ते रहने का संकल्प लिया था।**

इतने परिवर्तनों के बाद वे सफलता के शिखर पर पहुँचे थे। इसलिए आप अपने अंदर परिवर्तन लाने की कोशिश करें। माना कि एक मिनट में आप अमीर नहीं बन सकते लेकिन एक मिनट में आप अमीर बनने की तकनीक ज़रूर सीख सकते हैं।

यह एक मिनट का जादू है, जिसे आपको सीखना है और सोचना है कि उस एक मिनट को सफलता में कैसे बदला जाए?

क्योंकि जो लोग सफल होते हैं, वे इस जादू को जानते हैं। इसलिए आपको भी जानना होगा साथ ही नीचे लिखी गई बातों पर ध्यान देना होगा:-

- असफलताएँ जीवन का सौन्दर्य हैं और स्वाभाविक है यदि आपके जीवन में संघर्ष नहीं होगा, तब आगे बढ़ना मुश्किल हो जाएगा। क्योंकि सफलता की सड़क असफलता की पगडंडियों से होकर गुज़रती है।

- जो पत्थर एक चोट से नहीं टूटता, उसे तोड़ने के लिए बार-बार प्रहार करना पड़ता है। इसलिए एक बार असफल होने पर हिम्मत न हारें और सफलता प्राप्त करने के लिए निरंतर प्रयास करते रहें।

- शांत चित्त और जुनून से सफलता प्राप्त करना आसान होता है।

- ठोकर खाकर सँभलना ज़रूरी है, इसलिए असफलता को सफलता की सीढ़ी मानें।

- जिन्होंने कभी भूल नहीं की, उन्होंने कभी खोज भी नहीं की। इसलिए भूल कीजिए, फिर भूलों से सीखिए।

एक पुराना क़िस्सा है, भयंकर तूफ़ान से गैलीलियो झील का पानी पाँच मीटर ऊँचा उछलने लगा था। तब जो नावें चल रही थीं, वे बुरी तरह थरथराने लगीं। जब लहरों का पानी नाव के भीतर पहुँचने लगा, तो यात्रियों के भय का ठिकाना नहीं रहा उनमें से एक नाव के एक कोने में कोई व्यक्ति गहरी नींद में सोया पड़ा था। साथियों ने उसे जगाया और कहा, **"तूफ़ान आ चुका है, जान बचाने की सोचो।"**

वह व्यक्ति आराम से उठा और बाहर का नज़ारा देखते हुए बोला, **"तूफ़ान भी आते रहते हैं और मनुष्य भी मरते रहते हैं। इसमें क्या ऐसी नई बात हो गई, जो आप लोग इतनी बुरी तरह हड़बड़ा रहे हो?"**

सभी उसका उत्तर सुनकर दंग रह गए और बोले, **"क्या तुम्हें तूफ़ान से डर नहीं लगता?"**

उस व्यक्ति ने मुस्कराते हुए कहा, **"क्या विश्वास की शक्ति तूफ़ान से बड़ी है?"**

"नहीं।" सबने एक स्वर में कहा

"तो फिर विश्वास करो कि यह तूफ़ान दो मिनट के बाद रुक जाएगा।"

आसपास खड़े सहयात्री उसकी बेफ़िक्री, अलमस्ती से नाराज़ थे। वे समझ रहे थे कि हमारे साथी ने कोई नशा तो नहीं किया हुआ, जो संकट के समय में ऐसी बात कर रहा है।

उधर अपनी मस्ती में मगन उस व्यक्ति ने आँखें बंद कीं और प्रार्थना करने लगा। दूसरों ने समझा कि यह व्यक्ति अंतिम समय निकट जानकर शायद ईश्वर को याद कर रहा है। फिर व्यक्ति ध्यान मुद्रा में ही बुदबुदाया, **"शांत हो जा मूर्ख!"**

बिज़नेस गुरु तरुण इन्जीनियर

तूफ़ान तुरन्त शांत हो गया। जब नाव का हिलना बंद हुआ, तब यात्रियों ने चैन की साँस ली और व्यक्ति से पूछा, **"तुम कौन हो?"**

व्यक्ति शांत स्वर में बोला, **"जीसस क्राइस्ट।"**

"तुम्हारे शांत कहते ही तूफ़ान कैसे रुक गया?"

"क्योंकि मैं विश्वास को बड़ा मानता हूँ। लेकिन आपने तूफ़ान को बड़ा मान लिया था।"

इसलिए आपको तूफ़ानों से खेलने की आदत डालनी है और विश्वास के साथ अपने लक्ष्य पर अडिग रहना है। क्योंकि अमेरिका के मशहूर बेस्टसेलिंग लेखक नॉर्मन विन्सेन्ट पील ने कहा है, **"अपने लक्ष्य को अपनी योग्यता और अनुभव के अनुसार चुनें, फिर अपने अंदर जुनून पैदा करें और तब तक न रुकें, जब तक आप उसे पा न लें।"**

परन्तु लक्ष्य को सफल बनाने के लिए आपको छह बातों पर ध्यान देना ज़रूरी है:-

1. लक्ष्य किसके लिए है?
2. उसे पूरा करने में किन चीज़ों की ज़रूरत पड़ेगी?
3. उसका कोई प्रोजेक्ट बनाया है?
4. उसके कठिन भाग कौन से हैं?
5. उसे पूरा करने के लिए कौन-से तरीके अपनाएँगे?
6. हक़ीक़त से लक्ष्य कितना क़रीब है?

इन प्रश्नों के बारे में गहराई से सोचें, क्योंकि सफलता प्राप्त करना संजोग नहीं है, बल्कि एक चुनाव है। जिसके लिए दृढ़-निर्णय लेना होता है। फिर आप अपनी ज़िंदगी के रचयिता बन जाते हैं। तभी तो अल्फ्रेड लॉर्ड टेनिसन ने कहा था, **"किसी ने भी आसमान को तब तक नहीं छुआ, जब तक कि उसने यह सपना नहीं देखा कि ऐसा होना चाहिए, या ऐसा हो सकता है। जिसने भी इस तरह से सोचा, उसके सपने साकार हो गए।"** क्योंकि जीवन का सिद्धांत है कि सफलता का महल कभी भी सुविधा की नींव पर खड़ा नहीं होता। वह हमेशा असुविधाओं की नींव पर खड़ा होता है।

आपको हर समय अपने सपने का पीछा करना होगा, और भविष्य की तैयारी करनी होगी। हार न मानने की आदत डालनी होगी। चुनौतियों का सामना करना होगा। ठीक वैसे ही जैसे कि चींटियाँ करती हैं। इसलिए आप किसी चींटी को गौर से देखिए। फिर आप जान जाएँगे कि चींटी कभी हार नहीं मानती। अगर आप चींटी के रास्ते में कोई पत्ती, छड़ी, ईंट या दूसरी चीज़ रख देंगे, तो वह उसके ऊपर से चढ़कर निकल जाएगी। वह कभी नहीं रुकती। वह कभी हार नहीं

मानती। हमेशा कोशिश करती रहती है, आगे बढ़ती रहती है और अपने लक्ष्य का पीछा करती रहती है।

चींटी सिर्फ़ तभी कोशिश करना छोड़ती है, जब वह मर जाती है। इसलिए आपको चींटी से सीख लेनी है और उसकी तरह मेहनत करके अपने लक्ष्य तक पहुँचना है। क्योंकि आपके लक्ष्य की सीमा वही है, जो चींटी की है। परन्तु ज़रूरत है साहस करने की। फिर आप अपनी कल्पना से भी अधिक ऊँची उड़ान भर सकते हैं।

> जब हम रिश्तों के लिए वक़्त नहीं निकाल पाते, तब
> वक़्त हमारे बीच से रिश्तों को निकाल देता है।

आप अपने आसपास की दुनिया से बहुत कुछ सीखते हैं, जिसके आधार पर खड़ा होता है, आपके सपनों का ताजमहल। उसकी एक-एक ईंट आपकी भावनाओं से जुड़ी होती है। लेकिन जब तक आप ताजमहल की दीवारों को सुरक्षित रखने वाले विचारों को अपने मस्तिष्क में नहीं लाएँगे, तब तक आपका सपना अधूरा रह सकता है!

क्योंकि विचारों से निकलने वाली रोशनी आपकी सोई हुई चेतना को जगाती है, फिर आप बाहरी दुनिया से मुकाबला करना सीख जाते हैं। इसलिए कुछ लोग इन्हें विचारों का चमत्कार भी कहते हैं।

आठवाँ मंत्र
तूफ़ानों से खेलने की आदत डालें

अहमदाबाद के सबसे बड़े होटल 'सी.रॉक' के कॉन्फ्रेंस हॉल में एम.बी.ए. के छात्रों की भीड़ जमा थी, जिसमें मुझे 'कैसे बनेगा करियर?' पर स्पीच देनी थी। कुछ दिनों पहले उसी होटल में रिचर्ड टेंपलर ने अपना भाषण दिया था। लेकिन आज पहले से कहीं ज़्यादा छात्र वहाँ उपस्थिति थे, क्योंकि वे सफलता पाने के गुरु मंत्र सीखना चाहते थे।

मैंने निश्चित समय पर हॉल में प्रवेश किया, सारे छात्र मेरे सम्मान में खड़े हो गए। फिर माइक्रो फोन कान में लगाकर सबको बैठने का इशारा किया।

जब सब छात्र बैठ गए, तब मैंने बोलना शुरू किया, "अर्थवेद में लिखा है कि मनुष्य के दाएँ हाथ में सफलता होती है और बाएँ हाथ में असफलता। लेकिन सफलता पाने के लिए कर्मशील होना बहुत ज़रूरी है। इसलिए करियर बनाने के लिए आप अपने कर्म पर अधिक ध्यान दें। क्योंकि कर्म आपके हाथ की लकीरों को बदल सकता है। आपको सफलता दिला सकता है। आपको अच्छी नौकरी दिला सकता है, और आपको अमीर बना सकता है।"

तभी तो जॉर्ज वॉशिंगटन ने कहा था, "शिखर पर हमेशा जगह होती है, परन्तु वहाँ तक पहुँचने के लिए कोई लिफ्ट नहीं होती, बल्कि संघर्ष करके पहुँचना होता है और सीढ़ियाँ पैदल चढ़नी पड़ती हैं।"

इस बात को एंड्रयू कारनेगी ने भी स्वीकार किया था कि वे कर्म की बदौलत ही अमीर बने हैं और इंटेलिजेंसी तथा कॉन्फिडेंस से अमेरिका में सबसे बड़ी स्टील कंपनी बनाई थी।

इसलिए कारनेगी अपनी कंपनी में उन्हीं कर्मचारियों को प्रमोशन देते थे, जो कर्म करने में विश्वास रखते थे। क्योंकि वे कर्म के सिद्धांत को अच्छी तरह से समझते थे और अपने हर कर्मचारी को कर्म करने के लिए प्रेरित करते थे, ताकि वह ज्यादा काम करने का लक्ष्य बनाए और प्रमोशन पाए।

क्यों ज़रूरी है कर्म करना:

- यह आपका आत्मविश्वास बढ़ता है।
- यह आपको सफलता दिलाता है।
- यह आपके विचारों को स्वस्थ बनाता है।
- यह आपको अच्छे-बुरे की पहचान कराता है।
- यह आपकी परेशानियों का समाधान करता है।
- यह आपकी आर्थिक स्थिति मज़बूत करता है।
- यह आपको नए काम करने का तरीका बताता है।
- यह आपके भाग्य को झाड़-पोंछ करके चमकाता है।
- यह आपको अपने काम में माहिर बनाता है।
- यह आपका भविष्य उज्ज्वल करता है।

इसीलिए श्रीमद् भागवत् गीता में लिखा है:-

कर्मण्येवाधिकारस्ते मा फलेषु कदाचन।
मा कर्मफलहेतुर्भूमा ते सङ्गोऽस्त्वकर्मणि॥

इस श्लोक का अर्थ है कि मनुष्य को कर्म करने का अधिकार है, लेकिन उसे फल इच्छा नहीं रखनी चाहिए, बल्कि उसे महाफल का इंतज़ार करना चाहिए। इसीलिए अंग्रेज़ी के शब्दकोश में सफलता काम से पहले आती है।

फिर विलियन पेन ने लिखा था, **"दर्द के बिना विजय नहीं होती। सलीब के बिना ताज नहीं मिलता। कष्ट के बिना सिंहासन नहीं मिलता और आलोचनाओं के बिना शोहरत नहीं मिलती।"**

इस बात को प्रमाणित करने के लिए मैं आपको एक कहानी सुनाता हूँ। एक व्यक्ति भगवान का बहुत बड़ा भक्त था। एक बार उसके मन में करोड़पति बनने की इच्छा पैदा हुई, तब वह रोज मंदिर में यही प्रार्थना करता था, **"भगवान मुझे करोड़पति बना दो।"**

कई वर्ष बीत गए। एक दिन भगवान विष्णु प्रकट हुए और बोले, **"तू क्या चाहता है?"**

वह बोला, **"भगवान! कुछ ऐसा कर दो कि मैं करोड़पति बन जाऊँ?"**

भगवान ने कहा, **"कुछ ऐसा ही कर दूँगा, क्योंकि तेरी भक्ति से मैं प्रसन्न हूँ, मगर तू भी तो कुछ कर।"**

भक्त ने आश्चर्य से पूछा, **"मैं क्या करूँ, भगवान! मैं तो आपकी भक्ति करता हूँ।"**

भगवान ने कहा, **"यह मेरी भक्ति का ही फल है कि तू निकम्मा होकर भी भूखा नहीं मरा। यदि तुझे धनवान बनना है, तो पुरुषार्थी बन, कुछ कार्य कर, क्योंकि जो मुझ पर विश्वास करके कर्म करता है, मैं उसकी हर इच्छा को पूरा करता हूँ।"**

इससे पता चलता है कि कड़ी मेहनत से सम्पन्नता आती है और मौज-मस्ती से निर्धनता आती है। इसलिए आप कड़ी मेहनत करने की आदत डालें।

सफलता का उम्र से कोई संबंध नहीं है

जो लोग यह कहते हैं कि वे छोटी उम्र के कारण कोई नया काम नहीं कर सकते, वे बहाने बनाते हैं। क्योंकि बिल गेट्स ने 19 साल की उम्र में माइक्रोसॉफ्ट कंपनी शुरू कर दी थी और स्टीव जॉब्स ने 19 साल की उम्र में एप्पल कंप्यूटर्स की स्थापना की थी।

टॉम मोनाहन ने 23 साल की उम्र में डोमिनोज़ पिज़्ज़ा की नींव रख दी थी और फ्रेड स्मिथ ने 25 साल की उम्र में फेडरल एक्सप्रेस की स्थापना की थी। फिर वे 25 साल की उम्र तक अमीर बन गए थे।

इसलिए आप किसी भी सफल व्यक्ति की सफलता का इतिहास पढ़ लीजिए, किसी भी महान व्यक्ति की जीवन-पद्धति का अध्ययन कर लीजिए। उन सबमें आपको एक गुण समान रूप से देखने को मिलेगा और वह है- कठिन परिश्रम।

तभी तो अंग्रेज़ी के प्रसिद्ध उपन्यासकार जॉन रस्किन ने परिश्रम के बारे में कहा है, **"It is only by labour that through can be made healthy, and only by thought that labour can be made happy, and the two cannot be separated with impunity."**

यानी परिश्रम के द्वारा खुद को अमीर बनाया जा सकता है।

'हैप्पी थॉट्स फॉर हेल्दी लाइफ" की लेखिका जेनिस क्राउस्कॉप ने इस बात को दूसरे तरीके से कहा, **"महत्त्वाकांक्षा के बिना कोई कुछ भी नहीं लिए वापस भेज दिया जाए।"**

पिता ने उसकी बात मान ली। तब पढ़ाई में जॉन ने इतना मन लगाया कि वह अमेरिकन क्रांति के दिनों में ही एक बड़ा नेता बन गया और जॉर्ज वाशिंगटन के बाद उसे ही अमेरिका का राष्ट्रपति चुना गया।

तभी तो नीतिकार चाणक्य ने कहा था:-

विवेकिनमनुप्राप्ता गुणा यान्ति मनोज्ञताम्।
सुतरां रत्नमाभाति चामीकरनियोजितम्।।

इसका अर्थ है विवेकी को पाकर मनुष्य सद्बुद्धि प्राप्त करता है, ठीक वैसे ही जैसे रत्न सोने में जड़ने के बाद सुन्दर दिखाई देता है। फिर इससे नीचे लिखे गुणों का समावेश आपके अंदर हो जाता है:-

- आत्म-ज्ञान का
- आत्म-स्वीकृति का
- आत्म-विश्वास का
- आत्म-सम्मान का
- आत्म-संयम का
- आत्म-परीक्षण का
- आत्म-अनुशासन का
- आत्म-परीक्षा का
- आत्म-बल का
- आत्म-विजय का
- आत्म-संशोधन का
- आत्म-संतोष का

क्योंकि महान विचारक हैनरी फ्रेड्रिक एनिल ने कहा है, **"Great men are the real men, in them nature has succeeded."**

इनकी बात को समझाने के लिए मैं आपको एक कहानी सुनाता हूँ। एक सम्राट की भेंट किसी फ़क़ीर से हो गई। तब सम्राट ने फ़क़ीर से कहा, **"कोई ऐसी चीज़ मुझे दीजिए, जिसके बाद जीवन में कुछ और पाने की चाहत न बचे।"**

फ़क़ीर ने अपनी उँगुली से अँगूठी निकालकर सम्राट को दे दी और कहा, **"जब जीवन में कठीन समय आए, तब इस अँगूठी में जड़े रत्न को हटाकर अंदर लिखे मंत्र को पढ़ लेना।"**

कुछ साल ऐसे ही बीत गए। लेकिन जब सम्राट के राज्य पर हमला हुआ, तब वह पराजित होकर भाग निकला। परन्तु भागते हुए सम्राट पहाड़ी रास्तों में फँस गया। दुश्मन के घोड़ों की टापों की आवाज़ उसके कानों में आ रही थी। अचानक उसे फ़क़ीर द्वारा दी गई अंगूठी की याद आ गई। उसके रत्न हटाते ही एक काग़ज़ का टुकड़ा बाहर निकला, जिसमें लिखा था, **"यह भी बीत जाएगा।"**

सम्राट के अंदर चेतना जाग गई और वह बच गया।

इसलिए एफ.आर. राबर्टसन ने कहा था, **"It is not the situation which makes the man, but the man makes the situation. The slave may be a free man. The monarch maybe a slave"**

यानी स्थिति और दशा मनुष्य का निर्माण नहीं करती, बल्कि मनुष्य स्थिति का निर्माण करता है। फिर संकल्प के द्वारा महान बन जाता है और संकल्प का मतलब है चुनौतियाँ पार करके आगे बढ़ना।

इसलिए मेरी मेज़ पर हमेशा एक कोटेशन लिखा रहता है, **"बुलडॉग दुनिया के सबसे संकल्पवान प्राणियों में से एक है। क्योंकि उसकी नाक पीछे की तरफ मुड़ी होती है और वह पीछे घूमें बिना सांस ले सकता है।"**

आपको भी बुलडॉग की तरह बनना है और कभी पीछे नहीं हटना है। हमेशा आत्मविश्वासी, संकल्पवान और लगनशील बने रहना है।

इसलिए ज़िग ज़िग्लर ने कहा था, **"बड़े निशाने बाज और छोटे निशानेबाज में सिर्फ़ इतना फ़र्क़ होता है कि बड़ा निशानेबाज कभी छोटा निशानेबाज था, जो लगातार निशाने लगाते रहने से बड़ा बना था।"**

यही वजह थी कि थॉमस ए. एडिसन महान अविष्कारक बनें, जबकि उनके पास शिक्षा और विज्ञान के ज्ञान की कमी थी।

मेरे इस उदाहरण से उन लोगों में उम्मीद जाग सकती है, जिन्हें यह ग़लतफ़हमी होती है कि शिक्षा कम होने से वे तरक्की नहीं कर सकते।

अल्बर्ट आइंस्टीन की **'Theory of relativity'** भी इस पद्धति को मान्यता प्रदान करती है। इसलिए आपको छलाँग लगाने के लिए तैयार रहना होगा, परन्तु नीचे जाते समय आपको अपने अंदर सपनों के पंख उगाने होंगे। क्योंकि **'Success is the ability to go from failure with out losing your enthusiasm.'** यानी असफलताओं के समय अपने अंदर उत्साह बनाए रखें, फिर सफलता आपके क़दम चूमेगी।

यूनान की बात है, एक लड़का दिन-भर परिश्रम करके लकड़ी काटता था और गट्ठर बनाकर बाज़ार में बेच देता था। एक दिन एक व्यक्ति ने देखा कि उस का गट्ठर बड़े कलात्मक तरीके से बँधा है। तब उसने पूछा, **"यह गट्ठर तुमने बाँधा है?"**

"हाँ!", लड़के ने कहा, **"मैं रोज गट्ठर बाँधकर जंगल से लाता हूँ और यहाँ बेचता हूँ।"**

"दोबारा इसे खोलकर बाँध सकते हो?", उस व्यक्ति ने कहा।

"क्यों नहीं!," लड़का बोला, फिर गट्ठर खोल कर बाँधने लगा।

उस व्यक्ति को लड़के का गट्ठर बाँधने का तरीका अच्छा लगा, फिर वह बोला, **"मेरे साथ चलोगे, मैं तुम्हें शिक्षा दिलाऊँगा और तुम्हें सफलता पाने के तरीके बताऊँगा।"**

कुछ सोच कर लड़का उसके साथ चल दिया। उसके बाद व्यक्ति ने उसे उच्च शिक्षा दिलाई। फिर वही लड़का आगे चलकर महान दार्शनिक पाइथागोरस के नाम से प्रसिद्ध हुआ।

इसीलिए आदिशंकराचार्य ने कहा है:-

सा विद्या बाँटने या विमुक्तये।

विद्या बाँटने से हमेशा बढ़ती है। फिर जितना उसका अधिक प्रयोग होगा, उसमें वृद्धि होती चली जाएगी। तभी तो ओशो ने कहा था:-

ज्ञान वह होता है, जो किस्मत चमकाता है।
ज्ञानी वह होता है, जो किस्मत को चमकाता है॥

क्योंकि आपके मस्तिष्क की तीन अवस्थाएँ होती हैं। पहली **इनफॉर्मेशन**। दूसरी **न्यू वेंचर** और तीसरी **जजमेंट**।

फिर जब तीनों का मिलन होता है, तब नया आइडिया पैदा होता है। जो आपकी किस्मत बदलने में महत्त्वपूर्ण भूमिका अदा करता है।

लेकिन घोड़े को यदि दौड़ाया न जाए, तो वह बेकार हो जाता है और विद्या का दोहन न किया जाए, तो वह भी बेकार हो जाती है। इसलिए विद्या ऐसा धन है, जिसे कोई चुरा नहीं सकता। भाई बाँट नहीं सकता। दुश्मन छीन नहीं सकता।

तभी तो शास्त्रों में लिखा है:-

च चोरहार्यं न च राजहार्यं न भ्रातृभाज्यं न च भारकारि।
व्यये कृते वर्धते एवं नित्यं विद्याधनं सर्वधनप्रधानम्॥

इसका अर्थ है कि विद्या धन सभी धनों से श्रेष्ठ है। विद्या से सृजन होता है, परन्तु सृजन के लिए ज़रूरी है कि मनुष्य अपने जीवन को संतुलित रखे। उसके बाद आशा, प्रसन्नता और खुशियों की रोशनी फैलनी शुरू हो जाती है।

इसलिए गोस्वामी तुलसी ने कहा था, "परिस्थितियों के गलियारों से उठता हुआ धुआँ मनुष्य को आँख मूँदने के लिए विवश कर देता है। लेकिन जो मनुष्य उस धुएँ को बर्दाश्त कर लेता है, वह बिना किसी अवरोध के आगे बढ़ जाता है।"

इसलिए निराशा से आशा की ओर बढ़ें और नीचे लिखे गुरु मंत्रों को दिल में उतारें:-

➲ जब किसी रुकावट से सामना हो, तब उसे एक विशेष पल की तरह लें, क्योंकि वह पल आपको भविष्य की नई बुलंदियों पर ले जाएगा।

➲ जब आप किसी परेशानी में हों, तब मुसीबतों का डटकर मुकाबला करें और नए विकल्प खोजें।

➲ हर परिस्थिति में निराशावादी लोगों से बचें, क्योंकि आशा पर अडिग रहना ज़िंदगी की सबसे बड़ी कुँजी है।

- आशावादी लोगों से मिलते समय अपना विश्वास कायम रखें और सकारात्मक शब्दों का प्रयोग करें।

- दुश्मनों से सामना होने पर उन्हें नज़रअंदाज़ करें। लेकिन नज़दीक आने पर अच्छा व्यवहार करें।

- मॉर्निंग वाक करते समय अपने इष्ट देवता का ध्यान करें और ईश्वर का शुक्रिया अदा करें। ऐसा करने से सफलता का मार्ग खुलेगा और मस्तिष्क ऊर्जावान रहेगा।

- सच्चाई से कभी न डरें, क्योंकि सच्चाई से आपका विश्वास डर से बड़ा हो जाएगा।

- जब कभी आप असफल हो जाएँ, तब निराश न हों, बल्कि उससे सबक लें और अपने इष्ट देवता का मनन करें।

- हर समय सिर्फ़ जीत के बारे में सोचें।

- जब कभी भविष्य की चिंता में डूबे हुए हों, तब वर्तमान पर ध्यान केंद्रित करें।

- हर छोटे से काम को ज़िम्मेदारी से करें। ख़तरों से खेलें और उस काम को करने की कोशिश करें, जिससे आप डरते हैं।

क्योंकि अमीरों के जीवन के अध्ययन से पता चलता है कि अधिकतर वे लोग अमीर बने हैं, जो जोखिम लेते थे।

> जब आप कामयाबी के शिखर पर होते हैं, तो अकसर आप अपनों को भूल जाते हैं, और जब बरबादी की कगार पर होते हैं, तब अपने आपको भूला देते हैं।

सफलता का दूसरा नाम है जीवन। क्योंकि ईश्वर किसी से भेद-भाव नहीं करता। वह सबको बढ़ने और बड़ी सफलता पाने का अवसर प्रदान करता है।

लेकिन अवसरों पर नज़र आपको ही रखनी होगी। यदि कोई अवसर चूक भी जाए, तो घबराना मत। तलाश जारी रखना, फिर जैसे ही दूसरा अवसर मिले, उसे छोड़ना मत। क्योंकि वह अवसर आपको सफलता के शिखर पर पहुँचा सकता है।

नौवाँ मंत्र

दिमाग़ रूपी कंप्यूटर की री-प्रोग्रामिंग करें

इतिहास गवाह है कि अभी तक दुनिया में कोई भी व्यक्ति नौकरी से अमीर नहीं बना। सब लोग बिज़नेस या आविष्कार के माध्यम से अमीर बने हैं। क्योंकि उन्होंने शिखर तक पहुँचने के लिए कोई नया काम किया था।

लेकिन नया काम करना तब तक संभव नहीं होता, जब तक कि जोख़िम न लिया जाए। अगर आपको मेरी बात पर यक़ीन नहीं है, तो ख़ुद ही देख लीजिए:-

- रॉस पेरट आई.बी.एम. के सबसे सफल सेल्समैन थे। जब उन्होंने आई.बी. एम. छोड़कर नई कंपनी शुरू करने का फैसला किया, तो उनके दोस्तों ने कहा कि नौकरी छोड़कर बिज़नेस करना बहुत बड़ा जोख़िम है, इससे तुम बर्बाद हो सकते हो, परन्तु रॉस पेरट ने जोख़िम लिया और अमीर बन गए। आज उनके पास 4.4 बिलियन डॉलर की संपत्ति है और दुनिया के अमीरों की सूची में उनका नाम 188वें स्थान पर है।

- स्टीव बाल्मर के पास आज 15 बिलियन डॉलर की संपत्ति है और वे विश्व के 31वें सबसे अमीर व्यक्ति हैं। लेकिन फोर्ब्स पत्रिका की बिलियनेअरों की सूची में स्टीव बाल्मर एकमात्र ऐसे बिलियनेअर हैं, जो किसी दूसरें की कंपनी में नौकरी करते हुए बिलियनेअर बने हैं। परन्तु वह ऊँची तनख़्वाह के कारण अमीर नहीं बनें, बल्कि शेयरों में पैसा लगाकर अमीर बने हैं।

- वॉरिन बफे शेयर बाज़ार में निवेश करके दुनिया के दूसरे सबसे अमीर व्यक्ति बन चुके हैं। जबकि उस ज़माने में निवेश की दुनिया को जोख़िम

भरा माना जाता है। परन्तु वॉरेन बफे ने जोख़िम लेकर दौलत हासिल की है। क्योंकि उनका मानना है कि शेयर बाज़ार में निवेश करने में जोख़िम नहीं है, लेकिन मूल्यगत निवेश (value investing) के सिद्धांतों का पालन करना ज़रूरी है।

- लक्ष्मी मित्तल बीमार मिलों में निवेश करने का जोख़िम लेते हैं, इसलिए वे अमीर बनें। अब लक्ष्मी मित्तल इंग्लैंड में रहने वाले सबसे अमीर एशियाई व्यक्ति हैं, जिनके पास 32 बिलियन डॉलर की संपत्ति है और वे दुनिया के अमीरों की सूची में 5वें स्थान पर हैं।

- जब रिचर्ड ब्रान्सन ने एयरलाइन का बिज़नेस शुरू किया था, तब ब्रान्सन ने अपनी पढ़ाई अधूरी छोड़ दी थी। जबकि उनके पास इस बिज़नेस का कोई अनुभव नहीं था। उसके बाद भी उन्होंने सफलता पाई और बिलियनेयर बन गए।

यह सच है कि पढ़ाई छोड़कर कोई नया काम करना जोख़िम भरा होता है। परन्तु जब आपको सफलता की संभावना दिख रही हो, तब आप पढ़ाई छोड़ने का निर्णय ले सकते हैं। क्योंकि बहुत से अमीर व्यक्तियों ने अपनी पढ़ाई अधूरी छोड़ दी थी। बिल गेट्स, स्टीव जॉब्स, माइकल डेल, स्टीफन बॉज़नियाक जैसे महारथियों ने अपनी पढ़ाई अधूरी छोड़कर बिज़नेस करने का रास्ता चुना था।

जबकि वह बड़ा जोख़िम था, क्योंकि वे अपना भविष्य दाँव पर लगा रहे थे। लेकिन उनकी सफलता ने साबित कर दिया कि अमीर बनने के लिए अधिक पढ़ना-लिखना ज़रूरी नहीं है।

शायद इसीलिए नेल्सन मंडेला ने कहा था, **"जब लोग अपनी परिस्थितियों से ऊपर उठ जाते हैं और प्रगति के बारे में सोचते हैं, तब वे सफल हो जाते हैं।"**

क्योंकि वे जान लेते हैं कि जोख़िम और परेशानी में सफलता की कहानी छिपी है।

जोख़िम लेने से बढ़ता है कॉन्फिडेंस

सफलता और असफलता आपकी परफॉरमेंस का परिणाम होती है और आपका कॉन्फिडेंस असफलता को सफलता में बदल सकता है। लेकिन ज़रूरत होती है कुछ नया करने की क्योंकि कुम्हार की चाक से अब कुल्हड़, सकोरे और घड़े नहीं बनते। अब उसकी चाक से कलाकृतियाँ बनती हैं, जो अमीरों के ड्राइंगरूमों की शोभा बढ़ाती हैं। जिसे कल्पना की उड़ान कह सकते हैं, क्योंकि प्रकृति ने चिड़ियों के लिए कीड़े बनाए हैं, परन्तु उन्हें ढूँढना चिड़ियों को ही पड़ता है। आपको भी इसी सिद्धांत पर चलना है।

शेक्सपीयर के नाटक **'दी ट्रेजेडी ऑफ हैमलेट'**, **'दी प्रिंस ऑफ डेनमार्क'** के नायक हैमलेट की शुरुआत भी कुछ इसी तरह से होती है। पहले उसे एक सक्षम

चरित्र के रूप में दिखाया जाता है, फिर अंत में वह ताकतवर, सम्माननीय, मज़बूत, समर्थ, प्रतिष्ठित और सफल व्यक्ति बन जाता है।

हैमलेट का यह अंत आज बड़ी-बड़ी कंपनियों के सी.ई.ओ. को सफलता के सूत्र सिखा रहा है। इसलिए प्रबंधन गुरुओं और प्रेरक वक्ताओं के लिए हैमलेट का चरित्र एक उदाहरण बन गया है, जो बताता है कि अपनी इच्छाओं और नकारात्मक भावनाओं को महत्त्व मत दो।

यह बात मैं अपनी हर सेमिनार में कहता हूँ। लेकिन मुंबई की सेमिनार में एक अजीब वाकया हुआ। अचानक एक छात्र अपनी सीट से उठकर बोला, "मिस्टर इन्जीनियर! कामयाबी की क्या परिभाषा है और इसे कैसे नापा जा सकता है?"

मैंने छात्र के प्रश्न को ध्यान से सुना, फिर उसकी ओर देखते हुए कहा, "हर व्यक्ति के लिए कामयाबी की परिभाषा अलग होती है। क्योंकि जब परेशानियों के बाद आप मंज़िल पा लेते हैं, तब उसे आप अपनी कामयाबी समझते हैं। जबकि कोई व्यक्ति एक हज़ार रुपये कमाकर ख़ुद को कामयाब समझता है और दूसरा व्यक्ति लाख रुपये कमाकर। क्योंकि उन्हें लगता है, इससे आगे जहान और भी है।"

"कामयाब होने के लिए क्या करना चाहिए?" छात्र ने दूसरा प्रश्न किया।

"सबसे पहले आप असफलता का सामना करने के लिए तैयार रहें और अपना आत्मविश्वास बनाए रखें, परन्तु घबराएँ नहीं। फिर अपनी पूरी शक्ति, पूरा ज्ञान, पूरी ताकत अपने लक्ष्य में झोंक दें। तब आप कामयाब हो सकते हैं।"

"कहते हैं कि बुज़ुर्गों की तीखी बातें भी मनुष्य को कुछ करने के लिए प्रेरित करती हैं।", छात्र ने बदलते हुए कहा।

"यह नकारात्मक सोच है। किसी की तीखी बात आपको कभी कामयाब नहीं बना सकती। लेकिन जुनून आपको अवश्य कामयाब बना सकता है। परन्तु इसके लिए आत्मविश्वास की ज़रूरत पड़ती है।", मैंने कहा।

"कामयाबी और किस्मत में क्या कनेक्शन है?", छात्र ने अगला प्रश्न पूछा।

मैंने कहा, "कामयाबी का किस्मत से सिर्फ़ इतना ही कनेक्शन है कि किस्मत आपको कर्म करने के लिए प्रेरित करेगी।"

"हर सफल पुरुष के पीछे कोई महिला और सफल महिला के पीछे कोई पुरुष होता है। क्या यह सच है?", छात्र ने एक और प्रश्न दाग़ दिया।

"हाँ। क्योंकि मेरी सफलता के पीछे भी मेरी माँ, पत्नी और बेटी है।"

"क्या संतुष्ट होकर बैठना कामयाबी के रास्ते की बाधा है?", वह आगे बोला।

"बहुत बड़ी बाधा है। क्योंकि संतुष्टि कहती है आराम करो, जबकि कामयाबी के लिए आराम हराम होता है।"

"हमारे देश का परिवेश बदल रहा है, ऐसे में आप कामयाबी के लिए कौन-सा मंत्र देंगे?", छात्र मुस्कराते हुए बोला।

सफलता का नया गुरुमंत्र है, 'के.आई.सी.।' यानी 'कर्म, इंटेलिजेंस और कॉन्फिडेंस।' क्योंकि एक पुरानी कहावत है, 'द मोर थिंग्स चेंज, द मोर रिमेन सेम।'

"सफलता और मोटिवेटिव पुस्तकों के बीच क्या रिश्ता है?", छात्र ने अंतिम प्रश्न किया।

"चोली और दामन का रिश्ता है। क्योंकि मोटिवेशन से संबंधित पुस्तकें एक टॉनिक का काम करती हैं, जो आपके इरादों को बुलंद करके कर्म की ओर धकेलती हैं।"

क्योंकि पुस्तकें ज्ञान का सागर होती हैं। जो जितना एकाग्र होकर अध्ययन करता है, वह उतना ही गहराई में छिपे ज्ञान को निकाल लेता है।

'हाउ टू गेट सक्सेस', '100 फॉर्मूलाज टू गेट सक्सेस', '10 टिप्स टू गेट सक्सेस', 'थिंक बिग! बिकम बिग' और 'साइंस ऑफ बिकमिंग बिग'। ये सभी पुस्तकें सफल होने का पाठ पढ़ाती हैं। जैक कैनफील्ड की पुस्तक 'द सक्सेस प्रिंसिपल्स' को अमेरिका में लोग सबसे अधिक ख़रीदते हैं।

क्योंकि आज हर कोई सफल होना चाहता है और सफलता पाने के लिए वे पुस्तक में फॉर्मूले, टिप्स और सक्सेसफुल व्यक्ति की कहानी पढ़ते हैं।

इसलिए पेप्सिको की चेयरमैन इंदिरा नूई ने कहा था, **"केवल पुस्तक पढ़कर कोई व्यक्ति सफल नहीं हो सकता, क्योंकि उसमें लिखे सिद्धांतों को प्रयोग में लाना ज़रूरी होता है।"**

इसलिए पूना फिल्म इंस्टीट्यूट एण्ड टेलीविजन के प्रोफेसर छात्रों को सलाह देते हैं कि सफलता पाने के लिए किताबी ज्ञान को अपने कार्य क्षेत्र में अप्लाई ज़रूर करें। क्योंकि पुस्तकों में बताया जाता है कि कैसे हम अपनी ग़लतियों को ढूँढ़ें और उनका निदान करें।

साधना चैनल के मालिक राकेश गुप्ता का भी यही मानना है, **"पुस्तकें पढ़ने से आप न केवल मोटीवेट होते हैं, बल्कि उनमें दिए गए सिद्धांतों को अमल में लाकर आप अमीर भी बन सकते हैं, परन्तु सफलता पाने के लिए तीन चीज़ ज़रूरी हैं, सीखना, कमाना और किसी चीज़ को पाने की इच्छा करना।"**

इसका ताज़ा उदाहरण पूर्व राष्ट्रपति ए.पी.जे. अब्दुल कलाम हैं, जिनका जन्म तमिलनाडु के रामेश्वर कस्बे में एक मध्यमवर्गीय कस्बे में हुआ था। लेकिन जब वे प्राइमरी स्कूल में पढ़ते थे, तब उनके शिक्षक शिव सुब्रह्मण्यम अय्यर ने कहा था, **"कलाम, मैं तुम्हें ऐसा बनाना चाहता हूँ कि तुम बड़े शहरों के लोगों के बीच एक उच्च शिक्षित व्यक्ति के रूप में पहचाने जाओ, इसलिए ख़ूब**

पुस्तकें पढ़ो। परन्तु जीवन में सफलता पाने के लिए तीन बातों का ध्यान रखना वे हैं– इच्छा, आस्था, और उम्मीद। फिर तुम अपनी किस्मत बदल सकते हो।"

तब ए.पी.जे. अब्दुल कलाम ने वैसा ही किया और सफल हो गए। अब आपको ए.पी.जे. अब्दुल कलाम के पद चिह्नों पर चलना है, तब आप भी वही बन जाएँगे, जो आप बनना चाहते हैं।

क्योंकि इलियट ने कहा है, **"परिश्रमी व्यक्ति इस बात का हिसाब नहीं लगाते कि वे कब सफल होंगे। सच यह है कि मेहनत हमेशा रंग लाती है और कभी-कभी चमत्कार भी करती है।"**

सफलता पाने के लिए जुनून पैदा करें

बात आज से चार दशक पहले की है, जब कलाकारों में काम के प्रति जुनून होता था, तब वह अपने किरदार में डूब जाते थे। इस बात के साक्षी हैं, दिलीप कुमार यानी यूसुफ भाई। वे जब फिल्म **'देवदास'** की शूटिंग कर रहे थे। तब अपनी यूनिट के सदस्यों के साथ खूब मस्ती करते थे और साथ में खाना भी खाते थे।

लेकिन एक दिन लोगों ने देखा कि आम के पेड़ के नीचे कुर्सी पर दिलीप कुमार बेचैन से बैठे हैं और बीच-बीच में आम के पेड़ का चक्कर भी लगा रहे हैं। परन्तु किसी की हिम्मत नहीं हो रही थी कि उनसे जाकर पूछे कि क्या बात है। लेकिन बरूआ साहब ने हिम्मत दिखाई और नज़दीक जाकर बोले, **"दिलीप साहब! क्या बात है? आप परेशान क्यों हैं?"**

दिलीप कुमार ने उत्तर दिया, **"बरूआ साहब, सहगल साहब मुझसे पहले देवदास का किरदार निभा चुके हैं और वे मुझसे पूछ रहे हैं कि तुम क्या नया करने वाले हो? बस इस बात से मैं परेशान हूँ।"**

बरूआ साहब ने उनका हौसला बढ़ाया, फिर दिलीप कुमार ने देवदास में एक यादगार रोल किया। आज भी यह फिल्म दिलीप कुमार के अभिनय की वजह से देखी जाती है।

उसके बाद जी.पी. सिप्पी ने कहा था, **"अवसर की प्रतिक्षा करने वालों को अभिनय सम्राट नहीं कहा जा सकता, बल्कि अभिनय सम्राट वो होता है, जो अपने अभिनय से फिल्म को यादगार बनाता है।"**

इसलिए अच्छी पुस्तकें पढ़ो। देर रात तक मत जागो, क्योंकि पढ़ाई सुबह की अच्छी मानी गई है। यह सच है कि एवरेस्ट पर सब नहीं पहुँच सकते। लेकिन मैदान में सब दौड़ सकते हैं। चाहे धीमे-धीमे दौड़ें, लेकिन दौड़ते रहें।

क्योंकि एक छोटी-सी चींटी भी जब अपने हौसले से चीनी का एक कण दूसरे स्थान तक ले जाती है, तब वह कामयाब मानी जाती है। एक चूहा जब शेर जैसे

बिज़नेस गुरु तरुण इन्जीनियर

ताकतवर और खूँखार जानवर का जाल अपने दाँतों से कुतर देता है, तब वह बहादुर माना जाता है। जब एक साँप पहाड़ को खोदकर अपने लिए घर बना लेता है, तब वह कामयाब माना जाता है।

एक गिलहरी जब रेत में लेटकर रामसेतु के लिए पानी लाती है, तब वह कामयाब मानी जाती है। किसान पानी के बहाव को रोककर जब मेड़ बना देता है, तब वह कामयाब माना जाता है।

इस बात को विस्तार से समझाने के लिए मैं आपको एक कहानी सुनाता हूँ। किसी गाँव में एक ग़रीब किसान रहता था। उसके पास थोड़ी-सी ज़मीन थी, जिससे उसके परिवार का पेट भर जाता था। लेकिन एक बार उसने ठान लिया कि अमीर बनना है, तब उसने अपने जैसे सभी किसानों को जोड़ा।

उसके बाद ज़मीन के छोटे टुकड़े मिलकर बड़े हो गए। फिर खेती के लिए उसने उन फसलों को उगाना शुरू किया, जिसमें मौसम की मार का ख़तरा कम था और मुनाफ़ा अधिक। तब कुछ दिनों बाद उसकी ज़िंदगी एकदम बदल गई।

फिर कामयाबी की नई सीढ़ियाँ चढ़ता हुआ, वह गाँव का सबसे अमीर किसान बन गया।

इस कहानी से पता चलता है कि जब कोई गंभीर होता है, मेहनत करता है, तो ईश्वर भी उसकी सहायता करने लगते हैं। क्योंकि ईश्वर जानते हैं कि यदि उन्होंने मनुष्य की सहायता नहीं की, तो मनुष्य का उनके ऊपर से विश्वास उठ जाएगा।

फिर मनुष्य सफल हो जाता है। कुछ ऐसा ही आपके साथ भी हो सकता है, इसलिए आप हौसला रखिए और अपने आपको पहचानने की कोशिश कीजिए कि आपके अंदर कितनी प्रतिभा छिपी हुई है—

1. **आकाश से ऊँची क्या है?**
   a. आशा   हाँ ☐
   b. लक्ष्य   हाँ ☐
   c. सृष्टि   हाँ ☐
   d. उद्देश्य   हाँ ☐

2. **सबसे बड़ी पूँजी कौन-सी है?**
   a. चरित्र   हाँ ☐
   b. दौलत   हाँ ☐
   c. स्वास्थ्य   हाँ ☐
   d. शिक्षा   हाँ ☐

3. **ऐसा क्या है जो बदलता नहीं है?**
   a. सरलता — हाँ ☐
   b. स्वभाव — हाँ ☐
   c. कर्म — हाँ ☐
   d. फ़ैशन — हाँ ☐

4. **आप किस चीज़ को छोड़ने का प्रयत्न करते हैं?**
   a. बुरी आदतें — हाँ ☐
   b. पुराने दोस्त — हाँ ☐
   c. बुरे इरादे — हाँ ☐
   d. ग़लत काम — हाँ ☐

5. **दुनिया में सबसे मीठा क्या है?**
   a. बोली — हाँ ☐
   b. फल — हाँ ☐
   c. प्यार — हाँ ☐
   d. मिठाई — हाँ ☐

6. **आपको क्या अच्छा लगता है?**
   a. कुछ नया करना — हाँ ☐
   b. दिखावा करना — हाँ ☐
   c. प्रेम करना — हाँ ☐
   d. फ़ैशन के साथ चलना — हाँ ☐

7. **आपमें कौन-सी अच्छी आदत है?**
   a. पॉजिटिव सोचने की — हाँ ☐
   b. ख़ुश रहने की — हाँ ☐
   c. सच बोलने की — हाँ ☐
   d. प्यार करने की — हाँ ☐

8. **आप सुख पाने के लिए क्या करते हैं?**
   a. खूब पढ़ता हूँ — हाँ ☐
   b. प्यार करता हूँ — हाँ ☐
   c. झगड़ा करता हूँ — हाँ ☐
   d. दोस्ती करता हूँ — हाँ ☐

9. **आप किस काम पर अधिक समय ख़र्च करते हैं?**
   a. सोच-विचार के लिए — हाँ ☐
   b. योजना बनाने के लिए — हाँ ☐

c. पढ़ने के लिए   हाँ ☐

d. मौज-मस्ती करने के लिए   हाँ ☐

10. आप किस चीज़ की ज़्यादा चाहत रखते हैं?

a. नाम कमाने की   हाँ ☐

b. दौलत कमाने की   हाँ ☐

c. सुंदर दिखने की   हाँ ☐

d. प्यार पाने की   हाँ ☐

अब अपने बारे में जानने के लिए नीचे लिखे उत्तरों को ध्यान से पढ़ें।

➲ यदि आपने 8 या 8 से अधिक उत्तर (a) के चुने हैं, तब आप समझ सकते हैं कि आप सफलता की ओर अग्रसर हैं और आपको अपने लक्ष्य में सफलता अवश्य मिलेगी। यह हमारा दावा है, लेकिन आपको मुन्नाभाई की तरह हमेशा लगे रहना होगा।

➲ यदि आपने 8 या 8 से अधिक उत्तर (b) के चुने हैं, तब आपके पास एक अच्छा लक्ष्य है और वह आपको आगे बढ़ने के लिए प्रेरित कर रहा है। परन्तु आप उस पर ध्यान नहीं देते। इसलिए आपको अपना ध्यान लक्ष्य पर केंद्रित करना है, तभी सफलता प्राप्त कर पाएँगे।

➲ यदि आपने 8 या 8 से अधिक उत्तर (c) के चुने हैं, तब आपको अपने बारे में निर्णय लेना होगा कि आप क्या बनना चाहते हैं? क्या करना चाहते हैं? और कब अपने लक्ष्य पर काम करना चाहते हैं?

➲ यदि आपने 8 या 8 से अधिक उत्तर (d) के चुने हैं, तब समझ लीजिए की आप भटके हुऐ इनसान हैं। आप की इच्छा-शक्ति दम तोड़ चुकी है। संकल्प टूट चुका है। लेकिन आपका जुनून अभी बरकरार है। इसलिए आप कुछ कर सकते हैं। कुछ बन सकते हैं। परन्तु आपको अपने मन की शक्ति को संचित करने की ज़रूरत है। ठीक वैसे ही जैसे कि कर्ण ने की थी। जबकि कर्ण हस्तिनापुर के राज सारथी अधिरथ का बेटा था और गुरु द्रोण ने उस को विद्या सिखाने से इनकार कर दिया था।

फिर उनके पिता ने उन्हें परशुराम के अखाड़े में युद्ध विद्या सीखने के लिए भेज दिया था, जहाँ उसने ने युद्ध विद्या सीखी।

उसके बाद हस्तिनापुर में एक प्रतियोगिता का आयोजन हुआ। जिसमें तीर चलाने का करतब दिखाना था। गुरु द्रोण अपने साथ राजकुमारों को लाए थे, जो धनुष विद्या के माहिर थे। धृतराष्ट्र भी वहाँ उपस्थित थे। प्रतियोगिता शुरू हुई। एक के बाद एक राजकुमार आते गए और अपनी कला का प्रदर्शन करते रहे।

फिर द्रोण ने कहा, **"अब अर्जुन शब्दभेदी बाण चलाएगा।"**

तब अर्जुन की आँख पर पट्टी बाँध दी गई और कुछ दूरी पर एक कुत्ता बाँध दिया गया। उसके बाद कुत्ते को एक नुकीला अस्त्र चुभाया गया, वह भौंकने लगा। परन्तु कुत्ते के भौंकते ही अर्जुन का बाण उसके मुँह में घुस गया और उसका भौंकना बंद हो गया।

लेकिन द्रोण ने ज्यों ही अर्जुन को सर्वश्रेष्ठ धनुर्धर घोषित किया, पीछे से एक आवाज़ आई, **'ठहरो! मैं सूद पुत्र कर्ण हूँ और मैं भी वही कौशल करके दिखा सकता हूँ, जो अर्जुन ने किया है। मुझे भी अवसर मिलना चाहिए महाराज!"**

धृतराष्ट्र ने कहा, **"कर्ण को अवसर दिया जाए।"**

अर्जुन की तरह उसकी आँख पर भी पट्टी बाँध दी गई। एक कुत्ता भी बाँधा गया। परन्तु कुत्ते के भौंकने से एक क्षण पहले एक मंजुल आवाज़ उस ने सुनी और उसका शब्द भेदी बाण छूट गया।

कुत्ता भौंकता रहा लोग कर्ण पर कटाक्ष करने लगे। उसी समय धृतराष्ट्र ने घोषणा की, **"आज का सर्वश्रेष्ठ धनुर्धर कर्ण है, अर्जुन नहीं। क्योंकि मैं सुन रहा था कि सामने के पेड़ पर एक चिड़िया अपने बच्चे की चोंच में चारा डाल रही है। उसकी आवाज़ और कुत्ते की आवाज़ एक साथ हुई। परन्तु चिड़िया की आवाज़ सुनते ही कर्ण ने तीर चला दिया और उसका तीर चिड़िया की चोंच में जाकर लगा, जो अर्जुन के लक्ष्य भेद से काफ़ी अच्छा है।"**

कर्ण ने धृतराष्ट्र को झुककर प्रणाम किया। फिर धृतराष्ट्र ने कर्ण से पूछा, **"तुम्हारा गुरु कौन है?"**

कर्ण बोला, **"मेरे गुरु कर्ण हैं और उन्होंने कहा था, "निष्ठा, संकल्प और इच्छाशक्ति जिसमें विद्यमान है, उसके लिए कुछ भी अंसभव नहीं है"**

इसलिए आपको अर्जुन का अनुसरण नहीं करना है, बल्कि कर्ण का अनुसरण करना है, क्योंकि कर्ण का निशाना अर्जुन से काफ़ी बेहतर था।

मेरी सेमिनारों में लोगों को झटका लगता है, जब मैं उनसे कहता हूँ कि अमीर बनने के लिए अपनी पत्नी से खूब प्यार करो और अगर पत्नी न हो, तब किसी भी लड़की के प्यार में डूब जाओ। उसके बाद आप तेज़ी से तरक्की करने लगोगे। क्योंकि मेरा अनुभव है कि जब आप किसी को प्यार करते हैं, तब आप मस्तिष्क का अधिक इस्तेमाल करते हैं।

यह एक सिद्धांत है, जो **'लॉ ऑफ डिमांड एण्ड सप्लाई'** से जुड़ा है। यानी डिमांड होने पर आप सप्लाई के बारे में सोचते हैं। ठीक वैसे ही प्यार होने पर आप अधिक कमाने के बारे में सोचते हैं।

बिज़नेस गुरु तरुण इन्जीनियर

इस सिद्धांत पर चलकर मैंने वो सब पाया, जिसकी दूसरे लोग कल्पना भी नहीं करते। मैंने पहले परचेज ऑफ़िसर की नौकरी की, फिर मल्टीनेशनल कंपनी में परचेज मैनेजर बना। उसके बाद मोटी सैलरी की नौकरी छोड़कर बिज़नेस में कूदा और वो भी उस बिज़नेस में, जिसे हज़ारों या लाखों रुपयों में नहीं किया जा सकता।

लेकिन मैंने उसे सिर्फ़ दस हज़ार रुपये में शुरू किया और सफल हो गया। क्योंकि मैं अपनी पत्नी और बच्चों से बहुत प्यार करता हूँ और उनकी ज़रूरतों तथा इच्छाओं को पूरा करने के लिए असम्भव से दिखने वाले कामों को भी सम्भव कर दिखाता हूँ।

इसका एक उदाहरण मैं आपको देना चाहूँगा। आज से पाँच साल पहले तक मैं जासूसी और सामाजिक उपन्यास लिखा करता था। एक दिन मेरी पत्नी ने कहा, **"आप तीस सालों से सस्ता साहित्य लिखते आ रहे हैं, जबकि उपन्यास का चलन पुराना हो चुका है। लेकिन मैं चाहती हूँ कि आप कुछ ऐसा लिखें, जिससे विश्व के जाने-माने लेखकों में आपका नाम गिना जाए।"**

तब मैंने निश्चय किया कि मैं मोटिवेशन पर आधारित पुस्तकें लिखूँगा, लोगों को सेमिनार के माध्यम से सफलता पाने के लिए मोटिवेट करूँगा।

फिर मैंने **'बड़ा सोचो, बड़ा बनो'** पुस्तक लिखी, जो मील का पत्थर साबित हुई। फिर मेरे हौसले बुलंद हो गए और मैंने दूसरी पुस्तक **'क्या आप अमीर बनना चाहते हैं?'** लिख डाली। जो अब तेरह भाषाओं में ट्रांसलेट होकर पूरे विश्व में बिक रही है।

इसलिए अब मैं सेमिनार में लोगों को कहता हूँ कि ख़ुद को स्मार्ट बनाने के लिए अपने दिमाग़ के कंप्यूटर को री-प्रोग्राम करो।

लेकिन दिमाग़ का ज्यादा-से-ज्यादा इस्तेमाल करने के लिए कुछ ख़ास बातों का ध्यान रखें:-

ज़रूरी नामों को याद करना– इसके लिए ज़रूरी है कि आप **'लॉ ऑफ लर्निंग'** का इस्तेमाल करें। इसमें किसी भी नई चीज़ को याद करने के लिए आपको पुरानी चीज़ के साथ जोड़कर देखना होगा। क्योंकि जब आप किसी ऐसे व्यक्ति से मिलते हैं, जिनका नाम रमेश, किशोर, श्याम जैसा होता है। परन्तु आप उस नाम के किसी दूसरे व्यक्ति को पहले से जानते हैं, तब कोशिश करें कि श्याम से मिलते हुए उसका चेहरा भी याद कर लें। फिर उस श्याम को याद रखने में आसानी होगी।

अपने व्यक्तित्व को पहचानें– हर व्यक्ति के लिखने का तरीका अलग होता है, जिससे उसके स्वभाव और विचारधारा का पता चलता है। इसलिए एक काग़ज़ पर कुछ लिखिए, फिर जानिए कि आप कैसे लिखते हैं? क्योंकि जिन व्यक्तियों के अक्षर दाईं ओर झुके होते हैं, वे भावुक, मिलनसार, परोपकारी, होते हैं और दिमाग़ के स्थान पर

दिल से काम लेते हैं। लेकिन जिनके अक्षर बाईं ओर झुके होते हैं, वे चिंतनशील और लक्ष्य के हित को सर्वोपरि मानने वाले होते हैं। परन्तु यदि किसी के अक्षरों में दूरी कम है, तो वह संकीर्ण सोच वाला होता है और जिसके अक्षरों में दूरी ज़्यादा होती है, वह परोपकारी स्वभाव का होता है।

जबकि **'ई, ओ, औ'** की मात्रा को बढ़ाकर लिखने वाले व्यक्ति सौजन्यपूर्ण, कल्पनाशील दिमाग़ वाले होते हैं और वे ख़्याति पाने के लिए उत्सुक रहते हैं। परन्तु यदि उनकी मात्राएँ तिकोनी हों, तो वे आसानी से हार नहीं मानते।

गांधी जी उन्हीं में से एक थे। इसलिए उन्होंने हर क्षेत्र में सफलता पाई। जबकि गांधी जी से पहले भी कई नेताओं ने शान्ति और अहिंसा पर चलने की कोशिश की थी। लेकिन उन्होंने जिस तरह सत्याग्रह, शान्ति और अहिंसा के रास्तों पर चलते हुए अंग्रेज़ों को भारत छोड़ने पर मजबूर किया, उसका कोई दूसरा उदाहरण विश्व के इतिहास में नहीं मिलता।

इसलिए आइंस्टीन ने कहा था, **"हज़ार साल बाद आने वाली नस्लें इस बात पर मुश्किल से विश्वास करेंगी कि हाड़-मांस से बना ऐसा कोई इनसान धरती पर आया था।"**

अमेरिकी राष्ट्रपति ओबामा तो गांधी जी के बहुत बड़े कायल हैं। वे डंके की चोट पर कहते हैं, **"अगर भारत में अहिंसात्मक आंदोलन नहीं होता, तो अमेरिका में नागरिक अधिकारों के लिए वैसा ही अहिंसात्मक आंदोलन देखने को नहीं मिलता।"**

दुनिया का यह दृष्टिकोण महात्मा गांधी के विचारों को सच साबित करता है। आज गांधी जी सिर्फ़ भारत की भूमि तक ही सीमित नहीं हैं, बल्कि पूरे विश्व की विचारधारा में उपस्थित हैं। उनके दिखाए गए रास्ते पर चलकर अब तक न जाने कितने राष्ट्रों ने अपनी स्वाधीनता पाई है।

आज भी ऐसे बहुत से लोग हैं, जिन्होंने अपने दिमाग़ को री-प्रोग्राम करके सफलता पाई है। पिछले साल अभिनव बिंद्रा का ओलंपिक में भारत को पहली बार व्यक्तिगत स्पर्द्धा का स्वर्ण पदक दिलाना, इस बात को प्रमाणित करता है कि गांधी जी के पद चिह्नों पर चलकर आज भी सफलता प्राप्त की जा सकती है।

मुक्केबाजी में विजेंदर सिंह का विश्व कप में कांस्य पदक जीतना भी इस बात को सच साबित करता है। लेकिन इन दोनों की सफलता के पीछे दो बातें हैं, जिनका उल्लेख करना ज़रूरी है। पहली यह कि इन लोगों ने अपनी याददाश्त को तेज़ किया था और दूसरी बात थी कि इन सबने अपने व्यक्तित्व का विकास किया था।

जबकि ज़्यादातर खिलाड़ी मध्यम या निम्न मध्यमवर्गीय परिवार से आए हैं, लेकिन इन खिलाड़ियों ने साबित किया है कि देश में प्रतिभाओं की कोई कमी नहीं है, उन्हें सिर्फ़ अपने दिमाग़ को री-प्रोग्राम करने की ज़रूरत है।

आप अपने आस-पास की दुनिया से बहुत कुछ सीखते हैं। जिसके आधार पर खड़ा होता है, आपके सपनों का ताजमहल।

उसकी एक-एक ईंट आपकी भावनाओं से जुड़ी होती है। लेकिन जब तक आप ताजमहल की दीवारों को सुरक्षित रखने वाला आइडिया अपने मस्तिष्क में नहीं लाएँगे, तब तक आपका सपना अधूरा रह सकता है।

क्योंकि आइडिया से निकलने वाली रोशनी आपकी सोई हुई चेतना को जगाती है, फिर आप बाहरी दुनिया से मुकाबला करना सीख जाते हैं। इसलिए कुछ लोग इन्हें चमत्कार भी कहते हैं।

दसवाँ मंत्र
व्यक्तित्व को निखारते रहें

आप एक कुशल और ज़िम्मेदार व्यक्ति बनें। उसके लिए ज़रूरत होती है प्रयास की। क्योंकि काम के दौरान प्रेरणा के कुछ **'जादुई'** शब्द उत्साह में भरपूर इजाफ़ा करते हैं।

लेकिन जब आप काम को बोझ समझने लगते हैं, तब **'नेगेटिव एनर्जी'** पैदा हो जाती है। फिर आलोचना करने की प्रवृत्ति आपकी समस्या बन जाती है। जो कामकाजी रिश्तों पर असर डालने के साथ-साथ कंपनी के उत्पादक पर भी बुरा असर डालती है।

पॉजिटिव एटीट्यूड और मनोभावों को समझने की क्षमता से आलोचनाओं का मुँहतोड़ जवाब दिया जा सकता है, परन्तु यह आप पर निर्भर है कि कितनी मज़बूती से आप इसे हैंडिल कर पाते हैं।

परन्तु जो लोग आलोचना करते हैं, या जिनकी बातों से आपको ठेस पहुँचती है, उन्हें ऐसा करने से आप नहीं रोक सकते। लेकिन जब आप आलोचना सुनकर उसका मुँहतोड़ जवाब देने की कोशिश करेंगे, तब स्ट्रेस होगा, फिर आपकी छवि ख़राब हो जाएगी। क्योंकि जीवन में दस प्रतिशत चीज़ें ऐसी होती हैं, जिन पर आपका नियंत्रण नहीं होता। परन्तु नब्बे प्रतिशत आप काम को बेहतर करके बदल सकते हैं।

इसलिए सरदार वल्लभभाई पटेल ने कहा था, **"यदि कोई आपकी आलोचना करता है और आप उस पर अमल करते हुए ख़ुद में सुधार कर लेते हैं, तब कुछ दिनों बाद वही आपकी ताकत बन जाती है।"**

परन्तु सुधार करने के लिए आपको कुछ बातों का ध्यान रखना होगा:-

➲ अपने आत्मविश्वास को बढ़ाते रहें।

➲ शारीरिक और मानसिक रूप से चुस्त-दुरुस्त रहें और सुबह के समय व्यायाम करें।

➲ अपनी कमज़ोरियों को पहचानने और उनके सुधारने के उपाय ढूँढ़ें।

➲ दृढ़-निश्चयी तथा अनुशासित रहें और अपने काम को हर हाल में पूरी करने की कोशिश करें।

➲ किसी बात को लेकर तनाव में न आएँ, क्योंकि उसके समाधान आपके मस्तिष्क में हैं।

➲ बात-बात पर गुस्सा न करें, क्योंकि गुस्सा करने से आपके काम अधूरे रह जाएँगे।

➲ विपरीत परिस्थतियों में भागने की कोशिश न करें, बल्कि दृढ़ता से उसका सामना करें।

उसके बाद अपनी बॉडी लैंग्वेज को सुधारें। क्योंकि बॉडी लैंग्वेज आपके व्यक्तित्व को बयाँ करती है। यानी, आपकी बॉडी लैंग्वेज किसी को प्रभावित करने का एक मज़बूत हथियार साबित हो सकती है।

यदि आप ऑफिस में अपनी बॉडी लैंग्वेज का अच्छा प्रदर्शन करते हैं, तब आप तेज़ी से तरक्की पा सकते हैं।

कैसे सीखना है बॉडी लैंग्वेज को

आपका दिमाग़ लगभग हर बॉडी पॉश्चर से निकलने वाले संकेत को समझ सकता है और सही बॉडी लैंग्वेज को सीखना फॉरिन लैंग्वेज सीखने जैसा है। परन्तु आपको रोज़मर्रा की आदतों में कुछ सुधार करने होंगे, जैसे- आई कॉन्टैक्ट रखकर बात करना। मुस्कान का महत्त्व जानना। हाथ बाँधकर बातें करने से बचना।

जबकि हाथ हिलाकर बातचीत करने से समझा जाता है कि आप बड़ी रुचि से बातें कर रहे हैं। लेकिन मुँह के ऊपर या चेहरे पर हाथ रखना नेगेटिव बॉडी लैंग्वेज को दर्शाता है। इसलिए ऑफिस में कभी भी किसी से ऊँची आवाज़ में बात न करें।

बॉडी लैंग्वेज पढ़ने की कोशिश करें

यदि कोई व्यक्ति आपसे आई कॉन्टैक्ट रखकर बात करता है और धीरे-धीरे आँखें बचाने लगता है, तब समझिए कि वह आपसे बातचीत में दिलचस्पी नहीं ले रहा है।

ऐसे बहुत से संकेत आपको सचेत करते हैं और आपकी अप्रोच बदलते हैं। अगर आप बॉस के साथ बातें कर रहे हैं या कोई सवाल पूछ रहे हैं, तब बॉस की बॉडी लैंग्वेज पढ़ने से आपको कई जवाब मिल जाएँगे। परन्तु यदि व्यक्ति की जुबान कुछ कह रही है और बॉडी लैंग्वेज कुछ और कह रहा है, तब उस पर भरोसा न करें।

अकेले में बॉडी लैंग्वेज सुधारने की प्रैक्टिस करें

यदि आप अपनी बॉडी लैंग्वेज से संतुष्ट नहीं हैं, तब घर पर शीशे के सामने खड़े होकर सुधारने की कोशिश करें। फिर आपकी बॉडी लैंग्वेज वही बोलेगी, जो आप मुँह से बोल रहे हैं। आप अपने बारे में हमेशा अच्छा सोचें, तब बॉडी लैंग्वेज अच्छी हो जाएगी।

आपने ज़फ़र सादिक की कहानी ज़रूर सुनी होगी। वह एक संत थे। एक बार उनके पास कई लोग किसी बात पर विचार-विमर्श करने आ गए। फिर प्रश्न आ खड़ा हुआ कि **'अक्लमंद व्यक्ति की पहचान क्या है।'**

सुनकर सभी लोग सोच में पड़ गए और अपनी-अपनी तरह से जवाब देने लगे। किसी ने कहा, **"जो सोच-समझकर बोलता है वह अक्लमंद होता है।"**

इस पर संत सादिक बोले, **"अपनी समझ के अनुसार हर व्यक्ति सोच-समझकर ही बोलने की कोशिश करता है, परन्तु उनको अक्लमंद नहीं कहा जा सकता, क्योंकि अक्लमंद तो कुछ ख़ास लोग ही होते हैं और उनकी पहचान भी कुछ ख़ास ही होती है।"**

जवाब सुनकर सभी लोग सोच में पड़ गए। तभी उनमें से एक व्यक्ति बोला, **"जो नेकी और बदी में फ़र्क़ कर सके, वही अक्लमंद है।"**

तब सादिक बोले, **"नेकी और बदी का फ़र्क़ तो जानवर भी समझते हैं। तभी तो वे उन्हें ही काटते हैं, जो उनको नुकसान पहुँचाते हैं।"**

यह सुनकर सबकी बोलती बंद हो गई। फिर एक व्यक्ति संत सादिक की ओर देखता हुआ बोला, **"हुजूर, अब आप ही अक्लमंद व्यक्ति की पहचान बताइए।"**

संत सादिक मुस्कराते हुए बोले, **"अक्लमंद वह होता है, जो दो बातों में यह जान सके कि बुरी बात कौन-सी है और अच्छी बात कौन-सी है? यह बात सुनने में मामूली लग सकती है, लेकिन इनसान यदि इस राह पर चलेगा, तब वह न सिर्फ़ अक्लमंद कहलाएगा, बल्कि बड़ी-से-बड़ी मुसीबत को भी टालने में कामयाब हो जाएगा।"**

इस कहानी से पता चलता है कि करियर पर आप जितना ध्यान देंगे, आपका बॉडी लैंग्वेज भी उतना ही निखर जाएगा।

लेकिन यह जानना ज़रूरी है कि किस स्थान पर और किस संस्कृति में लोगों की बॉडी लैंग्वेज का मतलब क्या है?

क्योंकि मनोविज्ञान सर्वेक्षणों से यह साबित हो चुका है कि रोज़मर्रा की बोलचाल में लोगों द्वारा इस्तेमाल किए गए शब्दों का प्रभाव केवल 45 प्रतिशत होता है और शेष 55 प्रतिशत उनकी बॉडी लैंग्वेज यानी चेहरे के हाव-भाव, बातचीत के तरीके और शारीरिक मुद्राओं पर निर्भर करता है।

यदि आप भी अपनी बॉडी लैंग्वेज को 55 प्रतिशत तक प्रभावशाली बनाना चाहते हैं, तब आपको नीचे लिखे सिद्धांतों का पालन करना होगा:-

➲ शीशे के सामने खड़े होकर बोलने का अभ्यास करें, फिर अपनी आँखें बंद करके यह सोचने की कोशिश करें कि दूसरों के साथ बातचीत करते समय आपके चेहरे के हाव-भाव कैसे हों।

➲ जिसे आप अपना रोल मॉडल मानते हैं, उसकी बॉडी लैंग्वेज को ध्यान से देखें, फिर उसका अनुसरण करें।

➲ बातचीत के दौरान सामने वाले की आँखों में आँखें डालकर बातें करें। अगर आप एक साथ कई लोगों से बात कर रहें हैं, तो बारी-बारी से सभी लोगों पर समान रूप से ध्यान दें।

➲ जब भी आप किसी के सामने खड़े हों, तब अपने दोनों पैरों को सिकोड़ कर न रखें, बल्कि उनके बीच हलकी-सी दूरी रखें।

➲ अपने कंधों को ढीला छोड़कर खड़े हों। यदि आपके कंधे अकड़े हुए दिखाई देंगे, तब आप जोकर लगेंगे।

➲ यदि सामने बैठे व्यक्ति की बात आप ध्यान से सुन रहे हैं, तब उसके सामने की ओर हलका-सा झुकें।

➲ बातचीत के दौरान यदि कोई व्यक्ति हँसने वाली बात कहे, तब ज़रूर हँसना चाहिए। लेकिन जब आप कोई चुटकुला सुना रहे हों, तब पूरा होने पर ज़रूर मुस्कराएँ।

➲ बात करते समय बार-बार अपने चेहरे या बालों पर हाथ न फेरें, वरना दूसरों को लगेगा कि आप नर्वस हो रहे हैं।

➲ सधे हुए क़दमों से, सिर उठाकर धीरे-धीरे चलें। इससे आप आत्मविश्वास से भरे नज़र आएँगे।

➲ अपनी घबराहट को अपनी बॉडी लैंग्वेज से व्यक्त न करें। बैठकर पैरों को हिलाना, लगातार अंगुलियों को चटकाने की भी कोशिश न करें। जब आप इस सिद्धांत को अपनाएँगे, तब आपका बॉडी लैंग्वेज सुधरने लगेगा।

एक सेकेंड का महत्त्व समझें

कुछ दिनों पहले की बात है, मुझे पटना के एक सीमेंट प्लांट में स्पीच देने जाना था। इसलिए मेरे सेक्रेट्री ने किसी ट्रैवल एजेंट को प्लेन की टिकट बुक कराने के लिए फोन मिलाया और पूछा, **"प्लेन से पटना जाने के लिए कितना समय लगेगा?"**

दूसरी तरफ से आवाज़ आयी, **"एक सेकेंड....!"**

सैक्रेट्री ने 'थैंक्यू' कहकर फोन रख दिया और मुस्कराते हुए मेरे पास आकर बोला, **"सर! लगता है ट्रैवल एजेंसी में कोई पागल बैठा है, इसलिए वह कह रहा है कि पटना जाने में एक सेकेंड लगेगा।"**

मुझे उसका उत्तर सुनकर हँसी आ गयी। क्योंकि मेरे सेक्रेटरी ने पूरी बात नहीं सुनी थी, जबकि ट्रैवल एजेंसी में बैठा व्यक्ति कह रहा था, **"एक सेकेंड .... यानी अभी देखकर बताता हूँ।?"**

क्योंकि जब हम किसी टेलीफोन लाइन पर होल्ड करने के लिए कहते हैं, तब **'एक सेकेंड'** या **'जस्ट ए सेकेंड'** का प्रयोग करते हैं। कभी एक घंटा इंतज़ार करो नहीं कहते। अगर ऐसे कहेंगे, तब दूसरा व्यक्ति इतना लंबा इंतज़ार नहीं करेगा, परन्तु **'एक सेकेंड'** कहने के बाद दूसरा व्यक्ति एक घंटे तक इंतज़ार कर सकता है।

सेकेंड बड़ा बलवान है

समय को नापने की सबसे छोटी इकाई है सेकेंड। जबकि **'सेकेंड'** कहने में छोटा लगता है, परन्तु यह बड़ा बलवान है। क्योंकि इसी से समय नापा जाता है। फिर सेकेंडों से मिनट बनता है। मिनटों से घंटा बनता है। घंटों से दिन बनता है और दिनों से साल बनता है। इसलिए सेकेंड के महत्त्व को नकारा नहीं जा सकता।

क्योंकि जहाँ पर ट्रैफिक सिग्नल लगे होते हैं, वहाँ टाइमर भी लगाए जाते हैं। जिसका काम होता है कुछ सेकेंडों के बाद सिग्नल की लाइट को हरा या लाल करना। फिर उल्टी गिनती शुरू होती है और यह सबकुछ सेकेंडों में होता है।

सेकेंड की हमेशा कद्र करें

जल्दबाजी का एक सेकेंड जानलेवा साबित हो सकता है, और एक सेकेंड की अवधि में जीवन बच भी सकता है। इसलिए सेकेंड की हमेशा क़द्र करो। क्योंकि जो वक़्त की क़द्र नहीं करता, वक़्त भी उसकी क़द्र नहीं करता।

एक पुरानी कहानी है। एक युवक था, जो हमेशा परेशान रहता था। क्योंकि उसके पास रोज़गार का कोई साधन नहीं था। विधवा माँ के अलावा छोटे भाई-बहनों के भरण-पोषण का दायित्व भी उसी के ऊपर था।

इसलिए तकलीफ़ों से टूटकर वह अपने जीवन का अंत करने की सोच रहा था, परन्तु दिल में माँ और छोटे भाई-बहनों का ख़याल आते ही, वह अपना आत्महत्या करने का विचार बदल देता था। एक दिन उसकी मुलाकात एक साधु से हो गई। फिर उसने अपने मन की बात साधु को बताई। साधु ने उससे पूछा की वह आत्महत्या क्यों करना चाहता है?

युवक ने कहा, **"महाराज ग़रीबी से परेशान हूँ। मेरे पास कुछ भी नहीं है। यदि आत्महत्या न करूँ तो क्या करूँ।"**

साधु ने कहा, "तेरे पास बहुत कुछ है। लेकिन समस्या यह है कि तुझे उसकी परख ही नहीं है। परन्तु घबरा मत, मेरे साथ चल। इस इलाके का राजा मेरा भक्त है। वह तेरी समस्या हल कर देगा और नोटों से झोला भर देगा।"

युवक चल दिया, साधु उसे महल के दरवाज़े तक ले गया और युवक से बोला, "तुझे दस लाख रुपये दिलवा दूं?"

युवक हैरान होकर बोला, "परन्तु कैसे?"

साधु ने कहा, "तेरे पास दो आँखें हैं, उनमें से एक आँख बिकवा दूँगा।"

युवक घबरा कर बोला, "आँख तो मैं किसी भी क़ीमत पर नहीं दूँगा।"

साधु ने मुस्कराकर कहा, "तो एक हाथ दे देना।"

"हाथ भी नहीं दूँगा!", युवक तुरन्त बोला।

"तो फिर अपने को ग़रीब क्यों कहता है", साधु ने युवक को देखते हुए कहा।

आँख और हाथ की क़ीमत जानकर युवक को अपना मूल्य समझ में आ गया, फिर साधु से युवक बोला, "महाराज! आपने मेरी आँखें खोल दीं। मेरे पास सब कुछ है, मैं अभी से काम की तलाश में निकलता हूँ।"

इस कहानी से सीख मिलती है कि मनुष्य को परेशान नहीं होना चाहिए, बल्कि अपने आप को पहचानना चाहिए। फिर उस परेशानी का समाधान तुरन्त मिल जाता है।

समय अनमोल है इसका सही इस्तेमाल करें

दुनिया में हर व्यक्ति के पास 24 घंटे का समय होता है। लेकिन कौन इस समय में कितना हासिल कर पाता है, यह उसकी काबिलियत पर निर्भर करता है।

अमेरिका के शिक्षा सुधारक होरेसमेन भी यही कहते हैं, "मनुष्य के साथ 60 अनमोल मिनट जुड़े हुए हैं, जो उसके जीवन को चमका देते हैं।" क्योंकि जब आप किसी महान पुरुष के जीवन पर दृष्टि डालेंगे, तब आपको पता चलेगा कि उसने दक्षता हासिल करने के लिए समय का पूरा उपयोग किया था।

जेम्स मॉटलो, प्रसिद्ध वेबसाइट **Mindtool.com** के सी.ई.ओ. हैं और परेटो के सिद्धांत '80:20' के प्रयोग की वकालत करते हैं। क्योंकि यह सिद्धांत बताता है कि 80 प्रतिशत प्रयास केवल 20 प्रतिशत परिणाम देते हैं, जबकि ज्यादा ध्यान देकर आप अपने प्रयासों का सही प्रयोग कर सकते हैं।

अपने समय का सही मूल्यांकन करें

आप एक दिन में कितने घंटे काम करते हैं। उदाहरण के लिए एक साधारण मनुष्य दिन में 7 घण्टे काम करता है, तब 200 दिनों के बारे में जानने के लिए 200 को 7 से गुणा करें, फिर आपको 1,400 घंटे प्राप्त होंगे।

जो उनके पूरे साल में किए गए काम का समय है। अब अपने एक वर्ष की सालाना आय को जोड़ते हुए उसे अपने किए गए काम के घंटों से भाग कर दें। फिर आप जान जाएँगे कि एक घंटा आपको कितना मूल्य देता है।

यह साधारण-सा अभ्यास है, जो आपके हर घंटे की क़ीमत बताएगा। उसके बाद अनुभव करेंगे कि आपने अब तक कम आय वाली नौकरी में समय बर्बाद किया है।

इसलिए किए गए काम का पूरा ब्यौरा अपने पास रखें, फिर सोचें कि आपने एक दिन में क्या-क्या किया, जिससे इस बात का पता चलेगा कि आपने अपने समय का अब तक कैसे प्रयोग किया?

काम की योजना बनाएँ

अपने दिन-भर के कामों की एक सूची बनाएँ और जो काम सबसे ज़रूरी हैं, उन्हें सबसे ऊपर लिखें, लेकिन जो काम आप कर चुके हैं, उनके सामने निशान लगाकर सूची से हटा दें। यह समय के संचालन का प्रभाशाली तरीका है। 'अल्म मेटर' के संस्थापक टी.टी. रंगराजन कहते हैं, **"जिस पर आप समय देते हैं, उस चीज़ में वृद्धि होती है।"** यदि आपका बिज़नेस अच्छा चल रहा है, तब समझिए कि आपने उसको अपना समय दिया है।

एक पुरानी कहावत है, **"गया धन, गया स्वास्थ्य तो लौट भी सकता है, लेकिन जो समय गुज़र जाता है, वह कभी वापस नहीं लौटता।"** इसलिए समय को गँवाएँ नहीं, बल्कि उसका सही इंवेस्ट करें। वैसे भी समय का प्रबंधन जीवन के हर क्षेत्र में ज़रूरी है। क्योंकि एक मिनट की मुस्तैदी से विजय का सेहरा बँधता है और एक मिनट की चूक से पराजय की कालिख़ लग जाती है।

एक मिनट की क़ीमत न जानने वाले आस्ट्रियन, नेपोलियन से पराजित हुए और वही एक मिनट देरी की वजह से नेपोलियन का साथी ग्रुशी अपमान की मौत मरा।

सोचना, समझना और करना सचमुच बहुत बड़ा काम है। लेकिन बिना सोचे-समझे आगे बढ़ना भी जोख़िम का काम है। इसलिए पहले अपने काम की योजना बनाइए। फिर उसमें आत्मविश्वास का तड़का लगाइए। उसके बाद गुणवत्ता की प्लेट में सजाइए, तब वह काम सबको पसंद आएगा और आपको बड़ी कामयाबी दिलाए।

कभी आपने सोचा है कि आकाश में उड़ती हुई पतंगों से जीवन को जीने की कला सीखी जा सकती है! यदि नहीं तो मैं आपको समझाता हूँ। पतंग का कन्ना संतुलन की कला सिखाता है और उसका नियंत्रण उड़ाने वाले के हाथ में होता है, जो पतंग को भटकने से रोकता है।

इसलिए पतंग से आप खुद को नियंत्रित करने का गुण सीख सकते हैं। क्योंकि पतंग के उड़ने का अर्थ है अपार संतुलन, नियमबद्ध नियंत्रण और सफल होने की ललक।

वैसे भी सृष्टि गतिशील है और वह चाहती है कि आप भी गतिशील रहें।

ग्यारहवाँ मंत्र
आकाश को छूने का हौसला रखें

देव आनंद की तीन दशक पहले एक फिल्म आयी थी **'हम दोनों'**, उसमें एक गाना था, **'अभी न जाओ छोड़कर कि दिल अभी भरा नहीं....।'** इस गाने में आप समझिए कि डेडलाइन आपका दिल है, तब आप इस गाने को कुछ इस तरह से गाएँगे, **'हमारे साथ रहो डेडलाइन कि दिल अभी भरा नहीं।'**

कहते हैं कि इनसान अपने लक्ष्य प्राप्ति के समय बाहरी बाधाओं के कारण उतना नहीं डरता, जितना कि वह अपनी बुरी आदतों से डरता है। ऐसी ही कुछ बुरी आदतों में से एक है डेडलाइन, यानी निश्चित समय के भीतर काम को पूरा न कर पाना।

आप अपने काम में सफलतापूर्वक आगे तभी बढ़ सकते हैं, जब आप अपने लक्ष्य के बारे में जानें। क्योंकि जब तक आप अपने लक्ष्य की कोई डेडलाइन तय नहीं करेंगे, तब तक मंज़िल तक पहुँच पाना मुश्किल होगा। यदि आप सोचते हैं कि समय की गति को रोका जा सकता है, तब आप सफलता नहीं पा सकते। क्योंकि समुद्र में जब ज्वार आता है, तभी मछुआरे को मछलियाँ पकड़ने के लिए समुद्र में उतरना पड़ता है। इसीलिए डेडलाइन को आप अपना सच्चा दोस्त मान सकते हैं। फिर डेडलाइन आपके काम की गुणवत्ता बढ़ाएगी।

इस बात को विस्तार से समझाने के लिए मैं आपको एक कहानी सुनाता हूँ। एक बार दो व्यक्ति लंबी यात्रा पर गए। उनके रास्ते में पहाड़, नदी, रेगिस्तान और घने जंगल सभी आए थे। क़रीब एक हफ़्ते के सफ़र के बाद मैदानी इलाका पार करके वे घने जंगल के बीच पहुँचे ही थे कि अचानक एक भालू दिखाई दिया।

जिसे देखकर दोनों भय से सिहर उठे। उन्हें लगा कि शायद अब बचना संभव नहीं है, परन्तु उनमें से एक को तरक़ीब सूझी, फिर वह किसी तरह पेड़ पर चढ़ गया और बहुत ऊपर जाकर पेड़ की डालियों के पत्तों के बीच छिप गया।

लेकिन दूसरे व्यक्ति को पेड़ पर चढ़ना नहीं आता था। उसे कुछ और नहीं सूझा, तो वह ज़मीन पर ही लेट गया। फिर उसने अपनी साँसें ऐसे खींच लीं, जैसे उसके प्राणा-पखेरू हो गए हों। भालू ने निकट आकर देखा और सूँघा। उसे मरा जानकर वह वहाँ से चला गया, क्योंकि भालू बेजान शरीर को नहीं छूता। भालू के चले जाने के बाद वह व्यक्ति नीचे उतरा, जो पेड़ पर चढ़ गया था और आते ही उसने मज़ाक के लहज़े में पूछा, *"मैंने देखा भालू तुम्हारे कान के पास आकर कुछ कह रहा था। बताओगे क्या कहा उसने?"*

"ज़्यादा कुछ नहीं। बस यही कहा की कभी किसी ऐसे शख़्स के साथ दोस्ती मत करना, जो मुश्किल वक़्त में तुम्हारा साथ छोड़ दे।"

ठीक वैसे ही जब आपके पास काम ज़्यादा होता है, तब आप परेशान होकर उस काम को अधूरा छोड़ देते हैं। इसलिए काम का लोड जितना भी हो, उसे तय समय पर पूरा करें। फिर काम को पूरा करने का दबाव आपको अतिरिक्त प्रयास करने के लिए प्रेरित करेगा।

उसके बाद आप ख़ूबियों और ख़ामियों से परिचित हो जाते हैं, जिसे अंग्रेज़ी में 'टाइम एण्ड टाइड वेट फॉर नन' कहते हैं।

प्रतिभा का अधिकतम उपयोग करें

आमतौर पर अपनी प्रतिभा का पूरा उपयोग कम लोग ही कर पाते हैं, लेकिन सच यह है कि जब डेडलाइन का दबाव होता है, तब आप अपनी पूरी क्षमता का उपयोग करने लगते हैं।

अधिक काम करने का वातावरण बनाएँ

टाइम मैनेजमेंट में वातावरण का बहुत महत्त्व है, क्योंकि एक-सा वातावरण जीवन में नीरसता और निराशा पैदा करता है। जबकि नया वातावरण आपके सोचने के नज़रिए को भी बदल देता है, इसलिए यह जानना ज़रूरी है कि आप अपने बॉस के साथ कैसा व्यवहार करते हैं:–

1. **क्या आप बॉस के आने पर उन्हें अनदेखा करते हैं?**
    a. नहीं करते   हाँ ☐
    b. कभी–कभी करते हैं   हाँ ☐
    c. करते हैं   हाँ ☐

2. **क्या बॉस अपना काम भी आपसे करवाते हैं?**
    a. नहीं करवाते   हाँ ☐
    b. कभी–कभी करवाते हैं   हाँ ☐
    c. करवाते हैं   हाँ ☐

3. **क्या बॉस आपके सुझावों की कद्र करते हैं?**
   a. करते हैं — हाँ ☐
   b. कभी-कभी करते हैं — हाँ ☐
   c. करते हैं — हाँ ☐

4. **क्या आप बॉस को बिना माँगे सुझाव देते हैं?**
   a. नहीं देते — हाँ ☐
   b. कभी-कभी देते हैं — हाँ ☐
   c. देते हैं — हाँ ☐

5. **क्या बॉस के केबिन में जाने से पहले आप उनके मूड के बारे में सोचते हैं?**
   a. नहीं सोचते — हाँ ☐
   b. कभी-कभी सोचते हैं — हाँ ☐
   c. सोचते हैं — हाँ ☐

6. **क्या आपके काम को बॉस की प्रशंसा मिलती है?**
   a. मिलती है — हाँ ☐
   b. कभी-कभी मिलती है — हाँ ☐
   c. नहीं मिलती — हाँ ☐

7. **क्या बॉस सबके सामने आपके काम की आलोचना करते हैं?**
   a. नहीं करते — हाँ ☐
   b. कभी-कभी करते हैं — हाँ ☐
   c. करते हैं — हाँ ☐

8. **क्या बॉस आपके काम का क्रेडिट ख़ुद लेते हैं?**
   a. नहीं लेते — हाँ ☐
   b. कभी-कभी लेते है — हाँ ☐
   c. लेते है — हाँ ☐

9. **क्या बॉस आपके सामने दूसरे सहकर्मियों की तारीफ़ करते हैं?**
   a. नहीं करते — हाँ ☐
   b. कभी-कभी करते हैं — हाँ ☐
   c. करते हैं — हाँ ☐

10. **क्या बॉस का एटीट्यूड आपकी पर्सनल लाइफ़ पर ख़राब असर डालता है?**
   a. नहीं डालता — हाँ ☐
   b. कभी-कभी डालता है — हाँ ☐
   c. डालता है — हाँ ☐

अब आप अपना उत्तर जानने के लिए सही के निशान वाले बाक्स का योग करें।

➦ यदि आपके 8 या 8 से अधिक जवाब (a) के हैं, तो आप वाकई उन भाग्यशाली एम्प्लॉयीज में से एक हैं, जिनके साथ आपके बॉस बहुत अच्छा व्यवहार करते हैं, यानी आपके और उनके बीच बहुत अच्छा तालमेल है। आपका करियर ग्राफ़ बुलंदियों पर ज़रूर पहुँचेगा।

➦ परन्तु 8 या 8 से अधिक जवाब (b) के होने पर आप समझ लें कि बॉस के साथ आपके संबंध बहुत अच्छे तो नहीं हैं, परन्तु औसत दर्जे के ज़रूर कहे जा सकते हैं। ऐसे में ज़रूरी है कि आप अपने काम में मन लगाएँ और आपके काम से बॉस को ख़ुश करें।

➦ लेकिन 8 या 8 से अधिक जवाब (c) के हैं, तो समझ लीजिए कि करियर की गाड़ी को फर्राटे से दौड़ाने के लिए आपको अपने काम पर ध्यान देने की ज़रूरत है।

ठीक वैसे ही जैसे कि काशी में रहने वाले एक बड़े सेठ को ज़रूरत थी, जो बहुत कंजूस था। एक बार उसने घर की रखवाली के लिए एक चौकीदार रखने की सोची, परन्तु कोई मिल नहीं रहा था। जो मिलता था, वह ज्यादा पैसे माँगता था। जबकि सेठ चाहता था कि कम पैसे में कोई मिल जाए।

एक दिन उसके पास एक आदमी आया, वह शरीफ़, ईमानदार और ताकतवर था, लेकिन बुद्धि में थोड़ा कमज़ोर था। सेठ ने सोचा, चौकीदार के लिए बुद्धि की ज़रूरत क्या है, इसलिए उसने उस आदमी को नौकरी पर रख लिया।

एक दिन सेठ को बाहर जाना पड़ा। जिस दिन सेठ बाहर गया, संयोग से उसी रात घर में चोर घुस गए। चौकीदार अकेला उनका मुकाबला नहीं कर सका और चोरों ने उसे बाँध दिया।

जब वे सारा सामान लूटकर जाने लगे, तो चौकीदार बोला, **"जो सामान तुम ले जा रहे हो, वह सब सेठानी की लड़की का है। उसकी शादी होने वाली है और सेठानी ने बड़ी मेहनत से उसे ख़रीदा है, इसलिए तुम लोग वह सामान छोड़ दो और उसके बराबर रुपये ले लो।"**

चोरों ने पूछा, **"रुपय कहाँ हैं?"**

"तिज़ोरी में।", चौकीदार ने कहा

चोरों ने तिज़ोरी तोड़ कर रुपया भी लूट लिया, फिर रुपये और सामान लेकर जाने लगे।

चौकीदार ने सोचा, शायद रुपये कम पड़ गए होंगे। तभी सामान ले जा रहे हैं। उसने कहा, **"सामान क्यों ले जा रहे हो, रुपये कम पड़ रहे हों, तो तहखाने में से हीरे-मोती भी ले लो।"**

जब चोर हीरे-मोती भी लूटकर ले जाने लगे, तो चौकीदार ने कहा, **"अब तो सामान छोड़ दो!"**

चोर उसकी मूर्खता पर हँसने लगे, फिर वहाँ से चले गए। सेठ जब वापस लौट कर आया, तो क़िस्सा सुनकर चौकीदार को मारने लगा। तभी एक संत वहाँ पधारे, उन्होंने बात सुनी और बोले, **"सेठ जी, इसमें चौकीदार का दोष नहीं है। उसने तो अपनी बुद्धि के अनुसार सही काम किया है, लेकिन तरस आपकी बुद्धि पर आता है कि आपने चौकीदार रखने में भी कंजूसी की।"**

इसलिए आप ऐसी ग़लती कभी न करें। सोच समझकर काम करें। पिछले दिनों ए.आई.एम.एस. मैनेजमैंट कॉलेज में एक सेमिनार का आयोजन किया गया था। जिसमें मुझे **'आउट ऑफ द बॉक्स थिंकर कैसे बनें'** विषय पर बोलना था। वहाँ पर कई कंपनियों के एम.डी. और वाइस प्रेसिडेंट भी मौजूद थे, जो डायरेक्ट प्लेसमेंट देने के लिए आए हुए थे। उन लोगों को मेरी स्पीच का विषय अच्छा लगा था, इसलिए वे भी वहाँ पर उपस्थित थे।

कॉलेज का हॉल पूरी तरह से भरा हुआ था, क्योंकि मेरे से पहले विश्व के जाने-माने तीन प्रशिक्षक स्टेज पर बोल चुके थे। फिर जब मेरे नाम का अनाउंसमेंट हुआ, तब हॉल तालियों की गड़गड़ाहट से गूँज उठा। मैंने स्टेज पर पहुँच कर माइक्रोफोन कान में लगाया और कहा:-

नयी सोच, नया आसमान।
आउट ऑफ द बॉक्स थिंकर है सबसे महान॥

यह इक्कीसवीं सदी का नारा है, जो आपको सफलता के शिखर पर पहुँचाएगा। क्योंकि **'आउट ऑफ द बॉक्स थिंकर'** ऐसे व्यक्ति को कहा जाता है, जो इनोवेटिव आइडिया देते हैं। लीक से हटकर कुछ नया करने की योजना बनाते हैं। नए आइडिया को अपनाने के लिए हमेशा तैयार रहते हैं, और उनके प्रति खुला रवैया रखते हैं।

फिर जिस कंपनी में इस तरह के प्रोफ़ेशनल्स होंगे, उस कंपनी का विकास भी सबसे अधिक होगा। लेकिन ज़रूरी है कि आप हमेशा कुछ नया सोचते रहें। चाहें आप नौकरी करें या बिज़नेस। हर स्थिति में आपको आउट ऑफ द बॉक्स थिंकर बनना होगा।

"मगर कैसे?", अचानक एक छात्र सीट से उठकर बोला।

मैंने एक नज़र उस छात्र पर डाली, फिर कहा, **"क्या आप अपना नाम बता सकते हैं?"**

"मेरा नाम विनय मलहोत्रा है, मैं अन्तिम वर्ष एम.बी.ए. का छात्र हूँ और मैं आउट ऑफ द बॉक्स थिंकर बनना चाहता हूँ।"

"मिस्टर विनय! इस तरह की सोच डवलप करने के लिए आपको अपना दिमाग़ हमेशा खुला रखना होगा और दुनिया में घट रही घटनाओं पर पैनी नज़र रखनी होगी।", मैंने प्रश्न का जवाब देते हुए कहा

"मिस्टर इन्जीनियर! क्या इतना करने के बाद मैं आउट ऑफ द बॉक्स थिंकर बन सकता हूँ?", विनय ने दूसरा प्रश्न किया।

"आपको कुछ और भी बातों पर ध्यान देना होगा। सबसे पहले आपको नए-नए आइडिया दिमाग़ में लाने होंगे, फिर उन आइडियों को काग़ज़ पर नोट करना होगा। तब आप हैरान रह जाएँगे कि उन आइडियों में से कुछ बहुत अच्छे हैं, जिनको अपना कर आप अमीर बन सकते हैं।

लेकिन अपनाने से पहले उन आइडियों को पूरी तरह परखें। दूसरों से राय लें। फिर उनमें से एक स्मार्ट आइडिए को चुनें, तब आपका वह आइडिया सफलता का परचम फहराएगा।"

"क्या उस आइडिये से हम अपना बिज़नेस भी शुरू कर सकते हैं?", विनय ने फिर पूछा।

"अवश्य कर सकते हैं।", मैंने ज़ोर देते हुए कहा।

"लेकिन बिज़नेस शुरू करने के लिए हमें किन चीज़ों की आवश्यकता पड़ेगी, और कम-से-कम कितने रुपयों से बिज़नेस शुरू किया जा सकता है। इसके बारे में मिस्टर इन्जीनियर विस्तार से बताइए। क्योंकि मैं एम.बी.ए. के बाद अपना बिज़नेस करना चाहता हूँ।" विनय ने अपनी इच्छा जाहिर करते हुए कहा।

बिज़नेस को शुरू करने के लिए सबसे पहले उसकी संरचना के बारे में सोचना बहुत ज़रूरी है। लेकिन यह पूरी तरह बिज़नेस और बिज़नेस करने वाले पर निर्भर करता है कि वह किस संरचना का चुनाव करता है। उनमें सोल प्रॉपाइटरशिप, पार्टनरशिप फर्म, कंपनी, कॉर्पोरेशन, लिमिटेड को चुना जा सकता है। जबकि सोल प्रॉपाइटरशिप कंपनी बनाना आसान होता है।

अगर बिज़नेस बहुत से लोग मिलकर कर रहे हैं, तब पार्टनरशिप फर्म का होनी ज़रूरी है। परन्तु कंपनी बनाने के लिए कम-से-कम दो निर्देशकों और एक निश्चित पूँजी का होना ज़रूरी है। लेकिन अपने ब्रांड को सुरक्षित करने के लिए कम-से-कम कंपनी प्राइवेट लिमिटेड होनी चाहिए।

अपनी प्रतिभा का आंकलन करें

किसी ज़माने में अपना काम शुरू करने के लिए करोड़ों रुपये की ज़रूरत पड़ती थी, लेकिन अब एक लाख रुपये में भी बिज़नेस शुरू किया जा सकता है, परन्तु आपके पास एक स्मार्ट आइडिया होना चाहिए।

फिर वह आइडिया नोट छापने की मशीन में परिवर्तित हो सकता है, इसलिए बिज़नेस शुरू करने से पहले आप नीचे लिखे 8 प्रश्नों के उत्तर दें, ताकि हम समझ सकें कि आपमें बिज़नेस करने की क्षमता है:-

1. क्या आपका आइडिया नया है? हाँ ☐
2. क्या आप आर्थिक जोख़िम उठा सकते हैं? हाँ ☐
3. क्या आपमें बिज़नेस करने का जुनून है? हाँ ☐
4. क्या आपके पास पर्याप्त संसाधन हैं? हाँ ☐
5. क्या आपके पास बिज़नेस का अनुभव है? हाँ ☐
6. क्या आप अपनी जीवन शैली बदलने के लिए तैयार हैं? हाँ ☐
7. क्या आप बिज़नेस से जुड़े हर काम कर सकते हैं? हाँ ☐
8. क्या आप तुरन्त निर्णय ले सकते हैं? हाँ ☐

अब आप अपने उत्तरों का योग करें और देखें कि वह 6 से कम तो नहीं है। यदि कम हैं, तब बिज़नेस शुरू करने का जोख़िम न लें। लेकिन 6 से अधिक उत्तर '**हाँ**' में होने पर आप अपने बिज़नेस का ब्लूप्रिंट तैयार कर सकते हैं।

इसके लिए आपको '**हैंड-ऑन टास्क**' यानी उपलब्ध लक्ष्य में प्रवेश करना होगा। परन्तु यह काम बिज़नेस प्लान को लिखकर किया जा जाता है और यह किसी भी व्यापार का सबसे महत्त्वपूर्ण अध्याय है। क्योंकि जब आप पहाड़ पर चढ़ना शुरू करते हैं, तो आप नहीं जानते कि आगे क्या होगा?

तब मौसम बदल सकता है। उपकरण टूट सकते हैं। मानचित्र ग़लत हो सकता है या आप घायल हो सकते हैं, परन्तु आप यदि इन परिस्थितियों की योजना बना लेंगे, तो आप इनसे निपटने में सक्षम हो जाएँगे और आने वाली बाधाओं के बाद भी शिखर पर पहुँच जाएँगे।

नेता कोई जन्मजात नहीं होता, नेता तो बनना पड़ता है। शक्ल से कोई हीरो नहीं होता, हीरो तो बनना पड़ता है। क्योंकि नेता वही बनता है, जो अपनी नेतृत्व क्षमता का विकास कर लेता है और हीरो वही बनता है, जो एक्टिंग के गुर सीख लेता है। इसलिए जीवन में अधिक-से-अधिक जोख़िम लेने का प्रयत्न कीजिए।

आज आप जिस अमेरिका को टॉप पर देख रहे हैं, उसकी वजह वहाँ के प्रोफ़ेशनल्स नहीं हैं। बल्कि इसके पीछे उन लोगों का हाथ है, जो आवारा थे, धुनी थे, अकेले थे और जोख़िम उठाने से परहेज नहीं करते थे।

लेकिन भारत में जो सफलता की कहानी लिखी जा रही है, उसमें ऐडवेंचर और बग़ावत बिलकुल ग़ायब है।

जबकि दुनिया में महान आविष्कारक और महान बिज़नेस उनके नाम दर्ज हैं, जो अच्छे बच्चे नहीं थे और फैमिली का सपोर्ट भी उन्हें नहीं मिला था।

बारहवाँ मंत्र
ग़लतियों को सुधारते रहें

बिज़नेस शुरू करने के लिए अपनी ताकत और कमजोरियों के बारे में जानकारी रखना बहुत ज़रूरी है। अगर आप यह जान जाएँ कि आपको कहाँ मदद चाहिए, तो आप दक्षता हासिल कर सकते हैं। क्योंकि जब आप अपनी ताकत को पहचान लेते हैं, तब आप अपने बिज़नेस की कमियों को भी समझ लेते हैं। इसलिए पैसा और समय लगाने से पहले इस काम को करें। लेकिन नसीब पर न छोड़ें।

आपने ख़लीफा हारून–अल–रसीद की कहानी तो ज़रूर सुनी होगी। जब उसने मिस्र पर हमला किया था, तब वहाँ के सैनिकों के पैर उखड़ गए थे। फिर ख़लीफ़ा की सेनाओं ने जीत के झंड़े गाढ़ दिए थे।

उसके बाद ख़लीफ़ा ने उस मुल्क को अपने एक मामूली से गुलाम को सौंप दिया था, जबकि वह हारे हुए बादशाह फिरॉन को भी मुल्क लौटा सकता था, परन्तु उसने ऐसा नहीं किया। क्योंकि फिरॉन अहंकारी हो गया था और खुलेआम ईश्वर होने का दावा करने लगा था। लेकिन जिस गुलाम को मुल्क दिया गया था, वह अश्वेत था और उसका नाम था खजीब। परन्तु खजीब के बारे में कम अकल होने की चर्चाएँ लोगों में फैलने लगी थीं। क्योंकि वह कहीं भी बेवकूफ़ी की हरकत कर बैठता था।

एक दिन कुछ किसान उसके पास फ़रियाद लेकर आए और बोले, **"हमने नील नदी के किनारे खेती की है, लेकिन वर्षा और बाढ़ के कारण हमारी फसल बर्बाद हो गई है।"**

खजीब बोला, **"तुम्हें ऊन की खेती करनी चाहिए थी, वह कभी तबाह नहीं होती।"**

तब एक बुजुर्ग ने लोगों के बीच खड़े होकर कहा, **"कौन कहता है कि खबीज मूर्ख है, यह तो अक्ल की बात करता है।"**

तब खजीब ने मुस्कराते हुए कहा, **"पहले तो मैं मूर्ख ही था, लेकिन अनुभवों से बहुत कुछ सीख गया हूँ।"**

इसलिए एच.डी.एफ.सी. के अध्यक्ष दीपक पारिख ने कहा था, **"बिज़नेस करने के लिए दिल और दिमाग़ दोनों की ज़रूरत पड़ती है। लेकिन बड़ी सफलता पाने के लिए लंबी दूरी का लक्ष्य चुनें, ताकि छोटी दूरी की असफलता से आप विचलित न हों।"**

असफलता के बाद मिलती है सफलता

मैं हमेशा ऐसे लोगों की तलाश करता हूँ, जो जीवन में दूसरों के मुकाबले तेज़ी से उन्नति करते हैं। उनमें से मिस्टर विनय मल्होत्रा एक हैं, इसलिए मैं आपको कुछ गुरुमंत्र देना चाहता हूँ:–

- सफल होने के लिए असफलताएँ झेलने के लिए तैयार रहें, तब आप हर परिस्थिति में सफल होंगे।

- मौज मनाने का मतलब ग़ैर-ज़िम्मेदार होना नहीं है, बल्कि सामान्य रहते हुए पूरी क्षमता के साथ अपना काम करना होता है।

- अगर आपकी सेहत अच्छी नहीं है, तो आप अपने काम में अच्छा प्रदर्शन नहीं कर सकते। जबकि मस्तिष्क किसी भी क्षेत्र में अच्छा प्रदर्शन करने के लिए तैयार रहता है। इसलिए आपका शारीरिक रूप से तंदुरुस्त रहना बहुत ज़रूरी है।

- निचले स्तर से शुरुआत करने से न डरें, क्योंकि हर सीढ़ी को पार करते हुए आगे बढ़ना ज़्यादा टिकाऊ होता है।

- जो काम पहले से कर रहे हैं, उन्हें करने के बेहतर और नए तरीके खोजें। फिर आपके अंदर हमेशा रचनात्मकता और उत्साह बना रहेगा।

- आपको तब तक डटे रहना है, जब तक कि आप उस काम के बीच संतुलन न बना लें, क्योंकि ज़िंदगी सीखते रहने का नाम है और सफलता वह अनुभव है, जो कुछ बड़ा पाने का आधार तैयार करता है।

- सफल लोगों का अनुसरण करना ज़रूरी है। क्योंकि दूसरों को अच्छा नेतृत्व देने के लिए उन्होंने भी दूसरे लोगों का अनुसरण किया था। इससे पता चलता है कि नेता जन्मजात पैदा नहीं होते, बल्कि वे महान लोगों का अनुसरण करते हैं।

- जीवन में अंधविश्वास के लिए हमेशा जगह रखें। लेकिन ऐसे अंधविश्वास जो आपके मस्तिष्क को सफलता की ओर अग्रसर करे। क्योंकि अच्छाई किसी भी रूप में नुकसान नहीं पहुँचा सकती।

मेरे इन गुरुमंत्रों को जिसने भी अपनाया, वही सफल हो गया। क्षेत्र चाहे कोई भी हो, सफलता प्राप्त करने के सिद्धांत सब जगह एक से हैं। मैं आपको ऐसे बहुत से नाम गिनवा सकता हूँ, जिन्होंने इन गुरुमंत्रों को अपनाकर सफलता प्राप्त की है:-

1. निरमा के करसनभाई पटेल ने 1969 में डिटर्जेंट बेचकर अपने बिज़नेस की शुरुआत की थी। जबकि वे एक छोटे-से किसान के बेटे थे और निरमा की स्थापना के समय एक सरकारी प्रयोगशाला में जूनियर केमिस्ट के रूप में काम करते थे।

फिर नौकरी के बाद रात को वे अपने घर के पीछे हाथ और बाल्टी की मदद से एक छोटे से कमरे में डिटर्जेंट तैयार करते थे, फिर उसे पॉलिथिन बैग में पैक करके दिन में घर-घर बेचने जाते थे। क्योंकि उनके पास एक आइडिया था, लेकिन सरकारी नौकरी छोड़कर पूरी तरह से बिज़नेस में समर्पित होने से कतरा रहे थे। इस बात को करसन भाई पटेल ने ख़ुद स्वीकार किया है, **"मेरे परिवार में पहले इस तरह का काम नहीं किया गया था, इसलिए मुझे असफलता का डर था। लेकिन मैंने रिस्क लिया, क्योंकि मैं बिज़नेस करना चाहता था और सफल हो गया।"**

जब डिटर्जेंट का काम चल निकला, तब उन्होंने सरकारी नौकरी छोड़ दी। फिर कम क़ीमत में डिटर्जेंट तैयार करने के लिए उन्होंने प्रतियोगिता के बैकवर्ड इंटीग्रेशन फॉर्मूले को अपनाया।

उन दिनों डिटर्जेंट पर मल्टीनेशनल कंपनियों का कब्ज़ा था। उसके बाद भी उन्होंने तीन रुपये प्रति किलो में अपना डिटर्जेंट बाज़ार में उतार दिया। तब सबसे सस्ते डिटर्जेंट की क़ीमत 13 रुपये प्रति किलो थी। फिर भी घरेलू प्रक्रिया से तैयार किया गया, निरमा भारतीय महिलाओं की आदत को बदलने में कामयाब हो गया।

करसनभाई पटेल अपनी कामयाबी के बारे में बताते हैं, **"बाज़ार में सस्ते और अच्छा डिटर्जेंट लाना मेरा उद्देश्य था, इसलिए मैंने लाभ का प्रतिशत बहुत कम रखा था। तब मुझे 3 से 5 प्रतिशत का मुनाफ़ा होता था, परन्तु मैं उसमें भी ख़ुश था। फिर मैंने अपनी सभी रणनीतियों को लागू किया और बड़ी सफलता प्राप्त की।"**

आज करसनभाई पटेल की सफलता की कहानी विश्व के बिज़नेस स्कूलों में गर्व से सुनाई जाती है। क्योंकि अब निरमा में 14 हज़ार से ज़्यादा कर्मचारी काम कर रहे हैं और इस ग्रुप का टर्नओवर 2,500 करोड़ से ज़्यादा का है।

2. 28 साल का कुशलेंद्र अहमदाबाद के आई.आई.एम. के 2007 के एम.बी.ए. बैच का टॉपर है और पटना में ठेले से घर-घर जाकर सब्ज़ी बेचने का काम करता है। अपने इस अजीब से लगने वाले काम के लिए उसे आलोचनाओं का भी सामना करना पड़ता है, परन्तु वह उस काम को करता है।

क्योंकि आई.आई.एम. में होशियार छात्रों के रूप में जाने वाले कुशलेंद्र को खेत में काम करना हमेशा से पसंद था। उसने गाँव के एक सरकारी स्कूल में अपनी शुरुआती पढ़ाई पूरी की है, फिर हाईस्कूल करने के लिए नवादा स्थित नवोदय विद्यालय में दाख़िला लिया। उसके बाद पटना साइंस कॉलेज में पढ़ाई पूरी करने के बाद, कैट पास करके आई.आई.एम. अहमदाबाद में दाख़िला लिया।

सब्जियों को बेचने के बारे में कुशलेंद्र कहता है, **"खेती मुझे बचपन से आकर्षित करती थी। इसलिए मैं सोचता था कि सब्जियों का एक बिहार ब्रांड तैयार किया जाए और उसे पूरे देश में बेचा जाए। क्योंकि बिहार में पूरे देश की सब्जियों की पूर्ती करने की क्षमता है। अब मैं चाहता हूँ कि बिज़नेस से धन कमाने के अलावा किसानों को भी उनका सही मूल्य मिले और ग्राहकों को सही सब्जियाँ उपलब्ध हों।"**

सब्जियों को बेचने के लिए कुशलेंद्र ने ख़ास तरीके का बहुत कम वजन वाला फाइबर का ठेला तैयार करवाया है, जिसमें बर्फ की सहायता से लगभग 6 दिनों तक सब्जियों को ताज़ा रखा जा सकता है। उन ठेलों में सब्जियाँ तौलने के लिए कंप्यूटराइज्ड वेईंग मशीन लगी हैं, जिसमें माल को पूरा तोला जाता है।

अब वह 50 से ज़्यादा ठेलों का मालिक है, जिसे वह शुरुआत बताता है। क्योंकि वह और ठेले ख़रीदने की कोशिश कर रहा है। इसलिए वह उत्साह के साथ कहता है, **"एक दिन यह बिज़नेस पूरे देश में फैल जाएगा। क्योंकि मेरी योजना अपने संगठन को 2010 तक 100 करोड़ तक पहुँचाने की है।"**

अब कुशलेंद्र के शुभचिंतक कहने लगे हैं, **"इस आई.आई.एम. के छात्र में सब्जी बाज़ार की तसवीर बदलने की क्षमता है। यह अरबपति रिलायंस के मालिक मुकेश अंबानी को भी चुनौती दे सकता है।"**

3. आई.टी. बिज़नेस संचालित करने वाली लौरा विलिंग्ट बच्चों के मनोरंजन का बिज़नेस शुरू करने के लिए अपने दुःख को प्रेरणा मानती है। क्योंकि जब कैंसर की वजह से उनके पति की मौत हो गई थी, तभी अमेरिका में 11 सितम्बर, 2001 की घटना घटी थी।

जबकि आई.टी. विशेषज्ञ लौरा के पास इससे पहले इस तरह के काम करने का कोई अनुभव नहीं था, उसके बाद भी उन्होंने अपने बच्चों के स्वस्थ मनोरंजन के लिए **'गिडी गैंडर'** कंपनी की शुरुआत की।

आज यह कंपनी **'द वम्बलर्स ऑनलाइन स्टोर', 'वम्बलर पैच'** और एक ख़ुदरा स्टोर चला रही है। इसके अलावा कंपनी डी.वी.डी., सी.डी., प्लस, गेम्स, फूड प्रोडक्ट, किताबों का उत्पाद करती है। परन्तु बच्चों के शो के माध्यम से लौरा को अमेरिका के जाने-माने संगठन **'नेशनल वाटरमैलन एसोसिएशन'** और **'टैम्पल इनलेंड'** का भरपूर सहयोग मिल रहा है।

इन संगठनों ने लौरा के चरित्र **'बैबी वम्बलर'** को अपना नया लोगो बनाया है और अमेरिका के सुपरमार्केट में बिकने वाले तरबूज के पैकेट और शिपिंग के संदूकों पर **'बैबी वम्बलर'** का चित्र दर्शाया जा रहा है।

जबकि लौरा के पास एक आइडिया था, परन्तु उसे काम और क्षेत्र के बारे में जानकारी बिलकुल नहीं थी। जिसके बारे में लौरा खुद बताती हैं, **"तीन साल मैंने बच्चों के टेलीविजन के लाइसेंस लेने में बिताए, जो मेरे लिए बहुत कठिन था, लेकिन जो कुछ मैं करने जा रही थी, उसके प्रति लगन ने मुझे लगातार इसे जोड़े रखा। इस बीच मुझे बहुत से अच्छे लोग मिले, जिन्होंने मुझे मार्गदर्शन दिया और हर तरह का सहयोग भी दिया। फिर मैं कार्टून की दुनिया के नए प्रोडक्ट के साथ बाज़ार में उतरी। अब वम्बलर उच्च स्तर की कल्पना वाला हास्य शो बन चुका है, जो मानवता की सामाजिक, पर्यावरणीय और वैश्विक समस्याओं के प्रति बच्चों को शिक्षित करने के लिए तैयार किया गया है।"**

आज मनोरंजन की दुनिया में लौरा का नाम सम्मान से लिया जाता है। बिज़नेस में बहुत कम समय में सफलता की ऊँचाइयों को छूने के लिए उन्हें कई पुरस्कार भी मिल चुके हैं। जिनमें अमेरिका का **'बिज़नेस वुमन ऑफ द ईयर अवॉर्ड'**, **'रोनाल्ड रीगन गोल्ड मेडल अवॉर्ड फॉर एंटरप्रेन्युअल विजन एंड बिज़नेस अचीवमेंट'**, **'द फोर्ब्स एंटरप्राइजेज अवॉर्ड'** भी शामिल है।

➲ मुरुगवेल जानकीरमन अपने परिवार के पहले व्यक्ति हैं, जिन्होंने कॉलेज की पढ़ाई पूरी की है। मद्रास विश्वविद्यालय से कंप्यूटर साइंस में ग्रेजुएशन करने के बाद उन्होंने चेन्नई की एक सॉफ्टवेयर कंपनी में सॉफ्टवेयर इन्जीनियर के रूप में अपने करियर की शुरुआत की थी।

उसके बाद 26 साल की उम्र में जानकीरमन ने अपना **'मैट्रिमनी पोर्टल'** शुरू किया और उसे खाली समय में अपने घर के एक कमरे से संचालित करने लगे। आज यह भारत का सबसे बड़ा मैट्रिमनी पोर्टल बन चुका है, जिसके देश-भर में 40 से ज्यादा ऑफिस हैं और उनमें लगभग 800 व्यक्ति काम कर रहे हैं। इस पोर्टल के दुनिया में 7.5 मिलियन सदस्य हैं और यह अब तक 7 लाख से ज्यादा लोगों के जीवनसाथी खोजने में मदद कर चुका है।

पिछले दिनों सफलता के लिए मुरुगवेल को **'एशियन इंडियन चैम्बर ऑफ कॉमर्स'** ने 35 साल से कम उम्र के अमेरिका के टॉप 5 एशियाई-भारतीय बिज़नेसमैन में शामिल किया है। अब वे **'भारत मैट्रिमनी सेंटर'**, **'क्लिकजॉब डॉट कॉम'**, **'इंडिया प्रॉपर्टी डॉट कॉम'** और **'इंडिया ऑटोमोबाइल डॉट कॉम'** जैसी वेबसाइटों के भी मालिक हैं।

लेकिन मुरुगवेल मानते हैं कि इंटरनेट बिज़नेस के लिए एक मजबूत बिज़नेस मॉडल होना जरूरी है और यह बिज़नेस मॉडल ग्राहक को आकर्षित करने वाला होना चाहिए।

4. दिल्ली के समीर का फोर्ब्स की टॉप 15 एशिया यंगेस्ट बिलिनियर्स की सूची में नाम शामिल है और वे दुनिया के 962वें और भारत में 45वें सबसे अमीर व्यक्ति बन चुके हैं।

अपनी सफलता के बारे में खुद समीर बताते हैं, "आई.आई.टी. दिल्ली से मैकेनिकल इंजीनियरिंग की डिग्री लेने के बाद मैंने यूनाइटेड स्टेट्स में हैलीबर्टन कंपनी में काम किया। लेकिन दूसरों के लिए काम करना मुझे पसंद नहीं आया और भारत लौटकर मैंने पारिवारिक व्यवसाय माइनिंग की ज़िम्मेदारी सँभाल ली।

लेकिन मेरा सपना कुछ बड़ा करने का था, इसलिए मैंने आई.आई.टी. के समय के दो साथियों के साथ मिलकर दिल्ली में एक छोटी ब्रोकरेज कंपनी 'ऑबिस सिक्योरिटीज' शुरू की। फिर स्टॉक-ब्रोकेज कंपनी बनाकर भारत में ऑनलाइन ब्रोकेज बिज़नेस की पहल की। तब हमने दिल्ली में हौज़ ख़ास टर्मिनल के पास एक छोटा-सा ऑफिस खोला था और उस ऑफिस की छत टिन की थी। वहाँ केवल दो कंप्यूटर लगे थे, फिर हमने स्टील किंग लक्ष्मी मित्तल से संपर्क किया और फैरालोन कैपिटल से फंड पाया। जिसने इंडियाबुल को 2004 में प्रसिद्ध कंपनियों की सूची में लाकर खड़ा कर दिया था।"

➲ कैपिटल फंड देने वाली **'आविष्कार इंडिया'** के सी.ई.ओ. और माइक्रोफाइनेंस विशेषज्ञ के रूप में प्रसिद्धि पाने वाले विनीत राय बताते हैं, "आई.आई.एफ.एम. से मैंने फॉरेस्ट मैनेजमेंट में डिप्लोमा किया था। उसके बाद अहमदाबाद में जी.आ. ई.ए.एन. के नाम से ग्रामीण खोजों और प्रयासों पर आधारित कंपनी खोली। साथ ही आई.आई.एम. लखनऊ में टेक्नोलॉजी इंक्यूबेशन एंड सोशल वेंचर फंडिंग के गेस्ट फैकल्टी के रूप में काम किया, फिर ग्रामीण और छोटी खोजों पर किये गए कई शोधों का हिस्सा बना।

उसके बाद मैंने करियर की शुरुआत काग़ज़ का उत्पादन करने वाली **'बल्लारपुर इंडस्ट्रीज'** से की। फिर नौकरी के दौरान उड़ीसा के ग्रामीण क्षेत्रों में भी मेरी पोस्टिंग हुई, जहाँ मैंने ग़रीबी की भयावनी शक्ल को क़रीब से देखा और निर्णय लिया कि मैं लोगों की जीविका कमाने में मदद करूँगा।

परन्तु जब 1998 में गुजरात सरकार और आई.आई.एम. अहमदाबाद ने मिलकर ग्रासरूट इनोवेशन्स ऑगमेंटेशन नेटवर्क इक्यूबेटर की शुरुआत की, तब मैं उसके सी.ई.ओ. के रूप में नियुक्त हो गया।

फिर मुझे पता चला कि ग्रामीण क्षेत्रों में विकसित होने वाले उद्योगों और उद्यमियों को जीरो प्रतिशत पर ब्याज दिया जाता है। उसके बाद मैंने सोशल वेंचर कैपिटल फंड देने वाली कंपनी को स्थापित करने का निर्णय लिया। लेकिन जब मैंने अपना आइडिया

सिंगापुर में रहने वाले भारतीयों के समूह को बताया, तो उन्हें बहुत पसंद आया और इस तरह 'आविष्कार' का जन्म हुआ।

उस दौरान मुझे आर्थिक तंगी का सामना भी करना पड़ा, तब मुझे बच्चों की पढ़ाई के लिए रुपये की व्यवस्था करनी मुश्किल हो गई थी। फिर मैंने इंटेलकैप डेवलपमेंट फाइनेंस एडवाइज़री कंपनी खोली, ताकि आविष्कार के उद्देश्यों से मुझे रुपयों की कमी के कारण समझौता न करना पड़े।"

अब 'आविष्कार' कंपनी का टर्नओवर 12.9 करोड़ है। इसलिए घबराने की ज़रूरत नहीं है, सिर्फ़ एक क़दम उठाने की ज़रूरत है। फिर आप भी इन लोगों की तरह हवा में तैर सकते हैं। आसमान में उड़ सकते हैं।

खुद को योग्य साबित करें:

उठो, जागो और अपने लक्ष्य को प्राप्त करो। कुछ पाना है तो सनकी बन जाओ, फिर तुम्हें सफलता ज़रूर मिलेगी। क्योंकि ईश्वर तुम्हारे साथ है और वह तुम्हारी परीक्षा ले रहा है। इसलिए ईश्वर में आस्था रखो और आगे बढ़ो। यदि आपसे कहा जाए कि आपके भीतर से उजाला निकलता है, जो खुद आपको दिखाई नहीं पड़ता, तो आप क्या कहेंगे। संभव है कि कोई इसे अध्यात्म से जोड़ने लगे, तो कोई इस वाक्य को किसी प्रवचन के शुरू होने की भूमिका समझते हुए सिरे से ही नकार दे। जबकि सच यह है कि आपका शरीर सिर्फ़ हाड़-मांस का पुतला नहीं ऊर्जा और उजाले से भरा भंडार है, जिसके सदुपयोग से आप प्रभावशाली बन सकते हैं।

एक पुरानी कथा है, एक दार्शनिक थे। वह हर समय अध्ययन-मनन में लगे रहते थे। वे लोगों को समय-समय पर तात्विक ज्ञान देते थे। उनके घर से एक नदी बहती थी। नदी पर बाँध बनाकर एक जलाशय का निर्माण किया गया था। जलाशय के स्वच्छ जल में वह स्नान किया करते थे।

जलाशय में लहरें अठखेलियाँ किया करती थीं, जिन्हें देख दार्शनिक का मन मचलता था। वह उसमें तैरकर जल क्रीड़ा का पूरा सुख उठाना चाहते थे, पर कठिनाई यह थी कि वह तैरना नहीं जानते थे, इसलिए किनारे पर स्नान कर संतुष्ट हो लेते थे। एक दिन अपने मन की बात उन्होंने अपने एक शिष्य को बताई।

उसने उन्हें दूसरे दिन एक पेटी लाकर दी और कहा, **"इसे आप अपने पेट पर बाँध लेंगे, तो कितने ही गहरे पानी में चले जाएँ, डूबेंगे नहीं।"**

दार्शनिक महोदय पेटी लेकर जलाशय पर गए और उसे हाथ में पकड़कर बड़े उत्साह से अथाह जल में कूद पड़े। वह ज्यों ही कूदे एकदम पानी के अंदर चले गए। वह घबराहट में कुछ समझ न सके और हाथ-पैर मारने लगे। लेकिन उन्हें लगा वह

और अंदर ही चले जा रहे हैं। संयोग से एक आदमी उनके पास ही स्नान कर रहा था। वह अच्छा तैराक था। उसने उन्हें डूबते देखा तो वह झट उनके पास पहुँचा और उन्हें खींचकर किनारे पर ले आया।

दार्शनिक की जान में जान आई। वह कुछ देर हाँफते रहे, फिर जब थोड़ा स्थिर हुए, तो उन्होंने उस व्यक्ति से पूछा, **"क्यों भाई, यह पेटी तो आदमी को डूबने नहीं देती, मैं कैसे डूब गया?"**

यह सुनकर वह आदमी ज़ोर से हँसा, फिर बोला, **"आप तो विद्वान हैं, मगर कोरा ज्ञान ही काफ़ी नहीं है। व्यावहारिक पहलुओं को समझना और जानना भी बेहद ज़रूरी है। यह पेटी तभी मदद करती है, जब पेट पर बाँधी जाती है।"**

कुछ ऐसी ही स्थिति आपकी है। आपके पास ऊर्जा है, लेकिन आप उसका इस्तेमाल करने का तरीका नहीं जानते।

सफलता की ऊँचाइयों पर पहुँचने के दो मार्ग हैं संकल्प और समर्पण। संकल्प बुद्धि का मार्ग है और समर्पण अटूट विश्वास का। इसलिए आप संकल्प के साथ जीने की आदत डालें, क्योंकि इससे सृजनशीलता पैदा होती है।

जब आपके सामने पहाड़ के दूसरी तरफ जाने की चुनौती हो, तब आप क्या करेंगे?

आप घूमकर दूसरी तरफ जा सकते हैं। आप नीचे सुरंग बनाकर दूसरी तरफ जा सकते हैं।

लेकिन जब आप अपने मानसिक स्तर को पहाड़ से ऊँचा उठा लेंगे, तब आप उड़कर उसे पार कर सकते हैं।

क्योंकि जुनून में आदमी वह सबकुछ कर गुज़रता है, जिसकी उसने कभी कल्पना भी नहीं की होती।

तेरहवाँ मंत्र
मंज़िल तक पहुँचने का रास्ता ढूँढ़ें

जीवन की महान सीख क्या है? महान चीज़ों के गुणों की व्याख्या करना ही महान सीख है। लोगों में नयापन लाने की कोशिश करना भी एक महान सीख की तरह है। अगर आप ऐसा कर पाते हैं, तो बाक़ी चीज़ें तो अपने आप ही प्रतिष्ठित हो जाती हैं। सवाल यह है कि बाक़ी चीज़ें आपको पता तो हों। आप जब किसी चीज़ को लेकर प्रतिबद्ध होते हैं, तभी उद्देश्यों को पूरा करने के लिए पहल कर पाते हैं।

जीवन में सफलता तभी पा सकते हैं, जब आप अपना जीवन शांति को सुपुर्द कर देते हैं। आप यह काम एक ध्येय के तहत ही करते हैं। ध्येय का निर्माण तो ज्ञान प्राप्ति की इच्छा से होता है। इसलिए बार-बार कहें, "**मैं समृद्ध हूँ। मैं सुखी हूँ। मैं स्वस्थ हूँ। मैं प्यार करने लायक हूँ, लोग मुझे प्यार करते हैं और कोई मुझे प्रेम करता है। मैं सुंदर हूँ। मैं उल्लासित हूँ। मैं शांत हूँ। मैं सफल हूँ। मैं रईस हूँ। मैं आत्मविश्वासी हूँ। मैं मित्रतापूर्ण हूँ और मैं प्रभावशाली बनके रहूँगा।**"

चीज़ों की अपनी जड़ और अपनी शाखाएँ होती हैं। हस्तक्षेप की समाप्ति जहाँ होती हैं, वहीं से उसकी शुरुआत भी होती है। महान सीख के जरिए आप शुरुआत और समाप्ति को जान सकते हैं। प्राचीन समय में उत्कृष्ट चीज़ों का साम्राज्य हुआ करता था और लोग उसे जानने-समझने में विश्वास करते थे। सबसे पहले तो वे लोग अपनी वास्तविक परिस्थितियों को समझने की कोशिश करते थे।

फिर वे अपने परिवार की परिस्थितियों पर नियंत्रण पाना चाहते थे। वह अपने परिवार पर नियंत्रण रखते थे और अपने लोगों को फलने-फूलने का अवसर देते थे। वे उन्हें दुरुस्त करने के काम को भी अंजाम देते थे। वे उनके हृदय की शुद्धता के लिए भी काम करते थे। वे उनके विचार के स्तर को लेकर भी सतर्क रहते थे। वे

अपने विचारों के स्तर को लेकर भी चिंतित रहते थे। वे अपने ज्ञान का प्रसार करने में विश्वास करते थे।

ज्ञान का विस्तार चीज़ों की खोज करता है। चीज़ों की खोज के आधार पर ही ज्ञान पूर्णता की ओर जाता है। संपूर्ण ज्ञान हासिल किए हुए लोग विचारों के स्तर पर बहुत सतर्क रहते हैं। इससे उनके अपने लोगों को फ़ायदा भी मिलता है।

यह उनके परिवार को भी नियंत्रण में रखता है। सभी लोगों को व्यक्तित्व के मूल की महत्ता को समझने की ज़रूरत है। क्योंकि व्यक्तित्व का आधार ही उसका मूल होता है। लेकिन आप मूल या जड़ की उपेक्षा कर बैठते हैं, तो उस हालत में यह किसी भी तरह से संभव नहीं हो सकता है। इसे बहुत ज्यादा महत्त्व देने की ज़रूरत है।

सफलता पाने के लिए लगातार कोशिश करें

डॉ. हॉवर्ड गार्डन की किताब **'फ्रेम ऑफ माइंड'** में आश्चर्यजनक तथ्य को उद्घाटित करते हुए बताया गया है कि प्रत्येक व्यक्ति के पास बुद्धिमता के कई स्तर होते हैं। उन्होंने सिद्ध किया है भले ही हमें अपने स्कूल में अच्छा ग्रेड नहीं मिला हो, इसके बावजूद भी हम ज़िंदगी के कई क्षेत्रों में बेहतर प्रदर्शन कर सकते हैं।

ज़िंदगी के जिन क्षेत्रों में सभी श्रेष्ठ प्रदर्शन कर सकते हैं उनमें दो क्षेत्र प्रमुख हैं अंत: वैयक्तिक बुद्धिमता और अंतर वैयक्तिक बुद्धिमता।

अंत: वैयक्तिक बुद्धिमता का अर्थ है कि आप खुद को कितना समझ पाते हैं, अपने सामर्थ्य को कितना समझते हैं, कमियों, खूबियों, विचारों, लक्ष्यों और सपनों को कहाँ तक पहचान पाते हैं। जिन लोगों की अंत: वैयक्तिक बुद्धिमता ज्यादा होती है, वह खुद को अन्य के मुकाबले ज्यादा बेहतर समझते हैं। ऐसे लोग खुद के प्रति और और दूसरों के लिए भी ज्यादा ईमानदारी से कार्य कर पाते हैं।

अंत: वैयक्तिक बुद्धिमता एक अन्य बुद्धिमता की नींव मानी जाती है। इस बुद्धिमता को अंतर वैयक्तिक बुद्धिमता कहा जाता है। अंतर वैयक्तिक बुद्धिमता वह है जिसकी मदद से कोई दूसरों के साथ संचार की प्रक्रिया पूरी करता है, बातचीत करता है या दूसरों को प्रेरणा देने की कोशिश करता है। सेल्समैन, मैनेजर, सलाहकार और वकीलों में यह बुद्धिमता ज्यादा होती है।

आप अपनी बुद्धिमता को लगातार सीखकर और अभ्यास करके बढ़ा सकते हैं। आपको अपने अंतर वैयक्तिक बुद्धिमता को बढ़ाने के लिए ज्यादा ज़ोर देना चाहिए। यह इसलिए ज़रूरी है, क्योंकि दूसरों के साथ रिश्तों को बनाए रखकर ही आप अपने क्षेत्र में सफल हो सकते हैं। इसकी मदद से आप अपनी छवि को भी सुधार सकते हैं। हमारा व्यक्तित्व दूसरों की राय के हिसाब से आकार लेता है।

हमारी युवा अवस्था में दूसरे क्या व्यवहार करते हैं, उसी हिसाब से अपने को पहचानने लगते हैं। यदि लोग हमारे साथ अच्छा व्यवहार करते हैं और सम्मान देते हैं, तो हम खुद को अच्छे लोगों में शामिल मानते हैं।

हमें अपने जीवन में तीन सामाजिक ज़रूरतों को पूरा करने की ज़रूरत होती है। मनोवैज्ञानिक का कहना है कि समावेश, नियंत्रण और दूसरों के प्रति आकर्षक सभी की तीन सामाजिक ज़रूरतें हैं। पहला खुद को दूसरों के साथ समावेश करना है। जब तक हम दूसरों के साथ खुद को जुड़ा हुआ महसूस नहीं करेंगे, तब तक समाज में रहने की ज़रूरत को पूरी तरह से नहीं पहचान पाएँगे।

हम एक परिवार, कार्य समूह, सामाजिक समूह, औद्योगिक समूह और अन्य समूहों का हिस्सा नहीं बन पाएँगे। समूह में समावेश पाकर खुद की ज़रूरत, स्वीकार्यता और महत्त्व का अहसास होता है। दूसरी सामाजिक आवश्यकता नियंत्रण की है। जब तक नियंत्रण का भाव नहीं होगा, तब तक सकारात्मक मानसिक ऊर्जा पैदा नहीं होगी।

हमेशा विजेता वाले तेवर अपनाएँ

जीवन में लक्ष्य तय करो। लक्ष्य हासिल करो। सफलता तो खुद-ब-खुद आपके दरवाज़े तक चलकर आएगी। सफलता तो जीत की तरह है। सफलता एक समृद्धि की तरह है। सफलता आनंददायी है। किसी एक व्यक्ति के लिए जो चीज़ सफलता है, हो सकता है कि वह दूसरे के लिए नहीं भी हो सकती है।

जीवन में विजेता बनने के लिए हमें अपनी प्रवृत्तियों के तौर पर सकारात्मक बने रहना पड़ सकता है। आपको विजेता के तेवर अपनाना चाहिए।

एक बार की बात है कि एक गाँव में एक बहुत ही ताकतवर और युवा व्यक्ति रहता था। युवा व्यक्ति के साथ एक ही समस्या थी। समस्या यह थी कि उसके पास कोई रोज़गार नहीं था। बहुत ढूँढ़ने के बाद उसे लकड़ी काटने का काम मिला। लकड़ी कटाई समूह के मालिक ने उसे एक नई कुल्हाड़ी दी। वह नए कुल्हाड़ी के साथ उत्साह और पूरे लगन के साथ पूरे यत्न से काम में जुट गया।

पहले ही दिन उसने कम-से-कम आठ बड़े-बड़े पेड़ों की कटाई कर दी। दूसरे दिन उसने सात, तीसरे दिन छह और इसी तरह उसकी क्षमता में दिन-ब-दिन कमी आती चली गई। आठवें दिन तक पहुँचते-पहुँचते उसमें एक भी पेड़ काटने की क्षमता नहीं थी।

मालिक ने उस युवक से पूछा, **"तुम्हारे काम की क्षमता में दिन-ब-दिन कमी क्यों आती जा रही है।"**

नवयुवक ने जवाब में कहा, **"महाशय, मैं हर रोज़ काम को निपटाने के लिए उतने ही घंटे दे रहा हूँ। मेरे लगन और उत्साह पर भी कोई कमी नहीं है। आपने जो कुल्हाड़ी दी थी, उसी से काम ले रहा हूँ। लेकिन मुझे समझ में नहीं आ रहा है कि आख़िर ऐसा क्यों हो गया, जो परिणाम के तौर पर गिरावट दर्ज की जा रही है।"**

मालिक ने फिर पूछा, **"युवा साथी, क्या तुमने कुल्हाड़ी की धार को बरकरार रखने के लिए कुछ समय बिताया।"**

युवक ने कहा, "नहीं, जनाब में बहुत व्यस्त था।"

मालिक ने युवक की आँखों में आँखें डालकर देखा और कहा, "युवक, कृपया इस बात को समझने की कोशिश कीजिए कि यह महत्त्वपूर्ण नहीं है कि आप कितनी मेहनत के साथ काम को निपटाने की कोशिश करते हैं। उससे कहीं ज्यादा महत्त्वपूर्ण तो यह है कि आप काम कितनी ख़ूबसूरती के साथ निपटाते हैं। आप अपने काम को कितनी दक्षता के साथ पूरा करते हैं।"

अत: आप यह मानकर चलें कि सफलता का रहस्य आपके कौशल के साथ काम करने में छिपा हुआ है। आइए, हम इस बात की समीक्षा करें कि किस तरीके से हम अपने काम को पूरे कौशल के साथ निपटा सकते हैं। एक बार मानसिक तौर पर तो दूसरी बार भौतिक स्तर पर।

आप जो भी काम करना चाहते हैं, सबसे पहले अपने दिमाग़ में उसका खाका खींचना पड़ता है और उसके बाद उसे व्यवहार का जामा पहनाना पड़ता है।

नामुमकिन कुछ भी नहीं

आप काम के दौरान जब एक-दो सप्ताह की छुट्टी ले लेते हैं और फिर काम पर लौटते हैं, तब काम की गति धीमी पड़ जाती है। काम की गति परवान चढ़ने में थोड़ा वक़्त लग जाता है। इसे आवेग का सिद्धांत कहा जाता है।

यह बहुत ही सामान्य-सा सिद्धांत है, जिसका जीवन में बहुत ज्यादा उपयोग है। आपको अपनी गुणवत्ता को विकसित करने की ज़रूरत होती है। आपको लक्ष्य का निर्धारण और उसे पूरा करने में जोर लगाना होता है। आपको गुणवत्ता को लेकर हमेशा सतर्क रहना पड़ता है। आपको काम के दौरान गुणवत्ता सुधारने की ख़ास ज़रूरत होती है। इसलिए यह पता लगाइए कि आपके अंदर दूर तक सोचने का गुण कितना है, क्योंकि इसके बिना आप प्रभावशाली लोगों की लिस्ट में शामिल नहीं हो पाएँगे।

जबकि यह पता लगाना बहुत आसान है। आपको सिर्फ़ नीचे दिए गए वाक्य के सामने सही का निशान लगाना है:-

1. **क्या आप भविष्य के बारे में सोचते हैं?** हाँ ☐
2. **क्या आप लम्बी अवधि का निवेश करते हैं?** हाँ ☐
3. **क्या आप तुरन्त फैसले ले सकते हैं?** हाँ ☐
4. **क्या आप पैसे का प्रबंध कर सकते हैं?** हाँ ☐
5. **क्या आप दूसरों के दुखों को महसूस करते हैं?** हाँ ☐
6. **क्या आप नए काम की परियोजना बना सकते हैं?** हाँ ☐
7. **क्या आप बचत करने का तरीका ढूँढ़ सकते हैं?** हाँ ☐
8. **क्या आप बड़े-से-बड़ा जोख़िम उठा सकते हैं?** हाँ ☐

बिज़नेस गुरु तरुण इन्जीनियर

9. क्या आप बड़े सौदे कर सकते हैं?   हाँ ☐

10. क्या आप तोल-मोल कर बोल सकते हैं?   हाँ ☐

11. क्या आप समय का सही उपयोग कर सकते हैं?   हाँ ☐

12. क्या आप कर्ज़ लेने का हौसला रखते हैं?   हाँ ☐

13. क्या आप अपनी योग्यता को बढ़ा सकते हैं?   हाँ ☐

14. क्या आप दोस्ती निभा सकते हैं?   हाँ ☐

15. क्या आप दूसरों पर भरोसा कर सकते हैं?   हाँ ☐

ये कुछ ऐसे सवाल हैं, जिनके उत्तर आपकी सोच के बारे में दर्शाते हैं कि आप दूर तक सोचने में कितने सामर्थ हैं। इसलिए अपने उत्तर का योग कीजिए और जानिए:-

यदि आपके उत्तर 12 या 12 से अधिक 'हाँ' में हैं, तब समझ लीजिए कि आप दूर तक सोचने का माद्दा रखते हैं और समय के साथ आगे बढ़ सकते हैं। लेकिन आपके यदि 10 ये कम उत्तर 'हाँ' में हैं, तब सावधान हो जाइए। क्योंकि आप बहुत ज्यादा नकारात्मक सोचते हैं। परन्तु निराश होने की ज़रूरत नहीं है, क्योंकि आर्य समाज का नियम कहता है, **"अपनी उन्नति की मत सोचो, सबकी उन्नति की सोचो। फिर आपकी उन्नति अपने आप हो जाएगी।"**

यह एक आध्यात्मिक तरीका है, जिसे अपनाने के बाद विष्णुगुप्त महान विद्वान बन गए थे और उन्होंने ही चन्द्रगुप्त मौर्य को राज सिंहासन तक पहुँचाया था। उसके बाद लोग उन्हें चाणक्य कहकर बुलाने लग थे।

क्योंकि वे रणनीति बनाने में कौशल थे और राजनीति के सारे दाँव-पेंच जानते थे, लेकिन उनका उपयोग वे अपने फ़ायदे के लिए नहीं करते थे, बल्कि जनता की भलाई के लिए करते थे। बाद में उन्होंने मगध राज्य के राजनायिकों को राजनीति की शिक्षा देने के लिए अर्थशास्त्र, लघु चाणक्य, चाणक्य नीति जैसे ग्रंथों की रचना की थी। जिनमें 17 नियमों का कड़ाई से पालन करने के लिए कहा गया है

यह एक दिन में कभी भी संभव नहीं होता है। इसे रोज़-ब-रोज़ के अभ्यास से ही दूर किया जा सकता है। गुणवत्ता में सुधार आने से आप आसानी से लक्ष्य हासिल कर पाते हैं। आप जब गेंद एक बार पाले में डाल देते हैं, तब किसी भी सूरत में खेल को जारी रखने की नैतिक ज़िम्मेदारी आपकी बन जाती है।

आप ऐसा कह सकते हैं कि आपको लक्ष्य हासिल करने के मामले में वित्तीय तौर पर स्वतंत्र रहना होगा। आपको अपने ऊपर के तमाम ऋण को ख़त्म कर लेना होगा। आपको तीन से छह महीने के जीने के साधनों पर ख़र्च होने वाली रकम की व्यवस्था कर लेनी होगी। आप जब उस मुकाम पर पहुँचते हैं, तब तक आपके पूरे व्यक्तित्व में बदलाव आ जाता है।

आपका दिमाग़ पूरी तरह साफ़ हो जाता है। मेरे कहने का मतलब है कि आप नज़रिये के तौर पर ख़ुद को विकसित कर लेते हैं। आप काम को लेकर बहुत ज्यादा

प्रतिबद्ध हो जाते हैं। आप जीवन को लेकर बहुत ज़्यादा आशावादी हो जाते हैं। आप मनुष्य के तौर पर बेहतर होते हैं। आपकी एक-दूसरे पर निर्भरता ख़त्म होती जाती है। वित्तीय स्वतंत्रता आपको काम के चयन की आज़ादी देती है। आपको कहीं भी आने और जाने की आज़ादी देती है। आप किसी भी परिस्थिति को झेलने की क्षमता रखने लगते हैं। आप व्यक्तिगत क्षमता को हमेशा बढ़ाने की कोशिश में रहते हैं और उसका सबसे बेहतर उपयोग करने के यत्न में लग जाते हैं।

आप अगर अपने काम के दौरान आत्म-अनुशासन को लेकर काम करने लग जाते हैं और वित्तीय स्वतंत्रता हासिल करने के लक्ष्य में जुटते हैं, तो धीरे-धीरे बेहतर होते जाते हैं। आप इस तरह का अभ्यास करके दिन-ब-दिन बेहतर, ताकतवर और ज़्यादा क्षमता वाले होते जाते हैं।

आप असहाय की स्थिति से बिलकुल बाहर आ जाते हैं। आपको यह महसूस होने लगता है कि इस दुनिया में ऐसा कोई भी काम नहीं है, जिसे आप नहीं कर सकते हैं। दुनिया में असंभव जैसी बात कुछ भी नहीं होती है।

परिवर्तन को अपनाते रहिए

भविष्य अनिश्चित हो सकता है, लेकिन मैं दावे के साथ कह सकता हूँ कि आपका आने वाला समय आपकी ज़िंदगी का बेहतर समय होगा। अब तक आपने जो हासिल किया है वह आपके आने वाले समय में हासिल किए जाने वाली उपलब्धियों और सफलताओं की छाया मात्र है। आपके जीवन में जो परिवर्तन हो रहे हैं, वह भविष्य की कोई ऐसी राह तैयार कर रहे हैं, जिन पर चलकर आप तरक्की की मंज़िल पर पहुँच सकते हैं।

महान भौतिकीविद अलबर्ट आइंस्टीन प्रिंसटन यूनिवर्सिटी में पढ़ाते थे। अभी वह नए ही थे और भौतिक की एक एडवांस क्लास की एक परीक्षा की निगरानी की थी। परीक्षा कक्ष से दफ़्तर की ओर लौटते समय एक सहायक ने पूछा, **"आइंस्टीन साहब क्या वह वही परीक्षा नहीं है, जिसे आपने पिछले साल इसी क्लास के विद्यार्थियों के लिए आयोजित की थी।"**

उन्होंने कहा, **"हाँ।"**

सहायक ने पूछा, **"एक ही क्लास के विद्यार्थियों को आप लगातार दो साल एक ही परीक्षा देने को कैसे कह सकते हैं।"**

उन्होंने कहा, **"सवाल समान है, लेकिन जवाब अलग-अलग होंगे। उस समय भौतिक की दुनिया तेज़ी से बदल रही थी। नए खोज हो रहे थे। जवाब इस कदर तेज़ी से बदल रहे थे कि एक ही परीक्षा दो साल तक लगातार ली जा सकती थी और सवालों के जवाब अलग हो सकते थे।"**

आप इस कहानी को ख़ुद से कैसे जोड़ते हैं। दरअसल आपकी ज़िंदगी के सवालों के जवाब आपके बदलने से पहले बदल रहे हैं। अगर आपसे कोई यह पूछे कि एक

साल पहले आपकी सबसे बड़ी समस्या क्या थी। आप शायद बता नहीं पाएँगे। तो जवाब इस कदर तेज़ी से बदलते हैं।

हावर्ड यूनिवर्सिटी के शोधकर्ताओं ने एक शोध किया। उन्होंने भविष्य के बारे में तीन भविष्यवाणी की। पहला यह है कि पिछले सालों की तुलना में आने वाले वर्षों में तेज़ परिवर्तन होंगे। दूसरा यह कि आने वाले सालों में प्रतिस्पर्द्धा पिछले सालों की तुलना में बढ़ेगी और तीसरा यह कि आने वाले साल में आपके लिए और मौके होंगे, चाहे आप किसी भी क्षेत्र में क्यों न काम कर रहे हों। लेकिन आज जो मौके आपको मिल रहे हैं, उनसे वे मौके अलग किस्म के होंगे, जो आपको मिलने वाले हैं।

जीवन की नई शुरुआत करें

अमेरिका के थॉमस ऐल्वा एडिसन इतिहास के सबसे प्रतिभाशाली वैज्ञानिकों में शुमार होते हैं, जिनके बिना बिजली के बल्ब ने पूरी दुनिया को नई रोशनी दी। एडिसन के नाम अकेले अमेरिका में ही 1,093 आविष्कारों के पेटेंट हैं।

यह 1914 के दिसंबर महीने की बात है। एडिसन की फैक्ट्रीनुमा प्रयोगशाला में आग लग गई और वह लगभग पूरी तरह से तबाह हो गई। एडिसन के 24 वर्षीय बेटे चार्ल्स को ध्यान आया कि उसके पिता कहीं नज़र नहीं आ रहे हैं। वह धुएँ और उड़ती राख के बीच उन्हें पागलों की तरह तलाश रहा था।

आख़िर उसने अपने पिता थॉमस ऐल्वा एडिसन को खोज निकाला। लपटों की रोशनी मे उनका चेहरा चमक रहा था। वे तब 67 साल के थे। जवानी उनसे बहुत दूर जा चुकी थी और हर चीज़ आग की भेंट चढ़ चुकी थी।

चार्ल्स को देखते ही एडिसन चिल्लाए, **"चार्ल्स तुम्हारी माँ कहाँ हैं?"**

चार्ल्स ने बताया, **"मुझे नहीं मालूम।"**

तो उन्होंने कहा, **"उन्हें ढूँढ़ कर यहाँ ले आओ। तुम्हारी माँ ने अपने पूरे जीवन में ऐसा नज़ारा नहीं देखा होगा।"**

अगली सुबह तक आग की लपटें ठंडी हो गईं, पर उससे पहले सबकुछ बर्बाद कर गई थीं। फैक्ट्री की खंडहर हो चुकी इमारत को देखते हुए एडिसन बोले, **"ऐसी तबाही का भी बहुत महत्त्व है। हमारी सारी गलतियाँ जलकर ख़ाक हो जाती हैं। भगवान का शुक्र है कि अब हम नई शुरुआत कर सकते हैं।"**

इस भीषण अग्निकांड के महज़ तीन हफ़्ते बाद ही एडिसन ने फोनोग्राफ़ का आविष्कार कर दिखाया।

जूनियर की सलाह मानने से परहेज मत कीजिए– लाल बहादुर शास्त्री प्रधानमंत्री होने के बावजूद अत्यंत सरल, सादगी-संपन्न और दूसरों का सम्मान करने वाले व्यक्ति थे। वे प्राय: महत्त्वपूर्ण विषयों पर चर्चा करते वक़्त अपने सहयोगियों अथवा अपने नौकर या माली से पूछ बैठते, **"क्यों भई! तुम्हारी इस मुद्दे पर क्या राय है।"**

लोगों को शास्त्री जी का यह व्यवहार बड़ा ही अजीब लगता था। एक दिन उनके एक मित्र ने उनसे पूछ ही लिया, "शास्त्री जी! आपका यह व्यवहार आज तक हमारी समझ में नहीं आया। कहाँ राजनीति की पेचीदा बातें और कहाँ नौकर या माली की राय! भला इन लोगों को इन गंभीर बातों की क्या अक्ल?"

तब शास्त्री जी मुस्कराकर बोले, "आपके इस प्रश्न का जवाब मैं एक सच्ची घटना सुनाकर देना चाहता हूँ। गुरुत्वाकर्षण के सिद्धांत की खोज करने वाले न्यूटन के घर उनकी बिल्ली ने बच्चे दिए। रात को जब घर के सभी दरवाज़े बंद हो जाते, तो वह बिल्ली और उसके बच्चे बाहर निकलने के लिए उत्पात मचाते।

तब न्यूटन ने बिल्ली और उसके बच्चे के लिए दरवाज़े में दो छेद एक छोटा और एक बड़ा बनाने के लिए अपने नौकर से कहा, तब नौकर ने सुझाया कि एक बड़ा छेद ही काफ़ी है, क्योंकि जिस छेद से बिल्ली गुज़रेगी, उसी छेद से बिल्ली के बच्चे और भी आसानी से निकल जाएँगे। यह सुनकर न्यूटन हैरान रह गए कि इतनी मामूली-सी बात उन्हें क्यों नहीं सूझी।"

घटना सुनाकर शास्त्री जी ने कहा, "कभी-कभी छोटे व्यक्ति की सलाह भी बड़े काम की साबित हो जाती है।"

यह बात सही है कि ज़िंदगी का कोई गणित नहीं होता लेकिन गणित के बिना भी कोई ज़िंदगी नहीं होती। क्योंकि ज़िंदगी हिसाब माँगती है

इसलिए अपना गणित मज़बूत करो।

आने वाली समस्या को पहले ही दूर करो।

क्योंकि विद्वानों का मानना है कि

समस्याएँ सबके पास हैं ग़रीब के भी और अमीर के भी। ग़रीब उन समस्याओं को अपने ऊपर हावी कर लेता है

और अमीर समस्याओं पर हावी हो जाता है।

बीता साल भले ही भारतीय इकोनॉमी के लिए कुछ ख़ास नहीं रहा हो, लेकिन आने वाला वक़्त निश्चित तौर पर बेहतर रहेगा। क्योंकि आने वाले दस वर्षों के दौरान भारत में संपत्ति सृजन भी बड़ी तेज़ी से होगा। सुधरते आर्थिक हालात की बदौलत भारत में दौलतमंदों की तादाद भी तेज़ी से बढ़ेगी। साल 2023 तक तो भारत में अरबपतियों की संख्या 98 प्रतिशत की शानदार बढ़त के साथ 119 का आँकड़ा छूने लगेगी।

इसलिए पुस्तक को तुरंत पढ़ें, जल्दी अमीर बनें और निश्चित करें कि उन अरबपतियों में आपका नाम किस पायदान पर होना चाहिए?

चौदहवाँ मंत्र
चुनौतियों को स्वीकारते रहें

एक व्यक्ति नित्य ही समुद्र तट पर जाता और वहाँ घंटों बैठा रहता। आती-जाती लहरों को निरंतर देखता रहता। बीच-बीच में वह कुछ उठाकर समुद्र में फेंकता, फिर आकर अपने स्थान पर बैठ जाता। तट पर आने वाले लोग उसे पागल समझते और प्राय: उसका उपहास किया करते थे।

कोई उसे ताने कसता, तो कोई अपशब्द कहता, किंतु वह मौन रहता और अपना यह प्रतिदिन का क्रम नहीं छोड़ता। एक दिन वह समुद्र तट पर खड़ा तरंगों को देख रहा था। थोड़ी देर बाद उसने समुद्र में कुछ फेंकना शुरू किया।

उसकी इस गतिविधि को एक यात्री ने देखा। पहले तो उसने भी यही समझा कि यह मानसिक रूप से बीमार है, फिर उसके मन में आया कि इससे चलकर पूछें तो। वह व्यक्ति के निकट आकर बोला, **"भाई! यह तुम क्या कर रहे हो?"**

उस व्यक्ति ने उत्तर दिया, **"देखते नहीं, सागर बार-बार अपनी लहरों को आदेश देता है कि वे इन नन्हें शंखों, घोंघों और मछलियों को ज़मीन पर पटककर मार दें। मैं इन्हें फिर से पानी में डाल देता हूँ।"**

यात्री बोला, **"यह क्रम तो चलता ही रहता है। लहरें उठती हैं, गिरती हैं, ऐसे में कुछ जीव तो बाहर होंगे ही। तुम्हारी इस चिंता से क्या अंतर पड़ेगा?"**

उस व्यक्ति ने एक मुट्ठी शंख-घोंघों को अपनी अंजुली में उठाया और पानी में फेंकते हुए कहा, **"देखा कि नहीं, इनके जीवन में तो फ़र्क़ पड़ गया। वह यात्री सिर झुकाकर चलता बना और वह व्यक्ति वैसा ही करता रहा।"**

सार यह है कि अच्छे कार्य का एक लघु प्रयास भी महत्त्वपूर्ण होता है। जैसे बूँद-बूँद से घट भरता है, वैसे ही नन्हें प्रयत्नों की शृंखला से सत्कार्य को गति मिलती है। अत: बाधाओं की परवाह किए बग़ैर प्रयास करना न छोड़ें।

इच्छा-शक्ति को और अधिक प्रबल करें:

चार्ल्स डिकंस को बचपन से ही लेखक बनने का शौक था। लेकिन पढ़ने के लिए वह स्कूल नहीं जा सके। माता-पिता अत्यंत निर्धन थे। पिता को कर्ज़ चुकाने पर जेल की हवा खानी पड़ी। चार्ल्स के सिर पर तो मुसीबत का पहाड़ ही टूट पड़ा।

एक दिन उदास बैठे चार्ल्स के पास एक सज्जन आए। वे चार्ल्स के लिखने के शौक से परिचित थे। उन्होंने पूछा, **"क्या सोच रहे हो? क्या किसी लेख की भूमिका तैयार कर रहे हो?"**

चार्ल्स टूटे स्वर में बोला, **"घर खाली, पेट खाली लेख कहाँ से लिखूँगा।"**

सज्जन ने कहा, **"तुम्हारा खाली घर और खाली पेट को भरने कौन आएगा? तुम्हें ही सबकुछ करना होगा।"**

चार्ल्स को बात जच गई। बहुत प्रयत्न करने पर उन्हें एक गोदाम में लेबल चिपकाने का काम मिल गया। वहाँ चूहे बहुत थे और बदबू के मारे वहाँ थोड़ी देर रुकना भी मुश्किल था, लेकिन परिवार की खातिर चार्ल्स ने वहाँ काम करना स्वीकार किया। काम से बचे समय में वह लेख लिखते और पत्रिकाओं में प्रकाशन के लिए भेजते। एक दिन उनका लेख एक पत्रिका में प्रकाशित हुआ। उस पत्रिका के संपादक ने उनकी काफ़ी प्रशंसा की। संपादक के शब्दों ने चार्ल्स के मन में स्फूर्ति पैदा की। वे और अधिक परिश्रम से लिखने लगे और अपने समय के प्रसिद्ध लेखक बन गए।

इस बात से पता चलता है कि सफलता सिर्फ़ उनको मिलती है, जो लीक से हटकर नया काम करते हैं।

एक बार मैंने दिल्ली की मुख्यमंत्री श्रीमति शीला दीक्षित से पूछा, **"प्रभावशाली लोगों में कौन-सी चीज़ आम लोगों से अलग है।"**

तब उन्होंने सिर्फ़ इतना ही कहा था, **"असफल होने की योग्यता। फिर यही योग्यता उन्हें सफलता दिलाती है।"**

खुद को परखते रहें

इच्छा-शक्ति की अहम भूमिका होती है। लंबे समय तक मेहनत करनी पड़ती है और मुश्किलों से गुज़रना पड़ता है। इसलिए तुरन्त पता लगाइए कि आपके अंदर नया काम करने की इच्छा-शक्ति कितनी है, क्योंकि पुरानी कहावत है, **"ईश्वर उन्हीं की**

मदद करता है, जिनमें कुछ करने की इच्छा-शक्ति होती है। फिर इच्छा-शक्ति संकल्प में बदल जाती है और संकल्प मेहनत करने के लिए प्रेरित करने लगता है।"

इच्छा-शक्ति का स्तर नापना बहुत आसान है। क्योंकि आपको नीचे लिखे उत्तर के आगे सही का निशान लगाना है:-

1. क्या आपके मस्तिष्क में कोई नया विचार आता है?   हाँ ☐
2. क्या आप किसी नई कल्पना के बारे में सोचते हैं?   हाँ ☐
3. क्या आप भविष्य की संभावनाओं को भाँपते हैं?   हाँ ☐
4. क्या आप जोख़िम लेने के बारे में सोचते हैं?   हाँ ☐
5. क्या आप अपने अंदर उत्साह महसूस करते हैं?   हाँ ☐
6. क्या आपको अपने आत्मविश्वास पर भरोसा है?   हाँ ☐
7. क्या आप अपनी क्षमता को पहचानते हैं?   हाँ ☐
8. क्या आप आलोचनाओं का सामना करते हैं?   हाँ ☐
9. क्या आप जीवन में परिवर्तन लाना चाहते हैं?   हाँ ☐
10. क्या आप मुश्किलों का सामना करते हैं?   हाँ ☐
11. क्या आप किसी से प्रेरित होते हैं?   हाँ ☐
12. क्या आप हर काम को बड़ा मानते हैं?   हाँ ☐
13. क्या आप कोशिश करने में विश्वास रखते है?   हाँ ☐
14. क्या आपमें किसी काम को बार-बार करने की लगन है?   हाँ ☐
15. क्या आप व्यावसायिक तरीकों से वाकिफ़ हैं?   हाँ ☐

अब अपने उत्तरों का योग कीजिए और पता लगाइए कि आपकी इच्छा-शक्ति कैसी है:-

यदि आपके 12 से अधिक उत्तर 'हाँ' में हैं, तब समझ लीजिए कि आपके अंदर नए काम करने की गजब की इच्छा-शक्ति है और आप दूसरे लोगों को प्रभावित करते हैं। इसलिए आप पुस्तक का अगला अध्याय नॉन स्टॉप पढ़िए। क्योंकि आप जो भी करेंगे, उसमें सफलता मिलना तय है।

लेकिन 10 से कम उत्तर 'हाँ' में होने पर सावधान हो जाइए। क्योंकि आपकी इच्छा-शक्ति आपके काबू में नहीं है और वह दूसरों से प्रभावित हो जाती है। जिसकी वजह से आपका दिल आपके मस्तिष्क पर राज करता है।

इसलिए आप अपनी इच्छा-शक्ति को मज़बूत करें, क्योंकि जॉर्ज बर्नार्ड शॉ ने कहा है, **"हर किसी के पास सफलता पाने की स्कीम होती है, लेकिन वह तब काम आती है, जब उसकी इच्छा-शक्ति जाग जाती है।"**

एक पुरानी कहानी है, एक नाव नदी में तैर रही थी। अचानक आकाश में बादल घिर आए और घनघोर वर्षा होने लगी। वायु-प्रकोप ने तूफ़ान को भीषण कर दिया। यात्री घबराकर हाहाकार करने लगे और नाविक भी भयभीत हो गया।

नाविक ने नाव को तट पर लाने के लिए जी-जान से परिश्रम करना प्रारंभ कर दिया। वह अपने मज़बूत हाथों से नाव को खेता ही रहा, जब तक कि वह बिलकुल थक नहीं गया। किन्तु थकने पर भी वह नाव को कैसे छोड़ दे, वह अपने थके शरीर से भी नाव को पार करने में जुट गया।

धीरे-धीरे नाव में पानी भरने लगा और यात्रियों के द्वारा पानी को निकालने का प्रयत्न करने पर भी उसमें पानी भरता ही गया। नाव धीरे-धीरे भारी होने लगी, पर नाविक साहसपूर्वक जुटा ही रहाँ अंत में उसे निराशा ने घेर लिया। अभी किनारा काफ़ी दूर था और नाव जल में डूबने लगी। नाविक ने हाथ से पतवार फेंक दी और सिर पकड़कर बैठ गया।

कुछ ही क्षणों में नाव डूब गई। सभी यात्री प्राणों से हाथ धो बैठे। यमराज के यमदूत वहाँ आएँ और नाविक को नरक के द्वार पर ले गए। नाविक ने पूछा, **"मेरा अपराध तो बताओ? मुझे नरक की ओर क्यों घसीटा जा रहा है?"**

यमदूतों ने उत्तर दिया, **"नाविक, तुम पर नाव के यात्रियों को डुबोने का पाप लगा है।"**

नाविक चकित होकर बोला, **"यह तो कोई न्याय नहीं है। मैंने तो भरसक प्रयत्न किया कि यात्रियों की जान बच सके।"**

यमदूतों ने उत्तर दिया, **"यह ठीक है कि तुमने परिश्रम किया, किन्तु अंत में तुम्हारी इच्छा-शक्ति ने जवाब दे दिया और तुमने नाव चलाना छोड़ दिया, जबकि तुम्हारा कर्तव्य था कि अंतिम श्वास तक नाव को खेते रहते। क्योंकि नाव के यात्रियों की ज़िम्मेदारी तुम पर थी।"**

इसलिए अपनी इच्छा-शक्ति को मज़बूत रखें। क्योंकि अधूरी इच्छा-शक्ति से कामयाबी नहीं मिलती। जब भी जगाएँ, पूरी इच्छा-शक्ति जगाएँ। शायद इसीलिए महान दार्शनिक शुकरात ने कहा था, **"जब भी सुलगाएँ, पूरी आग सुलगाएँ। अधूरी आग से पूरी आँच नहीं मिलती।"**

इच्छा-शक्ति सबसे बड़ी शक्ति है

यदि भरपूर इच्छा-शक्ति हो, तो आप पहाड़ भी तोड़ सकते हैं। यदि प्रबल इच्छा-शक्ति हो, तो समय की धारा को भी मोड़ सकते हैं। इसलिए 'इच्छा' को सबसे पहले मन में जगाएँ, फिर दिल के माध्यम से दिमाग़ तक लाएँ। दिमाग़ द्वारा अनुमोदित हो जाने पर 'इच्छा' को एक मंत्र, एक मशीन के रूप में अंगीकार करें। मंत्र को तंत्र द्वारा साधते हुए तपाएँ। बार-बार दोहराएँ, फिर क्रियान्वित करें। याद रखें, इच्छा से बड़ा न कोई मंत्र है, न कोई यंत्र है। इच्छा ही सबकुछ है।

आपने कामदेव का नाम ज़रूर सुना होगा। उनके अंदर इच्छा-शक्ति कूट-कूटकर भरी हुई थी। वे बाण चलाकर अपना कार्य पूरा कर लेते थे, द्वापर युग में तो एक साथ

दो हज़ार रानियों को उन्होंने अपना शिकार बना लिया था। हुआ यह था कि श्रीकृष्ण की ये रानियाँ वसंत में विहार कर रही थीं और जब कामदेव उधर से गुज़रे तो वे उन पर लट्टू हो गईं। बस फिर क्या था, वे शापित हुईं और बाद में श्रीकृष्ण के विरह में युगों तक जलती रहीं।

कामदेव ने तो भगवान शिव को भी नहीं छोड़ा, नारद जी किस खेत की मूली थे। राजा इंद्र के आदेश पर उन्होंने महर्षि वाल्मीकि की तपस्या भी उर्वशी के माध्यम से भंग करवा दी थी।

इतनी प्रबल इच्छा-शक्ति थी कामदेव में। कुछ ऐसी ही इच्छा-शक्ति आपको अपने अंदर पैदा करनी है, फिर आप कहेंगे, **"हममें है हिम्मत सपने देखने की, हममें है ताकत मंज़िल पाने की।"**

इच्छा-शक्ति का वर्णन शास्त्रों में भी पढ़ने को मिलता है। उन्हीं शस्त्रों में एक कहानी है महर्षि रमण की, जो कुशल धनुर्धर थे। उन्होंने अपने एक शिष्य को अपनी धनुर्विद्या देखने के लिए बुलाया। शिष्य यह सब पहले ही दसियों बार देख चुका था, पर वह गुरु की आज्ञा की अवहेलना नहीं कर सकता था। वे समीप ही जंगल में एक विशाल वृक्ष के पास गए।

महर्षि रमण के पास एक फूल था, जिसे उन्होंने पेड़ की एक शाखा पर रख दिया। फिर उन्होंने अपने बस्ते से अपना नायाब धनुष, तीर और एक कढ़ाई किया हुआ सुंदर रूमाल निकाला। वह फूल से सौ क़दम दूर आकर खड़े हो गए और उन्होंने शिष्य से कहा कि, वह रूमाल से उनकी आँखें ढँककर भली-भाँति बंद कर दें। शिष्य ने ऐसा ही किया।

"तुमने मुझे धनुर्विद्या की महान कला का अभ्यास करते कितनी बार देखा है?", महर्षि रमण ने शिष्य से पूछा।

"मैं तो यह सब रोज़ ही देखता हूँ।", शिष्य ने कहा।

"आप तो तीन सौ क़दम दूर से ही फूल पर निशाना लगा सकते हैं।"

रूमाल से अपनी आँखें ढँके हुए महर्षि रमण ने अपने पैरों को धरती पर जमाया। उन्होंने पूरी शक्ति से धनुष की प्रत्यंचा को खींचा और तीर छोड़ दिया। हवा को चीरता हुआ तीर फूल से बहुत दूर, यहाँ तक कि पेड़ से भी नहीं टकराया और लक्ष्य से बहुत दूर जा गिरा।

"तीर लक्ष्य पर लग गया न।", अपनी आँखें खोलते हुए महर्षि रमण ने पूछा।

"नहीं, वह तो लक्ष्य के पास भी नहीं लगा।" शिष्य ने कहा।

"मुझे लगा कि आप इसके द्वारा इच्छा की शक्ति या अपनी पराशक्तियों का प्रदर्शन करने वाले थे।"

"मैंने तुम्हें इच्छा-शक्ति का पाठ ही तो पढ़ाया है।" महर्षि ने कहा, "तुम जिस चीज़ की इच्छा करो, अपना पूरा ध्यान उसी पर लगाओ। तब तुम्हें सफल होने से कोई नहीं रोक पाएगा।"

कुछ लोग कहते हैं कि वे आठ घंटे की नौकरी करते हैं, इसलिए उनके पास नया काम करने का समय नहीं बचता। जबकि सच यह है कि आठ घंटे की नौकरी आपको सफलता नहीं दिलाती। सफलता पाने के लिए आपको अतिरिक्त घंटे काम करना पड़ेगा। क्योंकि एप्पल कंप्यूटर से अमीर बनने वाले वोज्नियाक ह्यूलेट पैकर्ड कंपनी में काम करने के बाद रात को अपने कंप्यूटर संबंधी प्रयोग करते थे। निरमा के करसन भाई पटेल भी दिन-भर सरकारी नौकरी करने के बाद रात को वाशिंग पाउडर बनाते थे और छुट्टी के दिन ग्राहकों को बेचते थे। हेनरी फोर्ड भी दिन भर एडीसन की कंपनी में काम करने के बाद रात को अपने कार बनाने के प्रयोग करते थे। जॉर्ज ईस्टमैन पूरे दिन बैंक में नौकरी करते थे, उसके बाद वे अपने फोटोग्राफ़ी प्रयोग करते थे। अब आपको भी करने होंगे।

एक बार मैं नासिक में सिमेंस कंपनी के सीनियर स्टाफ को प्रशिक्षण दे रहा था। वह एक बड़ा समूह था, जिसमें लगभग तीन हजार लोग थे। उनमें से एक सीनियर प्रोडक्शन मैनेजर विनीत गायक्वाड़ ने मुझसे पूछा, **"मिस्टर इन्जीनियर! सकारात्मक सोच से सफलता का क्या संबंध है?"**

तब मैंने कहा था, **"वही संबंध है, जो पति का पत्नी से है। क्योंकि आपने सुना होगा कि हर सफल व्यक्ति के पीछे औरत का हाथ होता है।"**

"मैं समझा नहीं मिस्टर इन्जीनियर, प्लीज एक्सप्लेन कीजिए।" विनीत गायक्वाड़ ने मुस्कराते हुए कहा, **"क्योंकि मेरा मानना है कि सफलता हमेशा जुगाड़ और अच्छे लुक्स से मिलती है।"**

"आप ग़लत सोचते हैं, क्योंकि सफलता यदि जुगाड़ और अच्छे लुक्स से मिलती, तो आप सिमेंस में नहीं होते, बल्कि आपकी जगह कोई दूसरा अच्छे लुक्स वाला और जुगाड़ी व्यक्ति होता।"

इसलिए अपनी सोच को बदलिए, यह सोच अब पुरानी हो चुकी है। क्योंकि इस सोच का इस्तेमाल तब होता था, जब देश गुलाम था और अंग्रेज़ों के अत्याचार सहता था। उन दिनों ब्रिटेन में विंस्टन चर्चिल का राज था। वह हिंदुस्तानी लोगों को नकारात्मक सोच वाला मानता था। फिर जब गांधी जी ने देश को आज़ाद करने का बीड़ा उठाया, तब 1930 में विंस्टन चर्चिल ने कहा था, **"भारत को ब्राह्मणों के भरोसे छोड़ना क्रूरता और नादानी होगी। जैसे ही अंग्रेज भारत को छोड़कर जाएँगे, पूरा प्रशासनिक ढाँचा चरमरा जाएगा। कोट-कचहरी, मेडिकल, रेलवे भरभरा के ढह जाएँगे। और भारत एक बार फिर सदियों पुराना मध्ययुगीन समाज बन जाएगा।"**

यानी चर्चिल का कहना था कि हमें शासन करना नहीं आता। चर्चिल अकेला नहीं था। मशहूर साहित्यकार रुडायर्ड किपलिंग ने 1891 में भारत में स्वशासन के संदर्भ में किए गए सवाल के जवाब में कहा था, **"ये चार हज़ार साल पुराने लोग हैं, लेकिन शासन चलाना इनके वश में नहीं है।"**

एक और सज्जन थे, जिनका मानना था कि भारत को भारत के भरोसे छोड़ना बेवकूफ़ी होगी। आज़ादी के बाद भी पश्चिम में हिंदुस्तान को लेकर यह बहस गर्म रहती थी कि यह एक देश के नाते बच पाएगा या नहीं।

रॉबर्ट डहल जैसे विद्वान तक को भारत में लोकतंत्र के फलने-फूलने के एक भी लक्षण दिखाई नहीं देते थे। आज़ादी के बीस साल बाद भी टेलर जैसे महानुभाव ने 1969 में लिखा कि अहम सवाल यह है कि क्या हिंदुस्तान एक रह पाएगा, या फिर वह खंड-खंड होकर बिखर जाएगा?

लेकिन इन तिरसठ सालों में हिंदुस्तान बिखरा नहीं। न ही वह टूटा। आज़ादी से अब तक ढेरों ऐसे मौके आए, जब यह आशंका खड़ी हुई। आज़ादी वैसे तो जश्न का मौका होता है, पर हमारे पूर्वजों के लिए ये दिन गहरे शोक और संताप के दिन थे। देश का विभाजन हुआ था। चारों तरफ हाहाकार मचा था।

हिंदू-मुस्लिम दंगों ने लाखों लोगों को अपने आगोश में समेट लिया था। तक़रीबन अस्सी लाख शरणार्थी पाकिस्तान से आए थे और कैंपों में रोते-कलपते यह पूछ रहे थे कि क्या इसी दिन के लिए बापू ने आज़ादी की लड़ाई लड़ी थी।

पाँच सौ से ज़्यादा सामंती इलाके अपना अलग-अलग राग अलाप रहे थे। इनमें से कुछ त्रावणकोर, भोपाल, जोधपुर और हैदराबाद के निजाम तो भारत से अलग होने का ख़्वाब सँजोए हुए थे। इन सबको एक सूत में पिरोना असंभव सी बात थी। जम्मू-कश्मीर में पाकिस्तान सेना का हमला। तेलंगाना में साम्यवादियों की सशस्त्र क्रांति। भयंकर ग़रीबी और निरक्षरता। ऐसे में दो सौ साल का उपनिवेशी शासन झेलने के बाद ज़बरदस्त विविधता और विभिन्नता वाले इस देश में लोकतंत्र की नींव डालना आसान नहीं था।

यह वह देश है, जहाँ कश्मीर से कन्याकुमारी के बीच यूरोप के दस से ज़्यादा अलग-अलग सभ्यताओं वाले देश समा जाते हैं। ऐसे में इन सबको साथ लेकर चलना, जाति और धर्म के नाम पर बँटे सामंतवादी समाज में एक व्यक्ति और एक वोट का सिद्धांत लागू करना और कलम की एक जुंबिश से सबको बराबरी का अधिकार दे देना नामुमकिन-सा काम था। लेकिन ऐसा हिंदुस्तान ने किया और सबसे बड़ी बात यह कि आज तक हमारे यहाँ लोकतंत्र बना हुआ है।

अब चर्चिल के समर्थक देश ब्रिटेन, अमेरिका, ब्राजील और फ्रांस कहते हैं कि हिंदुस्तान की नंबर वन पर आने की संभावना चीन से ज़्यादा है। क्योंकि 2050 तक भारत की जीडीपी आज की जीडीपी से पचास गुना यानी 25 ट्रिलियन डॉलर होगी।

अब उन्हें यक़ीन नहीं होता कि यह वही देश है, जिसने 1991 में अपना कर्ज़ उतारने के लिए सोना रखा था। आजकल पश्चिमी देशों में इस बात को लेकर रिसर्च हो रहे हैं कि विविधताओं और दिक्कतों के बावजूद हिंदुस्तान तरक्की कैसे कर रहा है?

फिर जब हिंदुस्तान आई.एम.एफ. से सौ टन सोना ख़रीदता है, तो पश्चिमी देशों में हंगामा मच जाता है। इन सब बातों से पता चलता है कि हिंदुस्तान के लोग हमेशा सकारात्मक सोचते हैं।

ईश्वर को दोष न दें

इजराइल का वजूद उतना ही पुराना है, जितनी भारत की आज़ादी। द्वितीय विश्वयुद्ध के दौरान नाज़ी जर्मनी का सबसे अधिक त्रास यहूदियों ने ही झेला था। यूरोप और अन्य देशों से किसी तरह बचकर भागे यहूदियों ने युद्ध समाप्ति के बाद पश्चिम एशिया में संयुक्त राष्ट्र नियंत्रित येरुशलम के निकट बेहद विपरीत परिस्थितियों में नए सिरे से जीवन की शुरुआत की।

29 नवंबर, 1947 में संयुक्त राष्ट्र में फिलिस्तीन के विभाजन के पक्ष में पड़े वोटों के बाद अर्तेज इजराइल अस्तित्व में आया। लेकिन अरबों ने अपनी भूमि पर इस नए मुल्क की तामीर को नामंज़ूर करते हुए इजराइल को मिटाने के लिए खंजर हाथ में उठा लिया। इसकी परवाह न कर इस इकलौते यहूदी देश ने 14 मई 1948 को अपनी आज़ादी का ऐलान कर दिया। तब से लेकर आज तक वह अपने वजूद को बचाने के लिए दुनिया के सबसे खूँखार आतंकवाद का सामना करता रहा है, लेकिन इसके बावजूद उसके जीवन के हर क्षेत्र में प्रगति और विकास की जो इबादत लिखी है, उसका कायल भारत भी रहा है और दबे-छिपे ही सही, रक्षा अनुसंधान, तकनीक, बौद्धिक संपदा, जल प्रबंधन जैसे क्षेत्रों में हम उसके अनुभवों को बाँटते भी आए हैं।

भारत ने लंबे ऊहापोह के बाद 1992 में इजराइल के साथ पूर्णकालिन राजनयिक रिश्ते स्थापित किए थे। यहाँ नब्बे फ़ीसदी यहूदी हैं। इजराइल से अलग भारत ने विविध धर्मों और संस्कृतियों को एक सूत्र में बाँधने की चुनौतियों का सफलतापूर्वक सामना कर एक प्रगतिशील देश का निर्माण किया है।

सकल घरेलू उत्पाद में भारत का स्थान दुनिया में चौथा है, जबकि इजराइल का 49वाँ। हालाँकि इजराइल की गिनती विकसित देशों में होती है। वह इस कतार में 17वें स्थान पर है। दूसरी ओर प्रति व्यक्ति आय में भारत विश्व में 128वें पायदान पर है, इजराइल 29वें।

इजराइल की अर्थव्यवस्था का विश्व में 41वाँ स्थान है, जबकि भारत 11वीं सबसे बड़ी अर्थव्यवस्था है। आज हम दुनिया के दस बड़ी औद्योगिक हस्तियों में शुमार हैं और हमारी अर्थव्यवस्था को चीन और अमेरिका के बाद सबसे तेज़ी से विकसित होती अर्थव्यवस्था है।

इजराइल अंतरिक्ष विज्ञान के क्षेत्र में विश्व का सातवाँ खिलाड़ी है। लेकिन भारत की उपलब्धियाँ इस मायने में अधिक महत्त्वपूर्ण हो जाती हैं कि हमने यह सब अपने बूते हासिल किया है, जबकि इजराइल की पीठ पर अमेरिका जैसी महाशक्ति का हाथ रहा है।

हाल ही में मैंने मोबाइल पर एक एस.एम.एस. पढ़ा था, आपको विवाह अवश्य करना चाहिए, क्योंकि दुनिया में ढेर सारी चीज़ें ऐसी हैं, जिनके लिए आप भगवान या सरकार को दोषी नहीं ठहरा सकते।

हम भारतीयों पर यह एस.एम.एस. कितना सटीक बैठता है। हमारी आदत बन चुकी है कि हर असफलता का ठीकरा फोड़ने के लिए हमें किसी न किसी का सिर चाहिए। सफलता मिली तो हमने किया और असफलता मिली, तो ईश्वर ने किया।

इस बात से पता चलता है कि असफलता से हम डरते हैं। लेकिन इस डर को निकालने का एक ही रास्ता है कि मन में आप यह सोचें कि हम विश्व शक्ति का एक अंश हैं और ईश्वर हमारी सहायता करने के लिए तैयार है।

अब होगा हमारा अपना नेविगेशन सिस्टम

तकनीकी पर हमारी निर्भरता दिनों-दिन बढ़ती जा रही है, पर उसके साथ हमारी निर्भरता उन देशों पर भी बढ़ती जा रही है, जिनके हाथ में यह तकनीक होती है। आज किसी भी मौसम में रास्ता खोजने में अमेरिका का ग्लोबल पोजिशनिंग सिस्टम हमें अपनी-अपनी सेवाएँ दे रहा है।

लेकिन तेज़ी से बदलते अंतरराष्ट्रीय राजनीतिक परिदृश्य में अमेरिका कब इस सुविधा को हथियार के तौर पर इस्तेमाल करने लगे पता नहीं। इसे देखते हुए भारतीय अंतरिक्ष अनुसंधान (इसरो) की योजना है कि दिशा और पोजिशन बताने वाली अपनी स्वतंत्र उपग्रह प्रणाली को 2017 तक लागू कर दिया जाए।

इसके तहत सोलह सौ करोड़ रुपये की लागत से पहला उपग्रह तैयार हो गया है। इंडियन रीज़नल नेविगेशनल सैटलाइट सिस्टम के तहत सात उपग्रह होंगे, जिसका पहला उपग्रह अगले साल छोड़ने की योजना है।

हालाँकि अमेरिका जीपीएस प्रणाली के हैंडसेटों से एक मीटर की सटीक जानकारी मिलती है, भारतीय जीपीएस हैंड सेट रखने वाले अपने पोजिशन का सटीक पता 20 मीटर के दायरे में ही कर पाएगा। पर इस जीपीएस प्रणाली पर पूरी तरह भारत का नियंत्रण होगा।

लोग कहते हैं कि कठिन परिश्रम ही सफलता की कुँजी है।
लेकिन उनकी बात पर विश्वास मत कीजिए। क्योंकि
विश्व के 300 करोड़ मज़दूर रोज़ कड़ी मेहनत करते हैं,
परन्तु वे अभी तक अमीर नहीं बन पाए!

पंद्रहवाँ मंत्र
नई इबादत लिखने की प्लानिंग करें

पिछले साल कान फिल्म समारोह में मैं भी मौजूद था। उद्घाटन समारोह के अगले दिन भारतीय सिनेमा पर आयोजित परिचर्चा में मैंने कहा कि पश्चिमी जगत् भारत को गंभीरता से लेना शुरू कर दे।

देर-सवेर भारत या चीन हॉलीवुड के तमाम स्टूडियोज पर अपना कब्ज़ा जमा लेंगे। इसकी एक प्रमुख वजह तो यही है कि अधिकतर स्टूडियो दिवालिया हो चुके हैं। भाषण की समाप्ति पर कई लोगों ने मुझसे पूछा कि मेरे कथन में कोई गहराई भी थी। इस पर मैंने उनसे कहा कि—"बिलकुल, आप जरा वैश्विक परिदृश्य पर छाए रईसों की सूची में निगाह दौड़ाएँ, तो समझ आएगा कि किस तरह भारतीय उसमें छाए हुए हैं।"

मुकेश अंबानी समूह का टर्नओवर 44.6 बिलियन डॉलर है। अनिल के समूह का 14 बिलियन डॉलर है। फोर्ब्स की धनकुबेरों की सूची में मुकेश बिलगेट्स से दो पायदान नीचे ही आते हैं और उनकी निजी संपत्ति 13.7 बिलियन डॉलर है। अनिल का इस सूची में 36वाँ स्थान है। 58.5 बिलियन अमेरिकी डॉलर की आय वाली माइक्रोसॉफ्ट कंपनी के बिलगेट्स की निजी संपत्ति 53 बिलियन डॉलर है।

जबकि धीरूभाई अंबानी के जीवित रहने तक मुकेश अंबानी को सार्वजनिक कार्यक्रमों या समारोहों में शायद ही किसी ने देखा हो। वह उस वक़्त भी जमकर काम करते थे, लेकिन कंपनी के सार्वजनिक चेहरे के तौर पर अनिल अंबानी को ही ज़िम्मेदारी निभानी पड़ती थी। कंपनी की सार्वजनिक छवि को निरंतर चमकाने की ज़िम्मेदारी अनिल निभा रहे थे।

तो व्यावसायिक गतिविधियों के संचालक में धीरूभाई मुकेश पर सर्वाधिक भरोसा करते थे। यह अलग बात है कि उनके निधन के बाद दोनों भाइयों के रास्ते जुदा हो गए। मुकेश समय के साथ परिपक्व हो सरकार के साथ संतुलित संबंध बनाने में सफल रहे।

दूसरी तरफ अनिल ने उतार-चढ़ाव भरे सफ़र को जारी रखा, जिसकी परिणति पिछले दिनों गैस आपूर्ति के मसले पर अदालती निर्देश से हुई। अपनी ऊर्जा परियोजनाओं के लिए गैस आपूर्ति पर अदालती निर्देश पर माँ ने दोनों भाइयों के बीच सुलह कराई।

आख़िर इसका भारत या विश्व से क्या लेना-देना है, चलिए शुरुआत यहाँ से करते हैं। आपसी प्रतिस्पर्धा न करने के एग्रीमेंट के ख़ात्मे के बाद इतना तय है कि मुकेश को टेलीकॉम बिज़नेस शुरू करने के लिए अन्य रास्ते तलाशने की जरूरत नहीं है, जो उनका लंबे समय से ख़्वाब रहा है।

संभावना जताई जा रही है कि कोई अंतरराष्ट्रीय खिलाड़ी अनिल के टेलीकॉम बिज़नेस में रुचि दिखाएगा, तो उसे मुकेश के पास ही जाना होगा। कुछ स्थिति एडीएजी की वित्तीय शाखा के साथ भी पेश आएगी। इस तरह पुराने दिन फिर लौट आएँगे। मुकेश बड़े कारोबार सँभालेंगे और अनिल उनके साथ भागीदारी करते हुए अपने पसंद के क्षेत्र में मुक्त भाव से काम कर सकेंगे। इस तरह वे फिल्म व्यवसाय पर और ध्यान केंद्रित कर सकेंगे।

यह सकारात्मक सोच का उत्कृष्ट उदाहरण है। क्योंकि वे दोनों उस बच्चे की तरह सोचते हैं, जो अपनी माँ के साथ किसी रिश्तेदार के घर गया। बच्चा बड़ा प्यारा था। रिश्तेदार ने जब माँ को चाय बनाकर दी, तो बच्चे को भी कुछ देना ज़रूरी था। सो, वह टॉफियों से भरा मर्तबान ले आया।

उसने ढक्कन खोलकर बच्चे से कहा, **"बेटे, इसमें से जितनी चाहो, टॉफियाँ ले लो।"**

और कोई बच्चा होता, तो ख़ुश होकर तुरंत मर्तबान में हाथ डाल देता, पर इस बच्चे ने कुछ नहीं किया, चुपचाप खड़ा रहा रिश्तेदार ने दुबारा कहा और मर्तबान उसके थोड़ा और पास ले गया। लेकिन बच्चा टॉफियों को देखता रह गया, पर उसने हाथ नहीं बढ़ाया। अब तो अजीब स्थिति हो गई। न तो मेजबान ने, न माँ ने सोचा था कि वह ऐसी बात करेगा।

माँ जानती थी कि बच्चे को टॉफियाँ बहुत पसंद हैं, इसलिए उसे और ज्यादा हैरानी हो रही थी। माँ को लगा कि बच्चा रिश्तेदार के सामने झिझक रहा है, इसलिए इस बार उसने ख़ुद कहा कि बेटे टॉफियाँ निकाल लो। लेकिन बच्चे पर कोई प्रतिक्रिया नहीं हुई, वह वैसे ही खड़ा रहा।

आख़िर रिश्तेदार ने एक मुट्ठी टॉफियाँ निकालीं और उन्हें बच्चे की दोनों जेबों में डाल दिया। बच्चा ख़ुश। अब माँ को बेहद उत्सुकता थी यह जानने की कि उसके बच्चे ने इस तरह की तहजीब आख़िर सीखी कहाँ से।

वापसी में घर जाते हुए माँ ने बच्चे से पूछा कि उसने टॉफियाँ खुद क्यों नहीं निकालीं, तो बच्चे ने बड़ी गंभीरता से जवाब दिया, **"माँ, तुमने ध्यान नहीं दिया, अगर मैं अपने छोटे से हाथ से टॉफियाँ लेता, तो आख़िर कितनी आ पातीं। लेकिन चाचा जी ने अपनी मुट्ठी में भरकर टॉफियाँ दीं, तो मेरी दोनों जेबें भर गईं।"** मुकेश और अनिल अंबानी की जेबें भी कुछ इसी तरह से भरती हैं।

महाभारत में कथा है कि एकलव्य ने कुत्ते का भौंकना बंद करने के लिए अनेक तीर मारकर उसका मुँह बंद कर दिया। तीर इस ढंग से छोड़े गए थे कि कुत्ते का भौंकना बंद हो गया, परन्तु तीरों ने उसे जख़्मी नहीं किया।

अंबानी एंड अंबानी भी ऐसे ही निशाना लगाते हैं। क्योंकि उनके अंदर आत्मविश्वास कूट-कूटकर भरा हुआ है।

सफलता मिलती है आत्मविश्वास से

'आत्मविश्वास' शब्द 'आत्मा' और 'विश्वास' दो शब्दों के मेल से मिलकर बना है। आत्मविश्वास यानी स्वयं पर विश्वास खुद पर यक़ीन, अपने पर भरोसा।

तभी तो शेक्सपीयर ने कहा था, **"साहस अवसर के अनुसार ही ऊँचा उठ जाता है। आप इस सर्वोत्तम रसायन को जीवन-भर लगातार प्राप्त नहीं कर सकते, जब तक कि आप इसे प्राप्त करने की मनोवृत्ति ही नहीं बना लेते। हर रात, सोने से पहले यह संकल्प करें, मैं इस काम को कर सकता हूँ और मैं इसे करके रहूँगा।"**

अपना यह विश्वास बना लीजिए और इस तरह आत्मविश्वास के साथ कार्यक्षेत्र में जाइए। तब जिसे आप चाहेंगे, वह चीज़ आपको मिलकर रहेगी। इसलिए संकल्प लीजिए कि मैं सदा योद्धा रहा हूँ, चाहे मृत्यु समाने आ जाए, वह भी मेरा मार्ग नहीं रोक सकेगी। मैं अपने लक्ष्य को प्राप्त करके रहूँगा। क्योंकि दुनिया-भर के इतिहास आत्मविश्वास की कहानियों से भरे पड़े हैं।

तभी तो नेपोलियन ने अपने सैनिकों से कहा था, **"ऐल्प्स पर्वत है ही नहीं।"**

और उसके सैनिक पर्वत को पार कर गए।

सिकंदर ने कहा था, **"सिंधु है ही नहीं।"**

और उसके सैनिक सिंधु नदी पार कर गए थे।

महायुद्धों में वे ही नेता विजयी हुए, जिनमें इस प्रकार की अपराजेय भावना थी। मनुष्य की वास्तविक शक्ति इस बात से मापी जाती है कि उसमें प्रतिरोध की शक्ति कितनी है, वह कौन-सा बिंदु है, जहाँ जाकर उसका साहस भंग हो जाएगा, उसकी हिम्मत टूट जाएगी।

जिस बिंदु पर आकर आप पीछे हट जाते हैं, जिस बिंदु पर आकर आपकी हिम्मत साथ छोड़ देती है, वही बिंदु तो आपकी कसौटी है। जितनी दूर जाकर आप मुड़ जाते हैं, उतनी दूर तक की आपको सफलता मिलती।

चित्रकला हो या संगीत, साहित्य हो या विज्ञान, प्रत्येक क्षेत्र में आप देखें, तो पाएँगे कि नेतृत्व उन्हीं मनुष्यों के हाथ में रहा, जिनमें साहस था।

मिल्टन के पास उतनी बुद्धि नहीं थी, परन्तु उनका साहस देखिए कि उन्होंने सवा लाख पदों की रचना की। महाकवि मिल्टन नेत्रहीन थे। उन्होंने **'पैराडाइज लॉस्ट'** और **'पैराडाइज रिमेन्ड'** महाकाव्यों की रचना की है।

आप कितने विरोध का मुकाबला आप कर सकते हैं? कितनी गलियाँ, कितनी आलोचनाएँ, कितने मतभेद, कितनी भ्राँतियों का आप सामना कर सकते हैं? इन विषयों पर गंभीरतापूर्वक सोचिए।

विरोध आपको झुका देता है या आपकी रीढ़ की हड्डी को और मज़बूत बना देता है। आपके दृढ़-निश्चय को और भी सुदृढ़ कर देता है। आप कितनी देर विचलित हुए बिना खड़े रह सकते हैं। यही कसौटी है। इसी से मापा जाएगा कि आपको कितनी सफलता प्राप्त होगी।

भले ही आपके पास कितनी ही डिग्रियाँ एवं योग्यताएँ हों, यदि आपमें आत्मविश्वास नहीं है, तो सब बेकार है। आत्मविश्वास आपका जीवन ही नहीं बनाता, बल्कि आपके अंदर सकारात्मक सोच पैदा करता है। शायद इसीलिए वॉरेन बफे ने कहा था:-

देखने वाले बीज में वृक्ष देख लेते हैं,

खोजने वाले आग में पानी खोज लेते हैं।

नामुमकिन या असंभव जैसा कुछ भी नहीं है,

लोग आत्मविश्वास से किस्मत को जीत लेते हैं॥

एक पुराना क़िस्सा है, इंग्लैंड के राजा जॉर्ज तृतीय गुस्सैल स्वभाव के थे। ज़रा-सी बात पर वह किसी को सज़ा देने में हिचकते नहीं थे। एक बार वह बीमार हुए लेकिन कोई डॉक्टर उनका इलाज करने की हिम्मत नहीं जुटा पा रहा था।

अंत में गाँव का एक सीधा-सादा डॉक्टर इलाज करने के लिए तैयार हो गया। जब वह आया, तो राजा बेहोशी की हालत में थे। डॉक्टर के कई शुभचिंतकों ने कहा, **"इनका इलाज करने में ख़तरा है। कहीं कोई चूक हो गई, तो कड़ी सज़ा मिलेगी।"**

डॉक्टर ने कहा, **"जो होगा देखा जाएगा।"**

वह राजा का इलाज करने लगा। उसने जाँच के लिए राजा का खून लिया। एक दिन राजा की बेहोशी दूर हुई। जब उन्हें पता चला कि डॉक्टर ने उनका खून लिया है, तो वह गुस्से से लाल होकर बोले, **"मेरी इजाज़त के बिना तुमने मेरा ख़ून क्यों निकाला। तुम्हें इसकी सज़ा मिलेगी।"**

डॉक्टर ने कहा, **"आप सज़ा अवश्य दीजिए, लेकिन आप इस हालत में नहीं थे कि आपकी इजाज़त ली जाती।"**

यह सुनकर राजा का क्रोध शांत हो गया। डॉक्टर कई दिनों तक राजा की सेवा में लगा रहा राजा ने ख़ुश होकर उसे अपना निजी चिकित्सक नियुक्त कर दिया। जब दूसरे डॉक्टर ने उस डॉक्टर से पूछा कि क्या उसे राजा के इलाज में डर नहीं लगा, तो उसने कहा, **"मेरा आत्मविश्वास ही मुझे यहाँ तक ले आया। जो लोग ख़तरा मोल लेकर भी आत्मविश्वास के साथ अपने काम को अंजाम देते हैं, उन्हें सफलता अवश्य मिलती है।"**

आपने **'कामसूत्र'** नाम की पुस्तक ज़रूर पढ़ी होगी। अगर नहीं पढ़ी, तो उसे एक बार ज़रूर पढ़िए। क्योंकि यह किताब सेक्स के बारे में ही नहीं बताती, बल्कि उसके महत्त्व एवं भेद को भी बताती है। सेक्स इनसान की कितनी बड़ी प्यास है, उस प्यास को कैसे नियंत्रित एवं संतुलित किया जाए।

इस बारे में भी बताती है। इंद्रियों के हाथों मज़बूर इनसान अपनी इंद्रियों पर कैसे काबू पाएँ, इस पर भी **'कामसूत्र'** में बहुत बारीक़ी एवं विस्तार से बताया गया है। वैज्ञानिक दृष्टि से भी यह किताब अपने आप में पूर्ण रूप से सही एवं हितकारी है कई आचार्यों ने **'काम'** का वर्णन करने के लिए कामशास्त्रों की रचना की, लेकिन इन सब में आचार्य वात्स्यायन का ग्रंथ **'कामसूत्र'** समस्त अन्य कामग्रंथों में अधिक मौलिक व प्रामाणिक माना जाता है।

चूंकि गृहस्थाश्रम का हमारे जीवन में विशेष स्थान है तथा बिना **'काम'** के गृहस्थाश्रम अधूरा है, इसीलिए इस विषय पर इतनी गहराई से काम किया गया है, ताकि दांपत्य जीवन के जरिए इस जीवन को सरलता एवं सफलता से जिया जा सके।

पंद्रह सौ वर्ष पूर्व, जिसे भारत का स्वर्ण युग कहा जाता था, तब आचार्य वात्स्यायन ने इस ख़ूबसूरत ग्रंथ को रचा, जिसे आज भी यौन–विज्ञान का श्रेष्ठतम ग्रंथ माना जाता है। जिसकी झाँकी, महाकाव्यों, रम्य प्रतिमाओं एवं विशाल वास्तुकलाओं में देखने को मिलती है। कामसूत्र का सर्वाधिक प्रभाव मूर्तिकला पर पड़ा, जिसकी गवाही आज भी खजुराहो की दीवारें देती हैं। सामाजिक, ऐतिहासिक, मनोवैज्ञानिक या साहित्यिक सभी दृष्टियों से निश्चय ही कामसूत्र को उत्तम स्थान देती है।

सेक्स का इनसान के जीवन में क्या महत्त्व है? यह क्यों और कितना ज़रूरी है? इसे कैसे और क्यों किया जाए? कैसे इनके प्रति सकारात्मक दृष्टिकोण बनाया जाए आदि सभी का समावेश है कामसूत्र। इतना ही नहीं, किस तरह पुरुष स्त्री का या स्त्री पुरुष का दिल जीते, उसे ख़ुश रखे कि वह उसके वश में रहे, यह सब भी इस किताब में वर्णित है।

शरीर एवं यौन से जुड़ी समस्याएँ हो या जिज्ञासाएँ, भ्रम हो या मिथक, सभी के बारे में बहुत ही गहराई से जाना जा सकता है। स्त्री-पुरुष सालों साथ रहकर भी एक-दूसरे के लिए अजनबी होते हैं या फिर ख़ूब प्यार करने के बाद नहीं समझ पाते कि साथी को कैसे ख़ुश किया जाए? आदि जैसी संबंधों की गुत्थी को सुलझाने

का भी हुनर रखती है, पर किताब से पेट की भूख की तरह शरीर की एक भूख का नाम है 'सेक्स'। जैसे पेट के लिए भोजन ज़रूरी है, वैसे ही ज़िस्म के लिए 'सेक्स' ज़रूरी है। सेक्स के प्रति एक सकारात्मक एवं वैज्ञानिक सोच पैदा करती है, किताब 'कामसूत्र'।

आचार्य वात्स्यायन का कहना है कि मनुष्य संभोग केवल संतानोत्पत्ति के लिए ही नहीं करता, बल्कि सुख की प्राप्ति के लिए भी करता है। मैथुन-क्रिया जहाँ अन्य जीवन-प्राणियों के लिए केवल संतान परंपरा को बनाए रखने के लिए प्रकृति द्वारा निहित है वहाँ मानव जाति के लिए इसका महत्त्व आनंद भोग के लिए भी है।

स्त्री-पुरुष का परस्पर संबंध स्थायी होता है, क्षणिक नहीं। अन्य जीव-प्राणियों की भाँति इनका संभोग एक विशेष ऋतु में ही नहीं होता, बल्कि नित्यप्रति दिन-रात होता है, सभी ऋतुओं और सभी समय में होता है। विषय-सुख का पूरा आनंद लेने हेतु कई काम-प्रक्रियाओं की आवश्यकता होती है और उनका ज्ञान इस विषय-सबंधी शास्त्र से भी हो सकता है।

लेकिन मैथुन में चरम-सीमा तक आनंद प्राप्ति के लिए 'कामसूत्र' को पढ़ना बहुत ज़रूरी है। क्योंकि जो व्यक्ति सेक्स से संतुष्ट रहता है, वह आत्मविश्वास से भरा होता है और मंज़िल तक वही पहुँचता है जो सकारात्मक सोचता है।

अपने दृष्टिकोण को बदलें

हज़रत मुहम्मद की गणना उन महापुरुषों में होती है, जिन्होंने मानव जीवन और मूल्यों के लिए एक नए इतिहास की रचना की। उन्होंने एक आदर्श समाज की स्थापना की, जिसमें अनेक कबीलों और जातियों के लोग बिना किसी भेदभाव के समान अधिकारों के साथ रह सकें और सम्मानित जीवन व्यतीत कर सकें।

हज़रत मुहम्मद ने अपने व्यक्तित्व द्वारा आध्यात्मिक, धार्मिक, भौतिक एवं सांसारिक जीवन के हर पहलू को प्रभावित किया। उनके 23 वर्षों के ईशदूतीय जीवन की एक-एक बात, आचार-व्यवहार की सारी बातें, उनकी शिक्षाओं, आदेशों और निर्देशों का विवरण प्रमाणिकता के साथ कुरआन, हदीस और उनकी जीवनी में संकलित एवं सुरक्षित है।

ऐसा नहीं है कि उनका यह व्यवहार व किरदार ईशदूतत्व की प्राप्ति के बाद बदला, बल्कि बाल्यकाल से ही उनके भीतर ये सभी विशेषताएँ मौजूद थीं। 12 रबीउल अव्वल, सोमवार को सन् 571 ई. में कुरैन वंश में उनका जन्म हुआ। जिस समाज व परिवेश में उनका जन्म हुआ वह समाज अत्यंत अधर्मी, उद्दंड और दुष्ट था। कबीलों के लोग लड़ाई-झगड़े में समय नष्ट करते थे।

पेशे से एक व्यापारी कबीला दूसरे व्यापारी का माल हड़पने और समझौते तोड़ने में यकीन रखता था। इन बर्बरों के बीच हज़रत एक ऐसे शांतिप्रिय व्यक्ति थे, जिसे ये झगड़े और रक्तपात देखकर दुख होता था। वे अपने कबीलों की लड़ाइयों से दामन

बचाते और मेल-मिलाप कराने के प्रयत्नों में सदा आगे रहते थे। कई बार शांति की तलाश में वे **'गारे हिरा'** तशरीफ़ ले जाते, वहीं उन्हें अंततः ईशदूतत्व की भी प्राप्ति हुई।

हज़रत मुहम्मद 12 वर्ष की अल्प आयु से ही व्यापारिक कार्य में अपने चचा का हाथ बँटाने लगे। जब कुछ बड़े हुए, तो लाभ पर दूसरों का माल लेकर सीरिया जाने लगे। लेन-देन में वे ऐसे सच्चे और खरे थे कि लोग उनको मुहम्मद सादिक तथा मुहम्मद अमीन पुकारते थे। शत्रु तक अपना क़ीमती माल उनके पास रखवाते थे। हर दृष्टिकोण और पहलू से परीक्षा लेने के पश्चात् 40 वर्ष की आयु में अल्लाह तआला ने उनपर ईशदूतत्व का दायित्व सौंपा और क्रमशः 23 वर्षों में उनपर कुरआन अवतरित किया। कुरआन अवतरण के साथ जब उन्होंने नए धर्म का प्रचार-प्रसार शुरू किया, तो उनके कबीले के लोगों ने उनका घोर विरोध किया और उनपर तरह-तरह के अत्याचार किए।

एक बार वे जब काबा में नमाज पढ़ रहे थे और सजदे में गए, तो दुश्मनों ने उनकी पीठ पर ऊँट की ओसड़ी डाल दी, जिससे वे सिर नहीं उठा सकते थे। बाद में उनकी बेटी ने आकर पीठ से उसे हटाया।

एक बार नमाज की ही स्थिति में एक विरोधी व्यक्ति एक मोटी खुदरी चादर हज़रत के गले में डालकर उसे ऐंठने लगा। इस तरह लगातार तेरह वर्ष तक उनपर अत्याचार होते रहे। तब वे मक्का से हिज़रत करके मदीना चले गए और ईश्वर का संदेश लोगों तक पहुँचाते रहे।

उन्होंने बताया बताया कि दुनिया में इनसान परिवारों, कबीलों, नस्लों और क़ौमों में बँटे हुए ज़रूर हैं और इनके बीच और भी मतभेद हैं। यही मतभेद मान-अपमान का मानदंड समझे जाते हैं। लेकिन सारे संसार के इनसान एक ही हैं, इनके बीच जो विभेद हैं, वे अवास्तविक हैं।

हज़रत मुहम्मद ने भेदभाव को मिटाकर एक ऐसी न्याय व्यवस्था की नींव डाली, जिसमें प्रत्येक व्यक्ति को इनसाफ़ मिला। किसी को भी नस्ल, जाति, धर्म या धन के आधार पर वरीयता नहीं दी गई। उन्होंने औरतों को जीने का हक दिया। समाज में उन्हें मुकाम दिलाया। उनको खानदान की मलिका करार दिया। उनकी शिक्षा एवं प्रशिक्षण की महानता बताई गई।

हज़रत मुहम्मद की इस बस बातों से पता चलता है कि वे सकारात्मक सोचते थे। क्योंकि उनकी हर बात से आत्मविश्वास झलकता है।

हमेशा प्रयत्नशील रहें

पृथ्वी पर रहने वाले प्राणियों में सिर्फ़ मनुष्य ही ऐसा है, जो अपने तौर तरीकों को बदल सकता है, इसलिए मनुष्य को अपनी नियति का निर्माता कहा गया है। इसलिए **'एज ए मैन थिंकेथ'** के लेखक **'जेम्स एलेन'** ने कहा था, **"आपकी सोच आपके व्यवहार में दिखाई पड़ती है और आपका व्यवहार आपके कार्य को निर्धारित करता है।"**

क्योंकि आप अपने विचारों पर नियंत्रण रख सकते हैं और अपने व्यवहार को मनचाहा आकार दे सकते हैं। इसलिए हमेशा कहिए, **'यस आई कैन'** सभी चुनौतियों को भूल जाओ। फिर आपके अंदर से आवाज़ आएगी, **"हाँ, मैं कर सकता हूँ।"** क्योंकि जब आप सोचते हैं कि मैं कर सकता हूँ, तो आप उस काम को ज़रूर कर लेते हैं। कुछ साल पहले जब दिल्ली में कॉमनवेल्थ गेम हो रहा था, तब देश के जाने माने संगीतकार ए.आर.रहमान ने एक गीत गाया था, जिसको नाम दिया गया था, **"लेट्स गो।"**

उस गीत ने देश के लोगों में जोश भर दिया था। यानी जब आप अपने काम में सकारात्मक रवैया अपनाते हैं, तब आत्मविश्वास उसे सच करने के लिए काम करने लगता है। तभी तो ग्रीक दार्शनिक इपिक्टेट्स ने कहा था, **"चमत्कार को स्वीकार करो। क्योंकि दौड़ हमेशा तेज़ भागने वालों के लिए नहीं होती, बल्कि उनके लिए भी होती है, जो लोग लगातार दौड़ते हैं।"**

इपिक्टेट्स के शब्दों में सफलता का गुरुमंत्र छिपा है। क्योंकि जो लगातार दौड़ता है, अंत में वही जीतता है।

इसलिए डॉ. एलिस पार्कर ने सकारात्मक सोच को ए.बी.सी. शब्दों से परिभाषित किया है।

ए (एक्टिवेटिंग ईवेंट)– 'ए' का अर्थ है **'एक्टिवेटिंग ईवेंट'** यानी कि एक सकर्मक करने वाली घटना। वह कोई भी काम हो सकता है, जो आपके ध्यान को अपनी तरफ खींचता है। ठीक वैसे ही, जैसेकि महात्मा गांधी के आश्रम में एक प्रसिद्ध संन्यासी आए। आश्रम के वातावरण, बापू के कार्यक्रम और विचारों से वह साधु बड़े प्रसन्न हुए और वहाँ ठहर गए। उनको आश्रम में मेहमान की तरह रखा गया। एक दिन साधु बापू से मिले और प्रार्थना करते हुए बोले, **"महात्मा गांधी जी मैं भी आपके आश्रम में रहकर जीवन बिताना चाहता हूँ। इस जीवन का सदुपयोग राष्ट्रहित में हो, तो यह मेरा महान सौभाग्य होगा।"**

बापू ने उनकी बातें सुनकर कहा, **"यह जानकर हमें बड़ी प्रसन्नता है। आप जैसे विरक्त साधु पुरुषों के लिए ही तो आश्रम होते हैं, किन्तु यहाँ रहने से पूर्व आपको इन गेरुए वस्त्रों का त्याग करना पड़ेगा।"**

महात्मा जी की बात सुनकर स्वामी जी मन–ही–मन बड़े क्रोधित हुए। अपने क्रोध पर संयम रखते हुए बोले, **"महात्मा जी! ऐसा कैसे हो सकता है, मैं संन्यासी जो हूँ।"**

"आप अपने संन्यास को कभी न छोड़ें, इसमें दिनों-दिन प्रगति करें। मैंने तो आपको गेरुए वस्त्र छोड़ने के लिए कहा है। उनको छोड़े बिना सेवा नहीं हो सकती।", बापू ने उन्हें समझाते हुए कहा

"स्वामी जी, इन गेरुए वस्त्रों को देखते ही हमारे देशवासी इन वस्त्रों को पहनने वाले की ही सेवा पूजा शुरू कर देते हैं। इन वस्त्रों के कारण अन्य लोग आपकी

सेवा को स्वीकार नहीं करेंगे। जो वस्तु हमारे सेवा कार्य में बाधा डाले उसे छोड़ देना चाहिए। फिर संन्यास तो मानसिक वस्तु है। पोशाक के छोड़ने से संन्यास नहीं जाता। गेरुआ वस्त्र पहनकर आपको सफ़ाई का काम कौन करने देगा?"

इसे आप एक्टिवेटिंग इवेंट वाली घटना कह सकते हैं।

बी. (बिलीफ़)– बी का अर्थ है '**बिलीफ़**' यानी आपकी मान्यताएँ, जो बिना किसी प्रस्तुत घटना के होती हैं। फिर आप अपने विचारों से अपनी मान्यताएँ गढ़ते हैं। उन विचारों से जिसको आपने व्यक्तिगत अनुभव के आधार पर पाया और विकसित किया होता है। ठीक वैसे ही, जैसेकि एक ग़रीब लड़का घर–घर जाकर सामान बेचा करता था। एक दिन सामान बेचते–बेचते उसे भूख लगी, लेकिन उसके पास इतने पैसे नहीं थे कि वह खाना खा पाता। उसने फैसला किया कि अगले घर से वह खाना माँग लेगा।

दरवाज़ा खटखटाया, तो एक ख़ूबसूरत लड़की सामने आई। ग़रीब लड़का सकपका गया और उसने खाने की जगह एक गिलास पानी माँग लिया। लड़की को लगा कि वह भूखा है, इसलिए उसने पानी की जगह उसे एक बड़ा गिलास दूध लाकर दे दिया। दूध पीकर जब लड़के ने पैसे देने की कोशिश की, तो उस लड़की ने लेने से इनकार कर दिया। ग़रीब लड़के ने उसका शुक्रिया अदा किया और वहाँ से चल दिया।

इस घटना के बाद हॉवर्ड केली नाम के इस लड़के का इनसानियत में भरोसा और ज़्यादा मज़बूत हो गया। वक़्त बीतता गया। एक बार वह ख़ूबसूरत लड़की गंभीर रूप से बीमार पड़ी। इलाज के लिए उसे शहर लाया गया, जहाँ डॉक्टरों ने कहा कि उसकी जान सिर्फ़ डॉक्टर हॉवर्ड केली ही बचा सकते हैं।

डॉक्टर केली से सलाह ली गई। जब उन्हें पता चला कि जिस महिला का वह इलाज करने जा रहे हैं, वह कहाँ से आई है, तो उनकी आँखों में चमक आ गई। वह उस महिला का चेकअप करने गए और उसे देखते ही पहचान गए। चेकअप करने के बाद भरपूर कोशिशें करनी शुरू कर दीं। डॉ. केली की कोशिशें रंग लाईं और महिला की जान बच गई।

जब अस्पताल का बिल पे करने की बारी आई, तो डॉक्टर केली ने कहा कि बिल पहले उनके पास लाया जाए। उन्होंने इस बिल पर कुछ लिखा और फिर उसे महिला के पास भेज दिया। बिल मिलते ही महिला सकते में आ गई। उसे लगा कि बिल इतना ज़्यादा होगा, जिसे अदा करने में उसकी ज़िंदगी निकल जाएगी, लेकिन जैसे ही उसने बिल खोला, उस पर लिखे एक जुमले को पढ़कर वह दंग रह गई।

बिल पर लिखा था, **"एक गिलास दूध के साथ पूरा भुगतान कर दिया गया है।"**

इस जुमले के नीचे थे डॉक्टर केली के दस्तख़त। महिला की आँखों से आँसू छलक पड़े। उसने मन–ही–मन ईश्वर को धन्यवाद दिया और प्रार्थना की कि हे ईश्वर, तेरी रहमत इसी तरह इनसानों के जरिए बरसती रहे।

सी. (कॉन्सीक्वेंसिज़)— सी का अर्थ है 'कॉन्सीक्वेंसिज़' यानी परिणाम। क्योंकि परिणाम के मनोभाव होते हैं, जो तब उभर कर आते हैं, जब एक सकर्मक घटना मान्यताओं को उद्वेलित करती है। इसलिए परिणाम लोगों को सबसे अधिक लुभाता है। क्योंकि यह आपकी मान्यताओं की बाहर से दिखने वाली अभिव्यक्ति होती है। ठीक वैसे ही, जैसेकि अपने चारों तरफ हर जगह दुख, ग़रीबी और बुराइयाँ देखकर एक दिन एक आदमी अपना आपा खो बैठा और आसमान की ओर देखते हुए धरती पीट-पीटकर उसने भगवान से कहा, *"देखो तुमने कैसी दुनिया बनाई है। यहाँ दुख और दर्द के सिवा कुछ नहीं है। हर तरफ ख़ूनख़राबा और नफ़रत है। हे ईश्वर! ऐ मेरे भगवान! तुम कुछ करते क्यों नहीं?"*

बहुत देर तक वह व्यक्ति इसी तरह भगवान और उसकी बनाई दुनिया में तरह-तरह के दुखों की दुहाई देकर भगवान को बुलाता रहा मगर कुछ हुआ नहीं। अब उसका धैर्य खोने लगा था। वह निराश हो गया और उसे लगा कि अब भगवान भी शायद कुछ करने वाले नहीं हैं। उसके मन में तरह-तरह की बातें आने लगीं, हो सकता है, इस स्थिति में भगवान भी घबराने लगे हों या फिर वे अब कुछ करना ही नहीं चाहते। उसने सिर झुका लिया और मौन खड़ा रहा पर थोड़ी ही देर बाद आकाश गर्जना हुई। भगवान ने उसकी दर्दभरी पुकार सुन ली थी। भगवान अपने दिव्य रूप में उसके सामने थे।

भगवान ने कहा, *"मैंने किया है। मैंने तुम्हें वहाँ भेजा है, इसलिए कि तुम कुछ करो। ज़िम्मेदारी उठाओ। तुम्हारा अनिश्चय और अनिर्णय तुम्हें कहीं नहीं ले जाएगा।"*

ईश्वर की बात सुनकर उसे थोड़ा दम आया। भगवान थोड़ी देर फिर मौन रहे और फिर बोले, *"हे मानव! हर स्थिति में धैर्य रखना सीखो। फिर अपनी भूमिका का निर्वाह करो। यह मत सोचो कि स्थितियों को बदलने के लिए कोई आएगा। ये सभी समस्याएँ तुम्हारी ही बनाई हुई हैं, इसलिए तुम्हें ही इनका समाधान ढूँढ़ना पड़ेगा।"*

ऐसी घटना हम सबके साथ होती है और उनका समाधान भी हमें ही ढूँढ़ना होता है। दुनिया में ऐसे बहुत से प्रभावशाली लोग हैं, जिन्होंने अपने स्तर पर समस्या का समाधान ढूँढ़ा और अपने मिशन में सफल हो गए। उनमें से कुछ लोगों के बारे में मैं आपको बता सकता हूँ:-

➲ लूसील बॉल ने अपनी प्रमुख अदाकारी वाली भूमिका पाने से पहले 22 साल न्यूयॉर्क में एक हैट गर्ल और वेट्रेस के रूप में काम किया।

➲ कर्नल हार्लेन सैंडर्स, एक सेवानिवृत्त कर्नल को अपनी चिकन रैसिपी बेचने के लिए 1009 दरवाज़े खटखटाने पड़े थे।

➲ एलेक्स हालें बारह साल लगभग 1,00,000 डॉलर के ऋण में दबे रहकर बिताए, इससे पहले की वो अपनी पुस्तक 'रूट्स' के लिए कोई प्रकाशक पा सकते।

- विंडसन चर्चिल का स्कूली जीवन ऐसी रिपोर्टों से भरा था, जिनमें कहा गया था कि उनमें कोई महत्त्वाकांक्षा नहीं, पढ़ाई-लिखाई में कमज़ोर और अनुपयुक्त व्यवहार।

- रॉड क्यू ने झाड़ू के डंडे को बैट की तरह इस्तेमाल करके बेसबॉल खेलना सीखा, जबकि उन्हें टेनिस बॉल को एक बेसबॉल की गेंद की जगह और दस्तानों की जगह काग़ज़ के लिफ़ाफ़े को इस्तेमाल करना पड़ा था।

- थॉमस एडिसन ने बिजली का बल्ब बनाने में सफलता पाने से पहले लगभग 10,000 बार इसका प्रयास किया था।

- डॉली पार्टन बारह बच्चों में से चौथी बच्ची थी, जो एक दो कमरे के लकड़ी के घरोंदे में रहती थी, उसने अपने परिवार का वर्णन हिलबिलीज में सबसे ग़रीब परिवार के रूप में लिया है।

- वाल्ट डिज्नी को कैन्साज सिटी के एक अख़बार के संपादक ने कहा था कि उनके बनाए स्केचेज में कोई खूबी नहीं है।

- अलबर्ट आइंस्टीन को अपने स्कूल के दिनों में, मौखिक रूप से बात कहने में कठिनाइयों के कारण बेशुमार कठिनाइयों का सामना करना पड़ा था। वे चार साल के होने तक बोल नहीं पाते थे। उनके एक अध्यापक ने कहा था, **"वो कभी कुछ नहीं कर पाएगा।"**

ये सब उन लोगों के उदाहरण हैं, जिन्होंने अपनी समस्या का समाधान खुद ढूँढ़ा और सफल हो गए।

> **प्रकृति आपकी योग्यता का निर्माण करती है और आपको अवसर देती है। कुछ कर दिखाने के लिए, भाग्य बनाने के लिए!**

अमेरिकी राष्ट्रपति बराक ओबामा अकसर यह कहते पाए जाते हैं कि चीन और भारत बड़ी तेज़ी से आगे बढ़ते जा रहे हैं और कहीं ऐसा न हो कि वे हमें पीछे छोड़ दें। उनकी चिंता निराधार नहीं थी। यह बात पिछले हफ़्ते विश्व बैंक की एक रिपोर्ट में व्यक्त किए गए इस अनुमान से भी साबित होती है। जिसमें कहा गया है, जिस तेज़ी से भारतीय अर्थव्यवस्था आगे बढ़ रही है, बहुत संभव है कि कुछ सालों में वह अमेरिकी अर्थव्यवस्था को पीछे छोड़ दे। अगर ऐसा हुआ तो पिछले क़रीब सौ साल से अमेरिका के सिर पर चमकता 'सबसे अमीर देश' का ताज उससे छिन जाएगा और आप सबसे अमीर देश के नागरिक कहलाएँगे।

लेकिन अमीर आपको भी बनना होगा, और अमीर बनने के लिए 'बिज़नेस स्कूल' में दाख़िला लेना होगा। क्योंकि यह स्कूल दौलत कमाने का नहीं, दौलत बनाने का हुनर सिखाता है।

सोलहवाँ मंत्र
असफल होने पर चिंतन करें

सलमान खान की फिल्म **'सुल्तान'** में दिखाया गया है कि जुनून से लबरेज व्यक्ति जीवन में आने वाली विपरीत परिस्थितियों में भी हार नहीं मानता, बल्कि वह उसे अस्थायी बाधा के रूप में देखता है और उसे पार करने के समाधान ढूँढ़ता है।

क्योंकि जुनून उन सब चीज़ों को अपनी ओर आकर्षित करता है, जो आपको पसंद होती हैं। इसलिए फिल्मों में संगीत की थीम उस तरह से पिरोई जाती है, जो आपको झूमने के लिए मज़बूर करे। फिर जब गाने आप सुनते हैं, तब आप ख़ुशी महसूस करते हैं।

कहते हैं कि मोहम्मद गौरी ने पृथ्वीराज चौहान को अंधा कर दिया था। कवि चंद बरदाई की दोहा का अंदाज़ा लगाकर पृथ्वीराज ने ग़ज़नी पर वार किया था। संगीतकार जयकिशन पार्श्व संगीत ध्वनिबद्ध करने के लिए दृश्य देखते समय उसकी अवधि नोट नहीं करते थे और उनके द्वारा रची ध्वनि हमेशा दृश्य की अवधि पर फिट बैठती थी।

एक अमेरिकी फिल्म में क़ैदी बिना घड़ी देखे सही समय बताता था और उसकी इसी योग्यता के सहारे जेल से भागने में क़ैदी सफल होते हैं।

बंगला उपन्यास **'रात के मेहमान'** में चोरी का प्रशिक्षण देते समय अंधेरे में साँस की ध्वनि सुनकर कमरे में सोने वालों की संख्या का अनुमान लगाने का विवरण है। आर. के. नैयर की फिल्म **'क़त्ल'** में अंधा नायक अपनी बेवफा पत्नी का क़त्ल करता है। पत्नी अपने पति के ध्वनि पर निशाना लगाने की कला जानती है, परन्तु दरवाज़े के निकट पहुँचकर सुकून की साँस लेती है और मारी जाती है।

ध्वनि पर निशाना साधने के विवरण महाभारत से लेकर आज तक मिलते हैं। शायद एक कमतरों के एवज में कुदरत दूसरी शक्ति को विकसित करती है। प्राय: अंधे बेहतर सुन सकते हैं या उनकी सूँघने की शक्ति अधिक होती है।

सूरदास ने कृष्ण लीला का ऐसा वर्णन किया है कि लगता है सब उनके सामने घटित हुआ था। मनुष्य की पाँचों इंद्रियाँ भीतर से जुड़ी हैं और उनमें कमाल का तालमेल है।

धर्मग्रंथों से ज्ञान प्राप्त करें

शास्त्रों में बताया गया है कि युधिष्ठिर जब मारा-मारी से तंग हो गए, तब उन्होंने अर्जुन के पौत्र परीक्षित का राजतिलक किया और स्वयं संन्यासी रूप धारण कर राजभवन से निकल गए। उनका अनुगमन द्रौपदी व चारों भाइयों ने भी किया।

युधिष्ठिर ने माया-मोह त्याग दी। बिना रुके वे निरंतर चलते गए। सत्पथ पार हुआ स्वर्गारोहण की दिव्यभूमि आई। द्रौपदी, नकुल, सहदेव, अर्जुन ये क्रम से गिरने लगे। युधिष्ठिर न तो रुके और न गिरते भाइयों की ओर देखा।

युधिष्ठिर जब स्वर्गारोहण के उच्चतम शिखर पर पहुँचे, तब एक कुत्ता उनके साथ था, जो हस्तिनापुर से ही उनके पीछे आ रहा था। शिखर पर पहुँचते ही देवराज इंद्र ने युधिष्ठिर का स्वागत करते हुए, स्वर्ग चलने का आग्रह किया। तब युधिष्ठिर ने अपनी पत्नी व भाइयों को भी स्वर्ग ले जाने की प्रार्थना की।

देवराज ने उन्हें सूचना दी कि वे पहले ही स्वर्ग पहुँच गए हैं। तब युधिष्ठिर ने कहा, **"इस कुत्ते को भी विमान में बैठा लें।"**

इंद्र ने कहा, **"आप धर्मज्ञ होकर ऐसी बातें क्यों करते हैं? स्वर्ग में कुत्ते का प्रवेश कैसे हो सकता है?"**

तब युधिष्ठिर बोले, **"यह मेरा आश्रित है और आश्रित का त्याग अधर्म है।"**

इंद्र ने तर्क दिया, **"स्वर्ग की प्राप्ति पुण्यों के फल से होती है। यह पुण्यात्मा होता, तो इस अधर्म योनि में क्यों जन्म लेता?"** तब युधिष्ठिर ने कुत्ते को अपना आधा पुण्य अर्पित किया।

धर्मराज युधिष्ठिर को प्रेरणा मानकर आजकल दुनिया के सबसे नामी इनवेस्टर वॉरेन बफे ने एक मुहिम शुरू की है, जिसके तहत अमेरिका के सबसे अमीर लोगों से कहा गया कि वे अपनी दौलत का आधा हिस्सा जरूरतमंदों की भलाई के लिए दान कर दें।

इन अमीरों के पास बेहिसाब दौलत है। जिन कंपनियों को वे चलाते हैं, उनका कारोबार कई देशों की जीडीपी से ज्यादा बैठता है। इनके दान का जो आँकड़ा बनेगा, वह जल्द ही किसी भी इंटरनेशनल एजेंसी को पीछे छोड़ देगा।

अमेरिका के बाद बफे इस मुहिम को दुनिया में फैला रहे हैं और ऐसी ख़बरें हैं कि वे भारत के दौलतमंदों को भी इसमें शामिल कर लेंगे। बहुत से लोगों का रिएक्शन इस पर यह रहा है कि ये लोग कोई तीर नहीं मार रहे, पब्लिक का पैसा पब्लिक को ही लौटा रहे हैं। इस रिएक्शन के पीछे यह मान्यता है कि इनकी दौलत दरअसल देश या समाज की ही दौलत है।

क्योंकि जब कोई शख्स पैसा बनाने लगता है, तो वह समाज की कुल दौलत में अपना हिस्सा बढ़ा लेता है, जबकि दूसरों का घट जाता है। इसीलिए कई लोग उन सूचियों को सख्त नापसंद करते हैं, जिनमें बताया जाता है कि अमीरी के पायदानों पर कौन कहाँ है।

इस बात का रोना तो मीडिया में भी अकसर रोया जाता है कि देश की कुल दौलत का 80-90 फ़ीसदी हिस्सा 10-20 फ़ीसदी अमीरों के पास है, जबकि बाक़ी 10-20 फ़ीसदी दौलत 80-90 फ़ीसदी आबादी को मयस्सर हुई है।

रीयल इकनॉमिक्स में दौलत कोई स्थिर चीज़ नहीं है। वह उद्यम, पूँजी, जोख़िम, लेबर और रॉ-मटीरीयल से पैदा होती है और लगातार बढ़ती रहती है। लिहाज़ा ऐसा नहीं है कि जब कोई शख्स अपने एंटरप्रिन्योरशिप से दौलतमंद होने लगता है, तो वह दूसरों की दौलत छीनता है।

वह नई दौलत पैदा करता है। इससे गैर-बराबरी दिखने लगती है, क्योंकि जो लोग इस तरक्की में शामिल नहीं हुए हैं, वे इनकम के दूसरे छोर को पुराने लेवल पर ही रोके रखते हैं। लेकिन इससे यह नतीजा नहीं निकाला जाना चाहिए कि गैर-बराबरी दूर करने के लिए पहले छोर पर इनकम में बढ़ोतरी को रोक दिया जाए। जो लोग ये मानते थे कि बराबरी लाने के लिए अमीरों की दौलत छीनकर सभी को बराबर बाँट दी जाए, उन्हें हिस्ट्री ने ठिकाने लगा दिया है।

इसलिए हमें उन लिस्टों का स्वागत करना चाहिए, जो देश में बढ़ते दौलतमंदों का हिसाब देती हैं। अगर देश की 90 फ़ीसदी दौलत 10% लोगों के हाथ में है, तो इसका मतलब है कि हमारे लोगों ने ज़बरदस्त दौलत पैदा की है, उन्होंने कारोबार में कामयाबी के रिकॉर्ड कायम कर लिए हैं। चंद लोग इतने कामयाब हो सकते हैं, तो बाक़ी 90 फ़ीसदी की ज़रा-सी मेहनत कमाल दिखा सकती है। दौलत पैदा होने से गैर-बराबरी नहीं आती। गैर-बराबरी इसलिए है कि ज़्यादातर को दौलत पैदा करने का मौका नहीं मिला।

लेकिन वॉरेन बफे और बिल गेट्स सिर्फ़ अमीरी के लिए ही नहीं जाने जाते, बल्कि वे अपनी कमाई का एक हिस्सा जनता को वापस लौटाने के लिए भी जाने जाते हैं। लेकिन ये लोग भी आप और हम जैसे ही हैं। उन्होंने जो कारनामे कर दिखाए, वे किसी जादू की छड़ी के बल पर नहीं किए, बल्कि जो कुछ भी किया, अपने बल पर किया।

अब हिंदुस्तान में भी अरबपतियों की संख्या बढ़ रही है, जो वैश्विक अर्थव्यवस्था में हमारे बढ़ते दख़ल का संकेत है और हमारी समृद्धि का प्रमाण है।

अब हम दुनिया की सबसे ऊँची इमारतों से मुकाबला करने के लिए 117 मंज़िला वाले ऊँचे टॉवर खड़े कर रहे हैं। इसलिए आपको भी वक़्त के साथ चलना होगा तथा पता लगाना होगा कि आप कितना सकारात्मक सोचते हैं और इसके लिए आपको एक एटीट्यूड टेस्ट से गुज़रना होगा, जो आपके आशावादी दृष्टिकोण का पर्दाफ़ाश करेगा :-

1. क्या आप ख़ुद को इतना शक्तिशाली बना सकते हैं कि कोई भी चीज़ आपकी दिमाग़ी शांति को भंग न कर सके? हाँ ☐

2. क्या आप हर किसी से सेहत, ख़ुशी और समृद्धि की बातें करते हैं? हाँ ☐

3. क्या आप हर चीज़ में सकारात्मक पक्ष देखते हैं? हाँ ☐

4. क्या आप ख़ुद को प्रभावशाली महसूस करते हैं? हाँ ☐

5. क्या आप दूसरों की सफलता पर ख़ुशी महसूस करते हैं? हाँ ☐

6. क्या आप बेहतर काम करने की उम्मीद रखते हैं? हाँ ☐

7. क्या आप पुरानी ग़लतियों को याद रखते हैं? हाँ ☐

8. क्या आप चिंताओं से दूर रहते हैं? हाँ ☐

9. क्या आप ख़ुश रहने की कोशिश करते हैं? हाँ ☐

10. क्या आप ख़ुद को बेहतर बनाने के बारे में सोचते हैं? हाँ ☐

11. क्या आप कठिनाइयों को चुनौतियों के रूप में देखते हैं? हाँ ☐

12. क्या आप ईश्वर में आस्था रखते हैं? हाँ ☐

ये वे गुण हैं, जो आपकी सकारात्मक सोच को प्रदर्शित करते हैं। इसलिए अपने उत्तर का योग कीजिए और पता लगाइए अपनी सोच के बारे में:-

➲ यदि आपके 8 या 8 से अधिक उत्तर सही हैं, तब समझ लीजिए कि आप सकारात्मक सोचते हैं और भविष्य में प्रभावशाली व्यक्तित्व के मालिक बन सकते हैं।

➲ लेकिन 8 से कम उत्तर सही होने पर सावधान हो जाइए। क्योंकि आपकी सोच नकारात्मक है, जो आपको आगे बढ़ने से रोकती है।

तभी तो महान विचारक ओशो ने कहा था, **"यदि आप अपने अंदर सकारात्मक सोच विकसित कर लेते हैं, तब आप वह सब पा सकते हैं, जिसकी आप कल्पना करते हैं।"**

इसलिए जीवन में आगे बढ़ने के लिए चिंतन बहुत ज़रूरी है। चिंतनशील मस्तिष्क प्रगतिशील मनुष्य की निशानी है। आप चिंतन के जरिए ही अपनी ख़ूबियों और ख़ामियों के बारे में गहराई से जानते हुए जीवन में आगे बढ़ने की राह प्रशस्त कर सकते हैं।

लेकिन सफलता की स्थिति में चिंतन करना इसलिए अनिवार्य है कि आप इसके जरिए यह जान सकते हैं कि आपने कामयाबी को हासिल करने के लिए किन चीज़ों का सहारा लिया, आपके ताकतवर पक्ष कौन से रहे, आगे के सफ़र में कामयाबी के लिए और किस रास्ते का अनुसरण किया जाए इत्यादि-इत्यादि।

असफलता की अपेक्षा सफलता की स्थिति में अपने चिंतन को सतत् जारी रखना और ज़्यादा ज़रूरी हो जाता है। सफलता पाना जितना मुश्किल है, उसे बनाए रखना और आगे के सफ़र में कामयाब होना उससे भी ज़्यादा मुश्किल।

बिज़नेस गुरु तरुण इन्जीनियर

आप चाहे किसी भी कारोबार में हों, अध्ययन कर रहे हों या अपने परिवार से ही किसी समस्या के निराकरण में आपको असफलता हाथ लगी हो। ऐसे मामलों में भी चिंतन बहुत ज़रूरी है, ताकि आगे उस असफलता को आप न दोहरा सकें।

असफलता के दौरान आपने क्या ग़लतियाँ कीं, आपके वीक पॉइंट्स क्या रहे, प्रतिद्वंद्वी को आगे बढ़ने के लिए ज़िम्मेदार तत्त्व क्या रहे इत्यादि बातों पर चिंतन करना श्रेयस्कर रहता है।

लेकिन मध्य की स्थिति उसे कहा जाएगा, जब आप अपने मिशन की शुरुआत करने जा रहे हैं। ऐसी स्थिति में आपको चार तरह से चिंतन करना होगा:–

1. आप अपने काम को किस तरह से अंजाम दे सकते हैं।

2. इस काम के लिए आपको किन संसाधनों की आवश्यकता होगी।

3. आपके कमज़ोर पक्ष क्या हैं और उन्हें पहले ही किस तरह मज़बूत कर लिया जाए।

4. यदि अमुक प्रकार की कोई समस्या आड़े आ गई, तो आप उससे कैसे बाहर निकलेंगे आदि-आदि।

5. चिंतन एकांत में करें और छोटी-छोटी चीज़ों से इसकी शुरुआत करें।

क्योंकि दुनिया में जितनी भी महान हस्तियाँ हुई हैं, उन्होंने चिंता से नहीं। चिंतन से उपलब्धियाँ हासिल की हैं। उनमें से कुछ हस्तियों के बारे में आपको जानना बहुत ज़रूरी है:–

➲ एन्ड्रयू कारनेगी अमेरिका के सबसे अमीर आदमी थे। वे स्कॉटलैंड से बचपन में ही अमेरिका आ गए थे। उन्होंने बहुत से छुटपुट काम किए और अंत में वे अमेरिका के सबसे बड़े स्टील निर्माता बन गए। एक वक़्त ऐसा था, जब उनके अधीन तैंतालीस मिलियनेअर काम कर रहे थे। उस ज़माने में मिलियनेअर होना एक दुर्लभ बात थी, दरअसल उस समय के एक मिलियन डॉलर का मूल्य आज कम-से-कम बीस मिलियन डॉलर होता। एक रिपोर्टर ने कारनेगी से पूछा कि उन्होंने किस तरह तैंतालीस मिलियनेअरों को काम पर रखा। कारनेगी ने जवाब दिया कि वे उनके यहाँ काम करने आए थे, तब वे मिलियनेअर नहीं थे, बल्कि वहाँ पर काम करने के कारण वे मिलियनेअर बने थे। फिर रिपोर्टर ने पूछा कि उन्होंने इन लोगों को किस तरह विकसित करके अपने लिए इतना बहुमूल्य बनाया कि वे उन्हें इतनी ज़्यादा तनख़्वाह दे रहे हैं। कारनेगी ने जवाब दिया कि लोगों को उसी तरह विकसित किया जाता है, जिस तरह सोने की खुदाई की जाती है। जब सोना खोदा जाता है, तो एक औंस सोना हासिल करने के लिए कई टन धूल हटानी पड़ती है।

सेल्स प्रतिनिधि दुनिया के 105 देशों में एवन प्रोडक्ट्स बेचते हैं, जिनमें ज़्यादातर महिलाएँ हैं।

➲ डडली सीनियर डडली प्रोडक्ट्स, इंक के प्रेसिडेंट हैं और महान अमेरिकी हैं। उनकी कहानी यह बताती है कि व्यक्तिगत संघर्ष और सकारात्मक नज़रिया संकट को अविश्वसनीय सफलता में बदलने की कुँजियाँ हैं। जबकि स्कूली जीवन में डडली का नज़रिया नकारात्मक ही रहा वे जहाँ रहते थे, किसी-ने-किसी संकट में फँस जाते थे और दुर्व्यवहार करने लगते थे। नॉर्थ कैरोलिना ए, एंड टी. जाकर उन्होंने फुलर ब्रश कंपनी प्रोडक्ट्स सेल्स किट में दस डॉलर की पूंजी का निवेश किया। कॉलेज की पढ़ाई का ख़र्च निकालने के लिए उन्होंने घर-घर जाकर फुलर के प्रोडक्ट्स बेचे। कॉलेज में उनकी मुलाकात एक और लड़की से हुई, जो पहले वाली लड़की से भी ज्यादा सुंदर थी। दोनों ने शादी कर ली। इसके बाद डडली का नज़रिया बिलकुल बदल गया। उनका आत्मविश्वास प्रबल हो गया। कॉलेज की पढ़ाई पूरी करने के बाद भी वे घर-घर जाकर सामान बेचते रहे। वे न्यूयॉर्क में रहने लगे और जल्दी ही उनकी टीम अमेरिका में सबसे ज्यादा सामान बेचने वाली फुलर टीम बन गई। जब फुलर के प्रोडक्ट्स ग्राहकों की माँगों को पूरा नहीं कर पाए, तो उन्होंने अपने ग्राहकों को संतुष्ट करने के लिए अपने प्रोडक्ट्स तैयार किए। सन् 1975 में उन्होंने डडली प्रोडक्ट्स इंक शुरू की। उस समय उनकी पत्नी और तीन बच्चे किचन में हेयर केअर और कॉस्मेटिक्स प्रोडक्ट्स बनाते थे। छोटी-सी शुरुआत से उन्होंने आज करोड़ों डॉलर की कंपनी बना ली है। जिसमें विशाल कॉस्मेटोनॉजी यूनिवर्सिटी, उन्नीस ब्यूटी स्कूल्स और विश्वव्यापी ऑफिस हैं। उन्होंने एक बेस्टसेलिंग पुस्तक भी लिखी, जिसका शीर्षक है, 'वॉकिंग बाई फेथ, आई एम एंड आई विल'।

इन लोगों की सफलता से पता चलता है कि मानसिक दृष्टिकोण बदलते ही सकारात्मक सोच पैदा हो जाती है। यह एकदम सच है, क्योंकि पिछले महीने जब मैं इस पुस्तक को लिख रहा था, तब मुंबई से दीपक मांजेकर का लंबा-चौड़ा ई-मेल आया, जिसमें लिखा था, **"मैं पहले बहुत ही नकारात्मक सोच वाला युवक था, लेकिन जब मैंने आपकी पुस्तक 'बड़ा सोचो, बड़ा बनो' को पढ़ा, तो अचानक मेरा मानसिक दृष्टिकोण सकारात्मक हो गया।"**

मैंने ईश्वर में आस्था रखने और स्वयं अच्छे-से-अच्छा कार्य करने का निर्णय लिया। मेरे मस्तिष्क में नए-नए विचार आने लगे। मैं सबसे अलग ढंग से सोचने लगा। कुछ ही समय में मेरे पुराने असफलता के विचार इस नए आध्यात्मिक अनुभव द्वारा बाहर खदेड़ दिए गए और नए विचारों के प्रवाह ने धीरे-धीरे किंतु वास्तव में मुझे नया आदमी बना दिया।

इस घटना से हमें इनसानी स्वभाव के बारे में इस महत्त्वपूर्ण तथ्य का पता चलता है कि आप नकारात्मक ढंग से यानी असफलता और दुख दिलाने वाले ढंग से सोच सकते हैं, किंतु आप सकारात्मक ढंग से यानी सफलता और सुख दिलाने वाले ढंग से भी सोच सकते हैं।

जिस दुनिया में आप रहते हैं, वह दुनिया मूल रूप से बाहरी स्थितियों या परिस्थितियों से निर्धारित नहीं होती, बल्कि आपके दिमाग़ में आदतन रहने वाले विचारों से निर्धारित होती है। पुराने समय के महान चिंतक मार्क्स ऑरेलियस के बुद्धिमत्तापूर्ण शब्दों को याद कीजिए कि किसी आदमी की ज़िंदगी उसके विचारों से ही बनती है।

यह कहा जाता है कि अमेरिका का सबसे शानदार इनसान राल्फ वाल्डो इमर्सन था, जो कॉन्कॉर्ड का संत था। इमर्सन ने कहा था, **"आदमी वैसा ही होता है, जैसा वह दिन-रात सोचता रहता है।"**

एक प्रसिद्ध मनोवैज्ञानिक कहते हैं, **"मानव स्वभाव में एक गहरी प्रवृत्ति है कि वह बिलकुल वैसा ही बन जाता है, जैसी वह अपने बारे में आदतन कल्पना करता है।"**

सोचने का तरीका बदल दें

आप यदि सकारात्मक ढंग से सोचते हैं, तो आप अपने जीवन में सकारात्मक शक्तियों को सक्रिय कर देंगे, जिससे आपको सकारात्मक परिणाम मिलने लगेंगे। सकारात्मक विचार आपके आसपास ऐसा माहौल बना देते हैं, जिससे अनुकूल परिस्थितियाँ निर्मित होने लगती हैं।

इसके विपरीत यदि आप नकारात्मक विचार सोचेंगे, तो आप अपने आसपास ऐसी परिस्थितियाँ बना लेते हैं, जो आपके प्रतिकूल होती हैं और जिनके परिणाम नकारात्मक होते हैं।

अपनी परिस्थितियों को बदलने के लिए सबसे पहले आपको अलग तरह से सोचना शुरू करना चाहिए। हाथ-पर-हाथ रखकर असंतोषजनक परिस्थितियों को स्वीकार न करें, बल्कि अपने मस्तिष्क में आदर्श परिस्थितियों का चित्र बनाएँ। इस चित्र को बनाए रखें, इसे पूरे विस्तार से विकसित करें, इसमें विश्वास करें, इसके बारे में प्रार्थना करें, इस पर काम करें और आप इसे वास्तव में उसी अनुरूप बदल देंगे, जो आपके सकारात्मक चिंतन द्वारा बना मानसिक चित्र था।

इस बात से पता चलता है कि जब आप नकारात्मक तरह से सोचेंगे, तो आपको सकारात्मक परिणाम मिलेंगे। इस बात को विस्तार से समझाने के लिए मैं आपको एक कहानी सुनाता हूँ।

एक दिन एक शरारती लड़का अपने पिता के खेत के पास वाले पहाड़ पर चढ़ गया। वहाँ उसे बाज का घोंसला दिखा। उसने घोंसले में से एक अंडा निकाला और उसे घर लाकर मुर्गियों के दरबे में मुर्गी के अंडों के बीच रख दिया, जिन्हें मुर्गी से रही थी। मुर्गी अंडों पर तब तक बैठी, जब तक कि चूजे बाहर नहीं निकल गए और मुर्गी के बच्चों के बीच ही बाज का बच्चा भी बाहर निकल आया।

बाज का बच्चा भी चूज़ों के साथ बड़ा हुआ और उसे बिलकुल भी पता नहीं था कि वह मुर्गा नहीं बाज है। कुछ समय तक वह सामान्य मुर्गे की ज़िंदगी जीता रहा लेकिन जब बाज का बच्चा बड़ा होने लगा, तो उसे अपने भीतर अजीब हलचल महसूस हुई।

कभी-कभार वह सोचता था, **"मुझमें मुर्गे से ज़्यादा कुछ होना चाहिए।"**

लेकिन उसने इसके बारे में तब तक कुछ नहीं किया, जब तक कि एक विशाल बाज उड़कर दरबे तक नहीं आ गया। बाज के बच्चे को अपने पँखों में अजीब-सी नई शक्ति महसूस हुई।

उसे अपने सीने में एक तेज़ धड़कन का एहसास हुआ। बाज को देखते ही उसके मन में यह विचार आया, **"मैं उस जैसा हूँ। मैं मुर्गे के दरबे तक सिमटकर नहीं रहूँगा। मैं आसमान में उड़ना चाहता हूँ और पहाड़ों की चोटी पर पहुँचना चाहता हूँ।"**

वह कभी नहीं उड़ा था, लेकिन उसके भीतर उड़ने की शक्ति और नैसर्गिक एहसास था। उसने अपने पंख फैलाए और एक नीची पहाड़ी के ऊपर पहुँच गया। ख़ुश होकर वह और ऊँची पहाड़ी की चोटी तक उड़ा तथा आख़िरकार एक बहुत ऊँचे पर्वत शिखर पर पहुँच गया। इसलिए आपको भी अपने अंदर हौसला पैदा करना होगा।

■

मज़ा तनाव में कमी ला देता है,
क्योंकि तनाव मज़े को कम कर देता है।
इसलिए जीवन में ख़ूब मज़े लूटिए, परन्तु कोई ऐसा काम मत
कीजिए, जिससे तनाव पैदा हो?
वरना तनाव आपकी शारीरिक ऊर्जा को नष्ट कर देगा, फिर
आप मज़ा लेने लायक ही नहीं रहेंगे।

जब आप लिखते हैं **GOD IS NOWHERE** तब मतलब निकलता है ईश्वर कहीं नहीं है। लेकिन जब आप लिखते हैं **GOD IS NOW, HERE**, तब मतलब निकलता है कि ईश्वर अब यहीं है।

इसलिए आप सिर्फ़ जीत के बारे में सोचिए, हार के बारे में मत सोचिए। क्योंकि जीत से सकारात्मक सोच पैदा होती है। फिर आपका हौसला बुलंद हो जाता है और आप सफलता की सीढ़ियाँ चढ़ते चल जाते हैं।

सत्रहवाँ मंत्र
हौसला बुलंद रखें

एक अभिनेता जीवन में विविध भूमिकाओं का निर्वाह करता है। पात्र की भावनाओं को अभिव्यक्त करने के लिए उसे अपने हृदय में उन भावनाओं का रोपण करना होता है। अपनी कल्पना में पात्र के हाव-भाव और संवेदनाओं की रचना करनी पड़ती है, क्योंकि वह भावना के आयात-निर्यात का माध्यम बन जाता है।

गंभीर और समर्पित कलाकारों के लिए यह विगत जन्म की यादों में जाने की तरह होता होगा। यह स्वयं को हिप्नोटाइज करने की तरह का मामला है। यह विचारणीय है कि क्या कलाकार यथार्थ जीवन में भी अभिनय तकनीक का सहारा लेकर परिवार और मित्रों के बीच भी भावना को उकेरता होगा, उन भावों को अभिव्यक्त करता होगा, जो भावना के कारोबार की थकान के कारण अब उसके लिए संभव नहीं रह पातीं।

कैमरे के सामने और उसके परे भी उसे अभिनय करना पड़ता है। अजनबियों के बीच अपनी छवि की ख़ातिर मुस्करा-मुस्कराकर उसके जबड़े में दर्द होने लगता होगा। हम इसकी कल्पना ही कर सकते हैं कि भावना के इस आयात-निर्यात का क्या असर उसके अवचेतन पर होता होगा।

कल्पना कीजिए की एक त्रासदी फिल्म के क्लाइमैक्स की शूटिंग करके कलाकार घर आता है और उसे अपने किसी परिजन के साथ हुए हादसे की ख़बर मिलती है। वह भावना के स्तर पर थककर रीत गाया है, परन्तु प्रतिक्रिया तो देनी ही पड़ेगी।

यथार्थ के दुख के समय बह रहे आँसुओं में वह ग्लिसरीन भी शामिल है, जो शूटिंग के समय आँसू लाने के लिए मेकअप मैन ने डाली थी। इस खेल का यही सबसे त्रासद पक्ष है कि असली-नकली आँसुओं में स्वयं रोने वाले भी भेद नहीं कर पाते।

इसलिए अत्यंत लोकप्रिय हॉलीवुड सितारे मार्लिन ब्रांडो ने कहा था कि सफल होने के बाद अभिनय सबसे आसान काम हो जाता है। इस कथन में दो बातें निहित हैं। एक तो यह कि दर्शक के स्वीकार किए जाने के बाद आपके प्रयास उसे अच्छे लगते हैं।

जैसा प्रेम में होता है कि आपको साथी की हर बात अच्छी लगने लगती है। प्रेम इस ज़मीन पर पनपता है कि स्त्री को पुरुष सबसे बुद्धिमान और पुरुष को स्त्री सबसे सुंदर नज़र आती है। यह भ्रम जब तक टिका रहता है, प्रेम भी फलता-फूलता है। वरना प्रेम मरने के बाद भी विवाह तो टिका ही रहता है, प्रेमविहीन घिसटते रेंगते हुए विवाह अनगिनत देखे हैं।

दर्शक और उसके प्रिय सितारे के बीच भी भ्रम बने रहने तक ही लोकप्रियता बनी रहती है। सच तो यह है कि सारे रिश्ते, प्रारंभिक अवरोध के बाद जन्मे विश्वास और स्वीकृति से ही जन्म लेते हैं। यह स्वीकार करने का भाव ही जीवन में निर्णायक सिद्ध होता है। दूसरी बात यह है कि सफल होते ही कलाकार का आत्मविश्वास बढ़ जाता है और अभिनय से अटपटापन निकल जाता है।

सफलता स्वस्थ रहने का टॉनिक है

रोज़मर्रा के जीवन में जब आम आदमी की जेब में पैसा होता है, तब उसकी चाल में आप मस्ती देख सकते हैं। कुछ लोग तो आदमी की चाल देखकर ही उसकी हैसियत का अनुमान लगा लेते हैं।

सफल कलाकार काम करते समय प्रसन्न भी रहता है और हृदय की ख़ुशी उसकी ऊर्जा बन जाती है। फिर वे मुंबई जैसे महानगर में ऊँचे-ऊँचे बँगले बनाते हैं।

ऋषि कपूर मुंबई में अपने 27 पाली हिल स्थित **'कृष्णाराज'** बँगले को तोड़कर सोलह मंज़िला इमारत बनाने जा रहे हैं। हालाँकि इस इमारत में वह कोई किराएदार नहीं रखेंगे और न ही इसका कोई हिस्सा बेचेंगे। इस प्रस्तावित इमारत में उनका परिवार ही रहेगा और अपनी सुविधा के लिए वहाँ छोटा-सा प्राइवेट सिनेमा हाल भी होगा, जैसाकि मुकेश अंबानी और शाहरुख खान के घर पर बना है।

गुजरे ज़माने में अमीर लोग और सफल सितारे बँगलों में रहते थे, परन्तु आज के रईस बहुमंज़िला पसंद करते हैं। इन आधुनिक ऊँची इमारतों में स्विमिंग पूल होता है, छोटा-सा गोल्फ कोर्स, हैलीपुड इत्यादि होता है और हर चार मंज़िल के बाद एक मंज़िल खाली छोड़ दी जाती है, जो आपात स्थिति में जूझने के लिए किया जाता है।

इन इमारतों की नींव खिले हुए कमल के आकार की होती है, जो इन्हें संभावित भूकंप और 120 किमी प्रति घंटा की रफ़्तार से चलने वाली वायु के वेग से भी सुरक्षित रखती है और एक मीटर तक का झुकाव भी इन्हें तोड़ता नहीं।

मुकेश अंबानी और विजयपत सिंघानिया के बहुमंज़िला भी आधुनिक टेक्नोलॉजी से बन रहे हैं। ये कुछ ऐसे बहुमंज़िला हैं, जिनमें हर मंज़िल में लॉन सहित बँगले की

सारी सुविधाएँ हैं। पाली हिल पर देवा आनंद का बहुमंज़िला लगभग तैयार है और स्वर्गीय राजेंद्र कुमार के भूखंड पर भी काम शुरू हो चुका है। दिलीप कुमार का पुराना बँगला तोड़ा जा चुका है और निर्माण कार्य शुरू होने जा रहा है।

अपनी मर्ज़ी की ज़िंदगी जीने की आदत डालें

डॉ. ज्युडिथ ऑरलोफ की किताब 'इमोशनल फ़्रीडमः लिबरेट योरसेल्फ़ फ़्रॉम निगेटिव इमोशंस एंड ट्रांसफ़ॉर्म योर लाइफ़' में लिखा है, "सकारात्मक संवेदनाओं को विकसित करते हुए और नकारात्मक भावनाओं को रूपान्तरित करते हुए आपकी प्रेम करने की क्षमता को बढ़ाती है।"

इसका अर्थ है दूसरों की नकारात्मकता को अवशोषित किए बिना अपनी एकाग्रता को बरकरार रखना। जीने की ये मूलभूत कुशलताएँ आपको डर से मुक्त कर देती हैं और आपके जीवन में संचालन को सफल बनाती हैं।

'एन ए टू जेड ऑफ इमोशनल फ़्रीडम' की लेखिका कैरोलीन एन्सन के अनुसार, "आप जैसी ज़िंदगी जीना चाहते हैं, भावनात्मक आज़ादी आपको उस रास्ते तक पहुँचाती है। फिर संवेदनाओं की ऊर्जा से आप सोच के स्तर को विकसित व विस्तृत कर पाते हैं।"

लेकिन इसका अर्थ यह नहीं है कि इसकी बदौलत आप तनाव से मुक्ति पा लेते हैं और परेशानियाँ आपसे मुँह मोड़ लेती हैं, बल्कि इसका मतलब यह है कि इस स्वतंत्रता के बलबूते आप रास्ते निकाल लेते हैं और आगे बढ़ जाते हैं। जिन अभावों के आगे नतमस्तक होकर आप स्वयं को सीमित कर लेते हैं, भावनात्मक आज़ादी आपको वहाँ से आगे बढ़ने का मार्ग दिखा देती है।

आप जीवन के व्यावहारिक और भावनात्मक पक्ष में अंतर को समझकर आत्मसात कर लेते हैं। ये बेहद बारीक़ लकीर होती है। इस भेद को समझते ही आपकी सभी मुश्किलें चुटकियों में सुलझ जाती हैं।

दूसरा महत्त्वपूर्ण पहलू यह है कि इस आज़ादी के बल पर आप सोच के उस आसमान तक पहुँच पाते हैं, जो नए ख़्वाबों की रचना करने और उन्हें पूरा करने के लिए सीढ़ी का काम करता है।

भगवान कृष्ण का चरित्र इस तथ्य को पूरी तरह से साकार करता है। क्योंकि जब भी मैं कृष्ण का माखन चुराने वाला और गोपियों को छेड़ने वाला चरित्र देखता हूँ, तो मेरे मन में एक प्रश्न उठता है, क्यों नहीं, उनका महाभारत वाला रूप, कूटनीतिज्ञ, विद्वान, राजनेता और विद्रोही योद्धा वाला रूप दिखाया-पढ़ाया जाता।

जबकि कृष्ण जन्मजाम विद्रोही थे या कहिए नाराज़ योद्धा। ज़रा देखिए तो जन्मे कहाँ, पले कहाँ, बढ़े कहाँ। उनके जन्म से पहले ही भविष्यवाणियाँ हो गईं कि वह

बिज़नेस गुरु तरुण इन्जीनियर

अत्याचारी का काल है। ग़रीब यादव और अहीर का बेटा, तानाशाही के ख़िलाफ़, उनके जन्म से ही एक मायाजाल बुना गया है।

एक मनोविज्ञान कि उसे बचाना, उनकी रक्षा करना आवश्यक है। जेल के द्वार अपने आप नहीं टूटे हैं, तुड़वाए गए हैं, द्वारपाल अपने आप नहीं सोए हैं, उन्हें सुलाया गया है और योजनाबद्ध तरीकों से उसे भयावह आधी रात को सुरक्षित स्थान पर पहुँचाया जा रहा है।

विद्रोही वह जन्मजात है। अपने साथ बचपन से ग़रीब, विकलांग, किसान बच्चों को लेकर खेलने चला है। हर ग़लत बात पर लड़ता-झगड़ता, अन्याय के ख़िलाफ़ परचम उठाए। अब उसे ही ले लीजिए न, देवों की पूँजी क्यों हो। ये इन्द्र कौन है? और इन्द्र की पूजा क्यों हो? उसकी पूजा बंद हो।

इन्द्र का सारा भोग ख़ुद खा गए। कृष्ण के पहले के सारे चरित्र नायक आकाश से उतरे अवतारी पुरुष हैं, देव हैं, इसमें कोई शक नहीं कि अवतार कृष्ण से पूर्व की कल्पना है। त्रेतायुग में राम निरंतर आकाश का देव बनने की लालसा से मर्यादित हैं।

उनमें ईश्वरीय देवत्व के गुण अधिक हैं। कृष्ण ऐसा महान नायक है, जो निरंतर मनुष्य होना चाहता है। तानाशाह कंस जिसने लोकतंत्र की हत्या कर अपने पिता को ही कारावास में डाल रखा है, उस आततायी, अत्याचारी का वध करके भी कृष्ण गद्दी पर नहीं बैठते, बल्कि लोकतंत्र की स्थापना करते हैं।

प्रेम करने में भी कृष्ण सबसे आगे हैं, तभी तो अहीर नौजवान कृष्ण को अहिरन राधा ही भली लगती थी। प्रेम के इतिहास में इससे साहस की भला बात क्या होगी कि सत्यभामा, रुक्मिणी और अन्य सोलह हज़ार कन्याओं का पति राधा से न सिर्फ़ प्रेम करता है, अपितु उसे जनपूज्य भी बना देता है।

राधा उसकी आराध्या, प्राणप्रिया ही नहीं, प्राण प्रेरक, प्रेरणा स्रोत, शक्ति भी है। कहीं भी सत्यभामा कृष्ण या रुक्मिणी कृष्ण का मंदिर नहीं देखने को मिलेगा। राधा-कृष्ण न सिर्फ़ एक नाम है, अपितु भारतीय दर्शन चिंतन मनन और प्रेम साहित्य में संयुक्त पूजन परंपरा भी है।

रुक्मिणी को भी लाए कृष्ण तो खुलकर, खम ठोक कर, छुपकर नहीं और रुक्मिणी भी कितने साहस से प्रेम पत्रों से अपने ही अपहरण के लिए इतना खुला, उन्मुक्त, उद्दाम साहसी या दुःसाहसी आमंत्रण रूप में कृष्ण को पत्र भेजा जो आज भी संभव नहीं।

कृष्ण को लिख भेजती हैं, **"आओ मेरा अपहरण कर लो, मुझे अपने साथ ले जाओ।"**

कृष्ण हैं कि रुक्मिणी हरण कर भी ले आए हैं। घर में सत्यभामा हैं ही, कृष्ण 16 हज़ार विधवाओं को भी अपना नाम, पत्नी का दर्जा देकर सम्मान प्रदान करते हैं, तो कृष्ण द्वारा शील भंग जैसी घटनाओं का भी उल्लेख **'क्षेपक'** में है।

उसके पीछे की तार्किक, वैज्ञानिक विवेचनाएँ भी अपनी जगह स्थित हैं। कहता हूँ न कि उसने जो किया खुलकर किया, जमकर किया, लगकर किया। कृष्ण पूर्ण पुरुष हैं, मर्द हैं, नायक हैं, योगी भी, भोगी भी हैं। जो करते हैं खुलकर करते हैं, छुपकर नहीं। राम और कृष्ण में जो मौलिक अंतर है वह यही कि राम शांत, मीठे और संसुस्कृत युग के नायक हैं और कृष्ण जटिल, तीखे और प्रखर बुद्धियुग के नायक हैं।

लेकिन तर्क के साथ-साथ कृष्ण का मनोविज्ञान बड़ी बारीक़ चीज़ है, बहुत सूक्ष्म है। मन से निर्बल करना भी जानते हैं और तब भी जब कर्ण, अर्जुन से परास्त नहीं हो रहा है। उसके रथ का पहिया टूट गया है, तो निहत्था, कर्ण जब युद्धभूमि में रथ का पहिया ठीक कर रहा है, तब कृष्ण उकसाते हैं अर्जुन कर्ण को मार अर्जुन मार।

अवाक कर्ण ही नहीं, अर्जुन भी कह रहे हैं कि निहत्थे पर वार तो धर्मयुद्ध के विरुद्ध है, नियम विरुद्ध है। किंतु कृष्ण के पास तर्क का अचूक ब्रह्मास्त्र है, कर्ण भले ही योद्धा है, महान है, पराक्रमी है, किंतु वह सदैव अर्धम के साथ है इसलिए अधर्मी है।

भारतीय साहित्य में कृष्ण एक अद्भुत और विलक्षण चरित्र हैं। उसके चरित्र के दो रूप हैं, उसकी माँ हैं देवकी और यशोदा। मगर माँ के रूप में यशोदा ही अधिक जानी जाती हैं। कृष्ण के दो पिता हैं नंद और वासुदेव। दो नगर हैं मथुरा और द्वारका।

कृष्ण की दो प्रेमिकाएँ हैं राधा-कृष्ण, दो पत्नियाँ या यो कहिए अनेक। प्रेमिकाओं का प्रश्न ज़रा उलझा है, तुलना ही नहीं हो सकती। रुक्मिणी या सत्यभामा की, राधा या रुक्मिणी की, आप चाहें, तो मीरा तक उसे ले जाएँ, पर प्रेमिका शब्द का अर्थ संकुचित न करें, सखा-सखी, कष्ट और संघर्ष तनाव और पीड़ा के सहभागी बने।

क्योंकि कृष्ण किसी राज्याश्रित गुरु द्रोणाचार्य का शिष्य नहीं था, वह क्रांतिद्रष्टा स्वाभिमानी सन्दीपनि का शिष्य था, जिनका कोई भी शिष्य कृष्ण, बलराम या सुदामा कभी युधिष्ठिर-दुर्योधन की तरह सत्ता की लड़ाई नहीं लड़ता, क्रांति का शंख उद्घोष करता है, युद्ध लड़ता है, विजय मिलती है।

मगर स्वयं सिंहासन पर न बैठ किसी और को सौंप कर एक सच्चे क्रांतिकारी की तरह आगे चल पड़ता है, अगले निर्णायक युद्ध के लिए। यानी की क्रांतिकारी के सारे गुण कूट-कूट कर भरे पड़े हैं, जो हर किसी को अपनी मर्ज़ी का जीवन जीने का संदेश देते हैं।

तभी तो अमेरिका सर्वे की एक रिपोर्ट में कहा गया है कि 2013 से 15 के बीच में भारत-चीन को पीछे छोड़ देगा। हो सकता है कि यह रिपोर्ट अति आशावादी हो, परन्तु यह सच है कि पिछली शताब्दी के आख़िरी दशक से ही समूची दुनिया यह महसूस करने लगी थी कि 21वीं सदी एशिया की होगी और भारत दुनिया के तमाम देशों का नेतृत्व करेगा। शायद इसीलिए कई अफ्रीकी देश भारतीय किसानों को 99 साल के लीज़ पर मुक्त ज़मीन देने की पेशकश कर रहे हैं। उद्योग चैंबर एसोचैम ने यह जानकारी दी है। विदेशी किसानों को लुभाने के मामले में सूडान और इथियोपिया सबसे आगे हैं।

एसोचैम ने विदेश मंत्रालय को एक प्रस्ताव भी भेजा है कि अफ्रीका में मिल रहे भारी अवसरों का अधिक-से-अधिक दोहन किया जाए। एसोचैम ने कहा है कि वह भारतीय किसानों को अफ्रीका में ज़मीन हासिल करने के लिए मदद करने को तैयार है।

अफ्रीकी देशों के इस पेशकश को देखते हुए मुझे वह क़िस्सा याद आता है, जब स्वामी विवेकानंद जी एक सरोवर के किनारे चले जा रहे थे। वे किसी गंभीर चिंतन में उलझे हुए थे। तभी सामने से बंदरों का एक झुंड उनकी तरफ बढ़ा।

जब वे बंदर थोड़ी ही दूर रह गए, तो अचानक विवेकानंद जी का ध्यान टूटा और देखा कि लाल मुँह के विशाल व विकराल बंदर उनसे अधिक दूर नहीं थे। उन्हें देख विवेकानंद जी घबरा गए और पलट कर भागने लगे। बंदर भी उनके पीछे भागे। विवेकानंद जी ने सोचा बस अब प्राण गए।

तभी किसी अनुभवी बुज़ुर्ग ने ज़ोर से चिल्लाकर कहा, **"वहीं रुक जाओ। भागो मत। पीछे पलटकर बंदरों के सामने सीधे खड़े हो जाओ। डरो मत।"**

विवेकानंद जी वहीं रुक गए और पलटकर बंदरों के सामने खड़े हो गए। इसके बाद जैसे चमत्कार हुआ। वे सारे बंदर वहीं रुक गए और विवेकानंद जी को निडर खड़े देख वापस चले गए। इस घटना से विवेकानंद जी को बड़ी प्रेरणा मिली।

उसी दिन उन्होंने अपने भाषण में इस घटना का उल्लेख कर कहा, **"उन विकराल बंदरों से डरकर भागता रहता, तो मैं बचता नहीं। बंदर मुझे मार डालते। लेकिन मैं उनके सामने खड़ा हो गया, वे चुपचाप भाग गए।"**

इस प्रकार समस्याओं व संकटों से पलायन करने से वे दूर नहीं होतीं, उनका साहस व वीरता से सामना करो, तो वे सारे संकट दूर हो जाते हैं।

आपका दिमाग़ चलता-फिरता कंप्यूटर है

आज आपकी स्थिति चाहे जो हो, आप उसे सुधार सकते हैं। लेकिन सबसे पहले अपने मन को शांत करें, ताकि आत्मा की गहराई से आपको नई प्रेरणा और नए विचार मिल सकें। क्योंकि आपको मस्तिष्क में कई तरह के सॉफ्टवेयर लोड हैं, जिनमें से 10 सॉफ्टवेयर अधिक सक्रिय रहते हैं:-

बुद्धि– तलाब की तरह होती है, जिसमें पानी रूपी विचार रहते हैं। आपको उनमें से अच्छे विचारों को बाहर निकालना होगा।

चेतना– इसकी तुलना हिमखंडों से की जा सकती है। क्योंकि इसमें विचार बर्फ की तरह छिपे होते हैं, जिन्हें शारीरिक ऊर्जा से पिघलाया जा सकता है।

इच्छाशक्ति– इसे आप भावनात्मक ऊर्जा कह सकते हैं। क्योंकि यह आपके विचारों को सक्रिय करती है। फिर आप अपने मिशन में आगे बढ़ने लगते हैं।

तर्कशक्ति– यह आपके विचारों, योजनाओं और इच्छाओं को फिल्टर करती है, ताकि आप सही दिशा में आगे बढ़ सकें।

भावनात्मक शक्ति– यह आपको गुमराह होने से बचाती है। लेकिन इसका सीधा संबंध आस्था से होता है, जो आपके कर्तव्य का निर्वाहन करता है।

कल्पनाशक्ति– यह एक तरह की वर्कशॉप है, जिसमें आपकी इच्छाएं, विचार और योजनाएँ सही आकार लेती हैं।

आत्मिकशक्ति– यह आपको नैतिकता का पाठ पढ़ाती है, ताकि आप अपने उद्देश्य पर अडिग रहें।

इंद्रियशक्ति– यह एक तरह का सेटेलाइट है, जो अच्छे विचारों को तरंगों के माध्यम से आप तक भेजता है।

स्मरणशक्ति– इसे आप फाइलिंग कैबिनेट भी कह सकते हैं, क्योंकि इसमें आपके विचार, अनुभव और योजनाएँ एकत्रित रहती हैं।

शारीरिकशक्ति– इससे आप अपने मन चाहे काम करा सकते हैं। क्योंकि इसमें भीम की तरह हर चीज़ को उठाकर फेंकने की ताकत होती है। यह सैक्स से तृप्त करती है और मस्तिष्क को स्वस्थ रखती है।

ये सारे सॉफ्टवेयर आपको तरक्की का मार्ग बताते हैं। लेकिन इनका उपयोग करने के लिए आपको पुरानी परंपरा को तोड़ना होगा। सोचने के पुराने तरीकों से मुक्त होना होगा। कठिनाइयों पर विजय प्राप्त करने का तरीका ढूँढ़ना होगा। क्योंकि शास्त्रों में लिखा है:-

यथा चतुर्भिः कनकं परीक्ष्यते, निघर्षणच्छेदनतापताडनैः।
तथा चतुर्भिः पुरुषः परीक्ष्यते, त्यागेन शीलेन गुणेन कर्मणा॥

इस श्लोक का अर्थ है कि मनुष्य की परख गुणों से होती है। क्योंकि जिस तरह सोने को घिसकर, काटकर, तपाकर और पीटकर नया आकार दिया जाता है, वैसे ही मस्तिष्क में लोड़ 10 सॉफ्टवेयर मनुष्य को नया आकार देते हैं।

यह एक वैज्ञानिक सच है, जिसपर आपको विश्वास करना होगा, क्योंकि इन 10 सॉफ्टवेयरों ने विश्व को करोड़ों प्रभावशाली व्यक्ति दिए हैं।

इसलिए मेरा मानना है कि उनकी सकारात्मक सोच ने ही उन्हें इस मुकाम पर पहुँचाया है। अब मैं भी उन्हीं के पदचिह्नों पर चल रहा हूँ। क्योंकि कृष्ण का जन्म होता है अंधेरी रात में, अमावस में। सभी का जन्म अंधेरी रात में होता है और अमावस में होता है। असल में जगत् की कोई भी चीज़ उजाले में नहीं जन्मती, सबकुछ अंधेरे में ही होता है।

एक बीज भी फूटता है, तो ज़मीन के अंधेरे में जन्मता है। फूल खिलते हैं, प्रकाश में, जन्म अंधेरे में होता है। आपके भीतर भी जिन चीज़ों का जन्म होता है, वे सब गहरे अंधेरे में होता है। एक कविता जन्मती है, तो मन के बहुत अवचेतन अंधकार में

जन्मती है। बहुत अनकांशस डार्कनेस में पैदा होता है। एक चित्र का जन्म होता है, तो मन की बहुत अतल गहराइयों में, जहाँ कोई रोशनी नहीं पहुँचती जगत् की, वहाँ होता है।

कृष्ण का जन्म जिस रात में हुआ, कहानी कहती है कि हाथ को हाथ नहीं सूझ रहा था, इतना गहन अंधकार था। लेकिन इसमें विशेषता खोजने की ज़रूरत नहीं है, क्योंकि यह सकारात्मक सोच की तीव्र प्रक्रिया है।

कृष्ण से जुड़ी एक और घटना मुझे याद आती है। एक बार युधिष्ठिर अपने चारों भाइयों सहित श्री कृष्ण के पास आए और बोले, **"नटवर! युद्ध में लाखों व्यक्तियों का संहार हुआ। इस कारण हमारा मन बड़ा दुखी है। अब हम चाहते हैं कि कुछ दिन तीर्थ-स्थानों में भ्रमण करके मन को शांत करें।"**

कृष्ण सोचने लगे कि युधिष्ठिर जैसे धर्मात्मा व्यक्ति भी शांति प्राप्त करने के लिए भटकना चाहते हैं। उनके निर्णय को बदलने की इच्छा नहीं हुई, पर उन्हें शिक्षा देने के लिए एक उपाय उन्होंने खोजा। कृष्ण एक तूंबी लाए और युधिष्ठिर को देकर बोले, **"धर्मराज! आपकी इच्छा पूर्ण हो। मैं भी आपके साथ चलता, किंतु मैं अत्यधिक व्यस्त हूँ। आप मेरी इस तूंबी को अपने साथ ले जाएँ और सभी तीर्थों के पवित्र पानी में इसे भी डुबकी लगवा दें।"**

कुछ माह पश्चात् युधिष्ठिर तीर्थयात्रा से लौटे और तूंबी लाकर उन्होंने श्री कृष्ण के हाथ में थमा दी। बोले, **"लीजिए, आपकी तूंबी। मैंने प्रत्येक स्थान पर पवित्र जल में इसे स्नान कराया है।"**

श्रीकृष्ण ने उसी समय उसके समक्ष उस तूंबी को पिसवा कर उसका चूर्ण बनवाया और उन्होंने स्वयं अपने हाथों से सभी सभासदों के साथ-साथ पांडवों को भी थोड़ा-थोड़ा चूर्ण दिया और कहा, **"यह तूंबी समस्त पवित्र तीर्थों में घूमकर आई है। अतः अत्यंत पवित्र हो गई होगी।"**

समस्त व्यक्तियों ने तूंबी का चूर्ण माथे से लगाकर उसे मुँह में डाल लिया। पर क्षणभर में ही मुँह कड़वा हो जाने के कारण सब थू-थू करने लगे। कृष्ण ने बनावटी आश्यर्च दिखाते हुए कहा, **"अरे! इतनी पवित्र नदियों में अवगाहन करके और पवित्र तीर्थों की यात्रा करके भी यह तूंबी मीठी नहीं हो पाई। तब तो लगता है कि हमारा कड़वापन और मन की अशांति भी तीर्थों में जाने से दमर नहीं हो सकती। हे पांडुपुत्र! अपनी आत्मरूपी नदी को शांत करो। बाह्य नदियों के जल से कभी अंतरात्मा शुद्ध और पवित्र नहीं हो सकती।"**

इस कहानी से हमें शिक्षा मिलती है कि सफलता और सकारात्मक सोच का रिश्ता ठीक वैसा ही है, जैसाकि भक्त और भगवान का, बीज और फल का।

तभी तो वीर हनुमान ने अपना सीना चीर कर लोगों को बता दिया था कि भगवान केवल भक्तों के सीने में निवास करते हैं। हनुमान जी का चरित्र एक जीवन दर्शन

है, जिसका चिंतन-मनन श्रवण करने से ही लोक-परलोक सुधर जाता है। ऐसी हमारी धार्मिक मान्यता है। हनुमान जी की उपासना मात्र से ही जीवन में सफलता प्राप्त होती है या यूँ कहें कि हनुमान जी की उपासना जीवन में सफलता की कुँजी है।

इसलिए रामचरित हनुमान जी के बिना अधूरा ही माना जाएगा। श्रीराम को सीता से मिलाने का श्रेय श्री हनुमान को जाता है लंका जाकर सीता की खोज करना और रावण की शक्ति का पता लगाने का श्रेय श्री हनुमान जी को ही जाता है। रामचरित मानस का सुंदरकांड भी वीर हनुमान जी की आराधना एवं उनकी शक्ति को समर्पित है।

ऐसी मान्यता है कि बाल कांड मनुष्य के बचपन को सुधारने के लिए है। अयोध्या कांड यौवन का क्रियात्मक पक्ष है, जो यह बताता है कि अपने परिवार के प्रति हमारा आचरण कैसा होना चाहिए?

हनुमान जी प्रबल संकटहारी हैं, तभी तो सुग्रीव जिनका राज्य, स्त्री, ऐश्वर्य सबकुछ छिन चुका था, फिर भी उन्हें श्री राम के दर्शन ही नहीं मित्रता का पुरस्कार मिला और वह पुरस्कार दिलाने वाले हनुमान जी थे। चाहे सीता की खोज हो, चाहे लक्ष्मण को शक्ति का लगना, चाहे युद्ध में संरक्षण हो, सभी जगह हनुमान-ही-हनुमान रहे। इसीलिए कहा है जिसके गुण का न कोई अनुमान ऐसे वीर हनुमान।

जबकी हनुमान जी को अपनी शक्तियों के बारे में मालूम नहीं था और रावण के साथ होने वाले युद्ध से पहले उनकी शक्तियों को जागृत किया गया था। पूरा सागर पार कर लेना और पूरी पर्वत माला उखाड़ कर ले जाना और बचपन में सूर्य देव को नारंगी समझकर निगलने की कोशिश करना, यह कोई साधारण काम नहीं है। प्रभु की विशिष्ट कृपा से ही इनसान असाधारण शक्तियाँ प्राप्त करता है।

हनुमान जी को अगर उनकी शक्तियों में सिद्धिहस्त हाथ मिला, तो यह प्रभु की अनुकम्पा ही है। कहा जाता है कि लंका पर चढ़ाई के लिए समुद्र पर बाँधे गए पुल की सुरक्षा का भार हनुमान जी को सौंपा गया था।

हनुमान जी रात में भगवान राम का ध्यान करते हुए पुल की रक्षा कर रहे थे कि वहाँ शनिदेव आ पहुँचे और उन्हें व्यंग्यबाणों से परेशान करने लगे। हनुमान जी ने शनिदेव के सारे आक्षेपों को स्वीकार करते हुए कहा कि कृपया वह उन्हें पुल की रक्षा करने दें, लेकिन शनिदेव बाज नहीं आए।

अंतत: क्रोधित होकर हनुमान जी ने शनिदेव को अपनी पूँछ में जकड़ कर इधर-उधर पटकना शुरू कर दिया, काफ़ी देर बाद हनुमान जी ने उन्हें मुक्त किया और दर्द से निजात पाने के लिए एक तेल लगाने को दिया। फिर शनिदेव की जान बची थी।

इसलिए जब भी कभी आप कोई नया काम शुरू करें, तब हनुमान जी की वंदना ज़रूर करें। क्योंकि हर व्यक्ति की नया काम सीखने की प्रणाली अलग-अलग होती है। कुछ व्यक्ति केवल देखकर ही नया काम सीख सकते हैं। कुछ व्यक्ति उस काम

बिज़नेस गुरु तरुण इन्जीनियर

को स्वयं करके ही नया काम सीख सकते हैं। कुछ व्यक्ति केवल सुनकर ही नया काम सीखने की शक्ति रखते हैं।

क्योंकि सिकंदर जब विश्व विजय की महत्त्वाकांक्षा लेकर निकला था। उसमें असाधारण प्रतिभा और योग्यता थी, किंतु निरंतर विजय प्राप्त करने से उसका दंभ बढ़ गया। सिकंदर ने विजय के उन्माद में न जाने कितने नगरों और गाँवों को रौंद डाला।

उसने निर्ममतापूर्वक नरसंहार किया, अपार धन संपदा लूटी और अपने सैनिकों को मालामाल कर दिया। एक बार वह एक ऐसे नगर पर चढ़ दौड़ा, जहाँ केवल स्त्रियाँ और बच्चे थे। सारे पुरुष पहले ही युद्ध में मारे जा चुके थे। स्त्रियाँ असहाय थीं। उनके पास आत्मरक्षा का कोई साधन नहीं था।

शस्त्रविहीन स्त्रियों से कैसे युद्ध किया जाए, यही बात उसकी समझ में नहीं आ रही थी। उसके पास गिने-चुने सैनिक थे, विशाल सेना पिछे आ रही थी। उसने एक घर के सामने अपना घोड़ा रोका। कई बार खटखटाने के बाद दरवाज़ा खुला और एक बुढ़िया लाठी टेकती हुई बाहर आई।

"घर में कुछ खाने को हो, तो ले आओ, मुझे भूख लगी है।"

बुढ़िया भीतर गई और कपड़े से ढका थाल लेकर आई। उसने थाल सिकंदर के आगे बढ़ा दिया। सिकंदर ने देखा कि उसमें कुछ सोने के गहने थे।

वह क्रोधपूर्वक बोला, **"यह बुढ़िया क्या लाई है? क्या मैं सोने के इन गहनों को खाऊँगा? मैंने तुझसे रोटी माँगी थी।"**

बुढ़िया बोली, **"तू सिकंदर है न? तेरा नाम मैंने बहुत सुना था कि सोना ही तेरा भोजन है। इसी की तलाश में तू यहाँ आया है। अगर तेरी भूख रोटियों से मिटती, तो क्या तेरे देश में रोटियाँ नहीं थीं?"** सिकंदर का दंभ टूटकर आ गिरा। फिर, बुढ़िया ने उसे स्नेह से रोटी खिलाई। सिकंदर ने उस नगर को कोई नुकसान नहीं पहुँचाया। लेकिन जाते समय उस नगर के द्वार पर एक बोर्ड लगा गया। जिस पर लिखा था, **"एक अदना-सी नारी ने सिकंदर को एक बड़ा सबक सिखा दिया कि सिकंदर वो नहीं होता, जो लोगों को लूटता है, बल्कि सिकंदर वो होता है, जो लोगों का दिल जीतता है।"**

नए कारोबार के लिए धन जुटाना अब मुश्किल नहीं है। क्योंकि हाई-प्रोफाइल वेबसाइट किकस्टार्टर डॉट कॉम ने साइट पर एक वीडियो दिखाकर फिल्म एनोमेलिसा के लिए एक माह में 5770 लोगों से 2 करोड़ 8 लाख यू.एस.डॉलर से अधिक इकट्ठा कर लिया।

इसलिए बिज़नेस शुरू करने से पहले यह न सोचें कि धन कहाँ से आएगा?

क्योंकि दौलत का नियम कहता है कि आइडिया नया होगा तो धन खुद चलकर आपके पास आएगा।

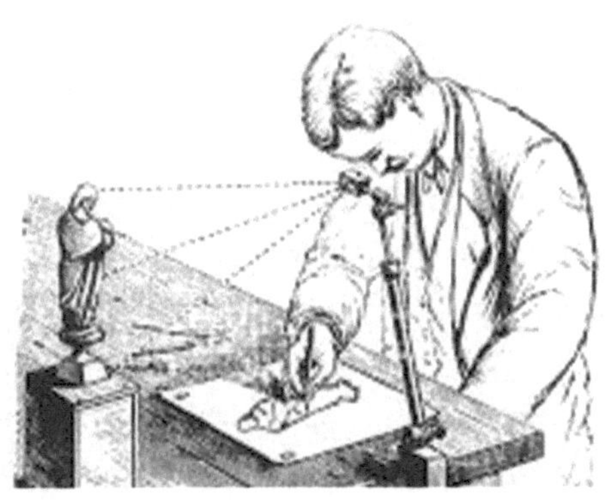

अठारहवाँ मंत्र
इतिहास रचने की तैयारी करें

नियंत्रण का नियम कहता है कि आप जिस हद तक अपने जीवन में नियंत्रण महसूस करते हैं, उसी हद तक अपने बारे में सकारात्मक महसूस करते हैं। दूसरी तरफ, आप जितना ज़्यादा महसूस करते हैं कि आप नियंत्रण में नहीं हैं या कोई बाहरी शक्ति, व्यक्ति या प्रभाव आपको नियंत्रित कर रहा है, आप अपने बारे में उतना ही ज़्यादा नकारात्मक महसूस करते हैं।

जबकि विश्वास का नियम कहता है कि आप प्रबल भावना के साथ जिस भी चीज़ पर यक़ीन करते हैं, वह आपकी हक़ीक़त बन जाती है। आप जिस चीज़ के साकार होने पर जितनी शिद्दत से यक़ीन करते हैं, उसके साकार होने की संभावना उतनी ही ज़्यादा होती है।

तभी तो एक प्रेस कॉन्फ्रेंस में महानायक अमिताभ बच्चन ने कहा था, **“यदि इनसान प्रयत्नशील होता है, तो कहीं-न-कहीं उसे विश्वास भी मिलता है और जब वह प्रयत्नशील होता है, तो सफल भी हो जाता है।”**

आकर्षण का नियम कहता है कि आप एक जीती-जागती चुंबक हैं। आप हमेशा अपने जीवन में उन लोगों और स्थितियों को आकर्षित करते हैं, जो आपके सबसे प्रबल विचारों के अनुरूप होती हैं और अनुरूपता का नियम कहता है कि जैसा भीतर होगा, वैसा ही बाहर दिखाई देगा। यानी आपका बाहरी संसार विचार और भावना के आपके भीतरी संसार के अनुरूप होता है।

लेकिन अभ्यास का नियम कहता है कि आप बदल सकते हैं। शर्त यह है कि आपके अंदर बदलने की चाहत होनी चाहिए, फिर वह आपकी आदत बन जाएगा। क्योंकि अभ्यास का नियम तीन ‘पी’ पर टिका है। यानी पॉज़िटिव, प्लीज़ेन्ट और पर्सनल।

इसलिए विजेताओं के साथ रहें, बाजों की तरह उड़ान भरें। क्योंकि सृजनात्मकता का नियम कहता है कि आप जिस चीज़ की सच्चे मन से इच्छा करते हैं, वह आपको अवश्य मिलती है।

एडीसन को भी मिली थी, क्योंकि जब वह अपनी प्रयोगशाला में नया प्रयोग कर रहा था, तब उसने अपनी सहायता के लिए एक नवयुवक वैज्ञानिक को रखा था, जिसकी उम्र सत्रह-अठारह वर्ष की रही होगी। नवयुवक पहले बड़े उत्साह और लगन के साथ काम करता रहा, लेकिन जैसे-जैसे समय बीतता गया और प्रयोग में सफलता प्राप्त नहीं हुई, तो उसमें निराशा से भरी उकताहट बढ़ने लगी।

उसने तय कर लिया कि इस व्यर्थ के प्रयोग में अधिक समय ख़राब नहीं करेगा। वह एडीसन को साफ़ कह देगा कि अब वह और अधिक यहाँ नहीं रुकेगा। यह बात कहने के लिए जब भी वह एडीसन की तरफ देखता, तो उस बूढ़े की आँखों में अलौकिक ज्योति देखकर ख़ामोश रह जाता।

कुछ कहने की हिम्मत नहीं होती। एडीसन के उत्साह में कोई कमी नहीं आई। वह रोज़ अलग-अलग प्रकार के प्रयोग करता रहता। इस तरफ से हार जाता, तो दूसरी तरफ से आरंभ कर देता।

तीन माह बाद युवक का धैर्य चुक गया। उसने एडीसन से नज़रें नहीं मिलाईं। युवक की इस हरकत पर एडीसन ने कहा, **"आँख ऊपर करके काम करो।"**

युवक ने कहा, **"सब प्रयोग व्यर्थ गए। कोई नतीजा नहीं निकला। इस प्रयोग को बंद कर देना चाहिए।"**

गंभीरता से एडीसन ने कहा, **"इतना नज़दीक आकर बंद कर दें!"**

युवक आश्चर्य से बोला, **"नजदीक कहाँ? सफलता से आज भी हम उतनी ही दूर हैं, जितना पहले दिन थे और तीन महीने बीत गए हैं।"**

एडीसन ने कहा, **"लगता है कि तुम्हें गणित नहीं आती। इतने रास्ते हमने देख लिए जोकि बेकार गए, इसका मतलब है कि अब बेकार रास्ते कम रह गए। अगर तीन सौ रास्ते हैं, जिनमें दो सौ बेकार गए, तो इसका मतलब है कि हम सफलता के नजदीक हैं। तू कैसा पागल है कि सफलता के इतने पास आकर हार मान बैठा है, जबकि हम जीत के बिलकुल पास हैं।"**

कुछ ऐसा ही आप अपने बारे में सोच सकते हैं, क्योंकि जब आप सकारात्मकता के बीज बोते हैं, तो सकारात्मकता की फसल काटते हैं। यानी आप वही बन जाते हैं, जिसके बारे में आप ज्यादातर समय सोचते हैं। आपके प्रबल विचार और आकाँक्षाएँ आपकी हक़ीक़त बन जाती हैं। जिन चीज़ों के बारे में आप सोचते हैं और जिस तरीके से सोचते हैं, वे आपके जीवन के हर क्षेत्र में दौलत, सेहत और ख़ुशी का स्तर तय करती हैं।

किस्मत को चकमा देते रहें

ज्यादातर सफल लोगों ने अभ्यास से यह योग्यता विकसित की है। वे स्पष्ट मानसिक तस्वीरें बनाते हैं, जिनमें वे खुद को वैसे व्यक्ति के रूप में देखते हैं, जैसे वे सचमुच बनना चाहते हैं। उन तस्वीरों में वे खुद को वैसे काम करते देखते हैं, जैसे वे सचमुच करना चाहते हैं। इसलिए सृष्टि के नियमों पर ध्यान दें:-

विश्वास का नियम कहता है कि आप जिसमें भी भावना के साथ विश्वास करते हैं, वह आपकी वास्तविकता बन जाता है। अपेक्षाओं का नियम बताता है कि आप विश्वास के साथ जिस भी चीज़ की उम्मीद करते हैं, वह अपने आप पूरी होने वाली भविष्यवाणी बन जाती है।

आकर्षक का नियम बताता है कि आप हमेशा अपने जीवन में ऐसे लोगों और परिस्थितियों को आकर्षित करते हैं, जो आपके प्रबल विचारों के सामंजस्य में होती हैं।

एकाग्रता का नियम बताता है कि आप जिस भी चीज़ पर ध्यान केंद्रित करते हैं, वह बढ़ती है। विस्थापना का नियम कहता है कि आप किसी नकारात्मक विचार की जगह सकारात्मक विचार रख सकते हैं।

द्वितीय विश्व युद्ध के दिनों में इंग्लैंड के प्रधानमंत्री विंस्टन चर्चिल से मंत्रिमंडल के सदस्यों ने आग्रह किया कि वे हिटलर के साथ किसी तरह की शांतिपूर्ण सुलह या समझौता कर लें। चर्चिल ने इनकार कर दिया। उन्होंने कहा कि अमेरिका को युद्ध में खींचने वाली कोई चीज़ होगी और उससे पूरा समीकरण बदल जाएगा।

जब इस मुद्दे पर चर्चिल पर दबाव डाला गया और पूछा गया कि उन्हें इस बात पर यक़ीन क्यों है, तो उन्होंने जवाब दिया, **"क्योंकि मैंने इतिहास का अध्ययन किया है और इतिहास बताता है कि अगर आप पर्याप्त लंबे समय तक इंतज़ार करें, तो कोई-न-कोई चीज़ हमेशा होती है।"**

इस बातचीत के कुछ हफ़्तों बाद ही 7 दिसंबर 1941 को जापान ने पर्ल हार्बर पर बमबारी कर दी। जब हिटलर ने यह सुना, तो उसने तत्काल अमेरिका के साथ युद्ध की घोषणा कर दी। रातों-रात ही चीज़ बदल गई और अमेरिका की औद्योगिक शक्ति ब्रिटेन के पक्ष में आ गई। विश्व के दूसरे हिस्से में जापान की एकतरफा कार्रवाई ने घटनाओं की ऐसी शृंखला शुरू कर दी, जिससे चर्चिल नाजी जर्मनी से इंग्लैंड को बचाने में कामयाब हो गए।

इसलिए प्रेम के साथ जीना सीखिए, फिर आप दुनिया के सबसे प्रभावशाली व्यक्ति बन सकते हैं। क्योंकि सफलता 21 **'पी'** पर आधारित होती है:-

⮑ सफलता का पहला पी : **पैशन** (अपने काम में जुनून पैदा करते हैं।)

⮑ सफलता का दूसरा पी : **पॉज़िटिव एनर्जी** (अपनी सोच को सकारात्मक रखते हैं।)

- ➲ सफलता का तीसरा पी : **परफॉर्मेंस** (अपने प्रदर्शन को बेहतर बनाते हैं।)
- ➲ सफलता का चौथा पी : **पावर** (अपनी शक्ति का सही उपयोग करते हैं।)
- ➲ सफलता का पाँचवाँ पी : **प्रोस्पेरिटी** (अपने जीवन में समृद्धि लाते हैं।)
- ➲ सफलता का छठा पी : **पोटेंशियल** (अपने अंदर संभावित ऊर्जा का संग्रह करते हैं।)
- ➲ सफलता का सातवाँ पी : **पर्सनालिटी** (अपने व्यक्तित्व का विकास करते हैं।)
- ➲ सफलता का आठवाँ पी : **प्रिंसिपल्स** (अपने सिद्धांतों पर चलते हैं।)
- ➲ सफलता का नौवाँ पी : **पर्सपेक्टिव** (अपना दृष्टिकोण साफ़ रखते हैं।)
- ➲ सफलता का दसवाँ पी : **पेशेंस** (अपने अंदर धैर्य रखते हैं।)
- ➲ सफलता का ग्यारहवाँ पी: **परसीवनेंस** (अपने आपको असफलता से दूर रखते हैं।)
- ➲ सफलता का बारहवाँ पी : **पैट्रियॉटिज्म** (अपने अंदर देशभक्ति को जीवित रखते हैं।)
- ➲ सफलता का तेरहवाँ पी : **पेनिक** (अपने आपको दहशत से दूर रखते हैं।)
- ➲ सफलता का चौदहवाँ पी : **प्लानिंग** (अपनी योजनाओं को साकार करते हैं।)
- ➲ सफलता का पंद्रहवाँ पी : **प्रोग्रेस** (अपनी प्रगति पर ध्यान देते हैं।)
- ➲ सफलता का सोलहवाँ पी : **प्रोमिस** (अपने किए गए वादों को निभाते हैं।)
- ➲ सफलता का सत्रहवाँ पी : **पाइम** (अपने आपको अच्छा लीडर साबित कराते हैं।)
- ➲ सफलता का अठाहरवाँ पी : **प्रमोटिंग** (अपने साथ दूसरों को आगे बढ़ाते हैं।)
- ➲ सफलता का उन्नीसवाँ पी : **प्रोटैक्शन** (अपनी दौलत से दूसरों को सुरक्षा देते हैं।)
- ➲ सफलता का बीसवाँ पी : **पेरेंट्स** (अपने आपको अच्छा पिता साबित करते हैं।)
- ➲ सफलता का इक्कीसवाँ पी : **प्रेयर** (अपनी कामयाबी की ईश्वर से प्रार्थना करते हैं।)

इसलिए अपने भीतर छिपी शक्तियों को पहचानें। क्योंकि विश्व में ऐसे अनेक उदाहरण हैं, जो इस बात को दर्शाते हैं कि विपरीत परिस्थितियों के बावजूद लोगों ने नए इतिहास रचे हैं।

लगभग बीस साल पहले मैं इंग्लैंड गया था, तब लंदन की भव्यता, स्वच्छता और व्यवस्था को देखकर बहुत प्रभावित हुआ था। लेकिन जब लंदन से नोटिंघम पहुँचा, तो देखकर दंग रह गया। वहाँ पर हर तीसरा टैक्सी ड्राइवर भारतीय था। साउथ हॉल तो एकदम पंजाब जैसा लग रहा था। वहाँ पर लोकल स्टेशन का नाम भी गुरुमुखी में ही लिखा हुआ था।

मैंने हाथ देकर एक टैक्सी को रोका। ड्राइवर भोपाल का रहने वाला था। उसने हिन्दी में मुझसे पूछा, **"कहाँ जाना है?"**

मैंने कहा, **"बर्मिंघम।"**

"सर! वह तो मुसलमानों का इलाका है, किसके पास जाना है?" ड्राइवर आश्चर्य व्यक्त करते हुए बोला।

"सद्दाम मस्जिद के पास 'कमाल डिडक्टिव कम्पनी' के ऑफिस में।"

"ओके सर! बैठिए।", ड्राइवर ने टैक्सी का गेट खोलते हुए कहा।

मैं पिछली सीट पर बैठ गया, टैक्सी चल दी। तीन घंटे कैसे कटे पता ही नहीं चला। लेकिन जैसे ही मेंने **'कमाल डिडक्टिव कम्पनी'** के ऑफिस में प्रवेश किया, तो मुझे ऐसा लगा, जैसे मैं दिल्ली के लाल किले में हूँ। क्योंकि बिल्डिंग की बनावट ही कुछ ऐसी थी।

कम्पनी का मालिक साकिब अहमद मेरे साथ नैनीताल में पढ़ता था, इसलिए सिक्योरिटी गार्ड मुझे सीधा उसके रूम तक ले गया। वहाँ तीन युवतियाँ पहले से ही बैठी थीं। साकिब उनका इन्टरव्यू ले रहा था। मुझे देखकर वह अपनी सीट से उठा और तेज़ी से आगे बढ़कर सीने से लगा लिया।

पहले कुछ देर तक गपशप होती रही, फिर उसने **'हाईवे गश्ती दल'** की जासूस का इन्टरव्यू देने आई तीनों युवतियों की ओर देखते हुए कहा, **"आप जासूस क्यों बनना चाहती हैं?"**

युवतियों ने एक स्वर में कहा, **"हम दूसरे लोगों से कुछ अलग करना चाहते हैं।"**

"क्या आप में सुराग ढूँढ़ने की क्षमता है?", साकिब ने पूछा।

"हाँ! हम हर तरह के सुराग ढूँढ़ सकते हैं।", तीनों युवतियों ने विश्वास के साथ कहा।

उसके बाद साकिब ने अपनी मेज़ की दराज़ से एक फोटो निकाला और पहली युवती को दो सेकेंड दिखाकर हटा लिया। फिर पूछा, **"आपको इस आदमी के चेहरे पर कोई ख़ास चीज़ नज़र आई?"**

लड़की ने तुरन्त जवाब दिया, **"हाँ! उस आदमी की सिर्फ एक आँख है।"**

साकिब ने समझाते हुए कहा, **"क्योंकि यह उसके चेहरे की दाईं ओर की प्रोफाइल है, इसलिए आपको एक आँख दिखाई दे रही है। लेकिन यह मेरे प्रश्न का उत्तर नहीं है। इसलिए आप बाहर इंतज़ार करें।"**

पहली युवती ने अपना सिर हिलाया और केबिन के बाहर चली गई। फिर साकिब दूसरी लड़की की ओर मुड़ा। फोटो को दो सेकेंड के लिए उसके चेहरे के क़रीब ले गया और पूछा, **"आप क्या कहती हैं? क्या आपको इस आदमी के चेहरे पर कोई अनूठी चीज़ नज़र आई?"**

“हाँ! इसका सिर्फ़ एक कान है।” युवती ने जवाब दिया।

साकिब ने अपना माथा पकड़ लिया और बोला, **“आपने सुना नहीं कि आदमी के चेहरे की यह एक तरफ की प्रोफाइल है। इसलिए आप इसका एक ही कान देख सकती हैं। आप भी प्लीज़ बाहर जाकर इंतज़ार करें।”**

वह युवती भी चुपचाप केबिन से बाहर निकल गई। अब साकिब ने फोटो तीसरी युवती के सामने रखा और पूछा, **“क्या आपने इस फोटो में कोई असामान्य बात नोटिस की?”**

युवती बोली, **“हाँ! यह आदमी कॉन्टेक्ट लेंस लगाता है।”**

साकिब ने आश्चर्य व्यक्त करते हुए युवती की ओर देखा और कहा, **“आपने सही बताया, यह कॉन्टेक्ट लेंस पहनता है। लेकिन तस्वीर देखकर आपने कैसे पहचाना?”**

युवती ने मुस्कराते हुए जवाब दिया, **“क्योंकि इसकी आँखों में ज़्यादा चमक दिखाई दे रही है।”**

साकिब ने उसे तुरन्त अपाइंटमेंट लेटर दे दिया और कहा, **“थोड़ी-सी स्मार्टनेस की वजह से यह नौकरी आपको मिली है।”**

लड़की मुस्कराते हुए बाहर चली गई। फिर मैंने साकिब अहमद से पूछा, **“क्या सच में यह आदमी कॉन्टेक्ट लेंस लगाता है?”**

“हाँ!” साकिब ने स्वीकृति में सिर हिलाते हुए कहा।

तब मैंने जाना कि आगे बढ़ने के लिए स्मार्टनेस का होना बहुत ज़रूरी है। जबकि अपने देश के लोग वैचारिक कंगाली दिखाते हैं और बहानों का सहारा लेने लगते हैं।

उनमें सबसे पहले आता है **‘पैसा’**, जिसका लोग सबसे ज़्यादा इस्तेमाल करते हैं और कहते हैं कि मेरे पास यदि ढेर सारा पैसा होता, तो मैं बहुत कुछ कर सकता था।

दूसरा बहाना **‘ताल्लुक़ात’** का होता है। इसलिए ज़्यादातर लोग यही सोचते हैं कि यदि मुझे कोई गॉडफादर मिल जाता, तो मैं बहुत कुछ हासिल कर लेता।

तीसरा बहाना होता है **‘किस्मत’** का, जिसकी वजह से लोग ढोंगी बाबाओं के चक्कर में पड़ जाते हैं और कहते हैं कि यदि मेरी किस्मत चमक जाए, तो मैं मुकेश अम्बानी से भी ज़्यादा अमीर बन सकता हूँ।

चौथा बहाना **‘टेक्नोलॉजी’** का होता है। यह नए क़िस्म का बहाना है। लेकिन इस बहाने को वे लोग अपनाते हैं, जो पढ़े-लिखे तो होते हैं, लेकिन जोख़िम लेने से घबराते हैं। वे अकसर यही कहते हैं कि काश मैं कंप्यूटर चलाना जानता, तो बहुत ज़्यादा तरक्की कर लेता।

लेकिन वे यह भूल जाते हैं कि टेक्नोलॉजी का उद्देश्य इनसान की प्रतिभा और कल्पनाशीलता को बढ़ाना नहीं होता, बल्कि उसे सहारा देना होता है।

इसलिए शेक्सपीयर को लिखने के लिए कभी भी कंप्यूटर की ज़रूरत नहीं पड़ी थी। सोइशिरो होंडा को मोटर साइकिल बनाने के लिए ताल्लुक़ात की ज़रूरत नहीं पड़ी थी। झुग्गी-झोंपड़ी में पैदा होने वाली एस्टी लॉडर को कॉस्मेटिक का व्यापार शुरू करते समय किस्मत आड़े नहीं आई थी और मुक्केबाज मुहम्मद अली को विश्व विजेता बनने के लिए किसी भी टेक्नोलॉजी अपनाने की ज़रूरत नहीं पड़ी थी।

क्योंकि ये सब स्मार्ट थे और '4I' फार्मूले को अपनाते थे। जिसमें पहला 'I' है INITIATIVE यानी पहल, दूसरा 'I' है INTELLIGENCE यानी बुद्धिमत्ता। तीसरा 'I' है INDUSTRY यानी मेहनत और चौथा 'I' है INTIGRITY यानी निष्ठा। फिर जब ये '4I' एक साथ मिल जाते हैं, तब लोग तरक्की करना शुरू कर देते हैं।

इंग्लैंड से लौटने के बाद मैंने भी इसी फॉर्मूले को अपनाया और लेखन में सफल हो गया। आज मैं जो कुछ भी हूँ, इसी फॉर्मूले की वजह से हूँ। कुछ लोग मुझे सफल बिज़नेसमैन के रूप में पहचानते हैं और कुछ लोग बिज़नेस गुरु के नाम से पुकारते हैं।

इस पुस्तक को लिखने का आइडिया भी मेरे मस्तिष्क में उन्हीं दिनों आया था। जैसा कि मैंने पुस्तक के शुरू में लिखा है, मैंने अपना करियर नौकरी से शुरू किया था। उसके बाद मैंने संघर्ष किया, जोखिम लेने का हुनर सीखा, नौकरी छोड़ने का साहस किया, अपना इम्पोर्ट-एक्सपोर्ट का बिज़नेस शुरू किया और सफल हो गया। अब आपकी बारी है, क्योंकि आपका अवसर को सफलता में बदलने वाला कोर्स ख़त्म हो चुका है। आप बिज़नेस वर्ल्ड में एंट्री करने के लिए तैयार हैं। आपके पास देश के विकास में अहम रोल निभाने का मौका है।

क्योंकि एफ.डी.आई. का प्रस्ताव देश की लोकसभा और विधानसभा में पास हो चुका है और अर्थव्यवस्था की तस्वीर बहुत जल्दी बदलने वाली है।

इसलिए अपने आइडिए पर काम शुरू कर दें और उसे प्रोडक्ट बनाने की कोशिश करें। फिर वह आइडिया उद्योग में बदल जाएगा। यह मेरा वादा है। क्योंकि कई कंपनियों के अनोखे आइडिए अब प्रोडक्ट बन चुके हैं। कुछ कंपनियाँ ऐसी हैं, जिन्होंने कम समय में बड़ी उपलब्धि हासिल की है। उनमें स्क्वायर, किकस्टार्ट, गिगवॉक, वेज, स्पॉटीफाई, ऊया, बीट्स के नाम प्रमुख हैं।

इसलिए यह मानकर चलें कि आपका भविष्य आपके आइडिए पर टिका है। नौकरी पर भी यही बात लागू होती है। जब तक आप नए-नए प्रयोग करते हैं, तब तक आपकी तरक्की होती रहती है। किसी दार्शनिक ने कहा है:-

सफलता को ढूँढ़ोंगे, तो अवसर कभी नहीं मिलेगा।
अवसर को ढूँढ़ोंगे, तो सफलता ज़रूर मिलेगी॥

गीता भी यही कहती है, "तेरे लिए जो कर्म निश्चित किया गया है उसको तू **कर, क्योंकि कर्म के बिना इस दुनिया में तेरा कोई अस्तित्व नहीं है।**"

जबकि मनुष्य की प्रगति हमेशा धीमी रही है, क्योंकि वह नए विचारों को जल्दी से स्वीकार नहीं करता, और जो स्वीकार लेता है, वह धीरूभाई अम्बानी की तरह अमीर बन जाता है।

लेकिन इसके लिए संकल्प लेना पड़ता है और संकल्प का मतलब है, किसी काम को करने की प्रतिज्ञा लेना। फिर मुश्किल से मुश्किल कार्य भी आसान हो जाते हैं। क्योंकि हर समस्या में उसका समाधान छिपा होता है, एक अवसर छिपा होता है।

अगर आप ग़रीब परिवार में पैदा हुए हैं, तो इसमें अमीर बनने का अवसर छिपा है। अगर आप अशिक्षित हैं, तो आपके पास सफल होने की ज़्यादा बड़ी चुनौती है, इसीलिए आज से 350 साल पहले फ्रैंकोइस रॉशेफोकॉल्ड ने कहा था, **"यदि आप अपने जीवन में संतुष्ट हैं, तब समझ लीजिए की आपकी तरक्की का मार्ग बंद हो चुका है। इसलिए हमेशा असंतुष्ट रहिए, क्योंकि असंतुष्टि वह चीज़ है, जो आपके भाग्य को बदल सकती है।"**

परन्तु प्रार्थना अवश्य करो और कहो कि ईश्वर हमें सद्बुद्धि दो। तब ईश्वर आपको सद्बुद्धि देगा। क्योंकि प्रार्थना इच्छा-शक्ति का विकास करती है फिर जीवन को नया मोड़ मिलता है।

विश्व प्रसिद्ध डॉक्टर वाइटल्स की पुस्तक **'द ग्रेटेस्ट मनी मेकिंग सीक्रेट इन हिस्ट्री'** ने मुझे काफ़ी प्रभावित किया है। क्योंकि उसमें लिखा था, **"ईश्वर की प्रार्थना करना ही सफलता पाने का सबसे बड़ा रहस्य है।"**

इस बात को समझाने के लिए उसमें एक ग़रीब आदमी की कहानी दी गई है, जो तपस्या और उपासना करके देवता को प्रसन्न कर लेता है। फिर देवता उसकी भक्ति और तप से प्रसन्न हो जाते हैं और एक क़ीमती मणि देकर कहते हैं, **"इस रत्न से तेरी सब इच्छाएँ, सब कामनाएँ पूर्ण होंगी और यह मणि हर समय तेरी सहायता करेगी।"**

ग़रीब आदमी ख़ुशी-ख़ुशी उस अमूल्य मणि को लेकर अपने देश के लिए रवाना हो जाता है। क्योंकि उसका देश समुद्र के पार था, इसलिए जहाज़ में बैठते समय उसने मणि को अपने हाथ में रखा और मुट्ठी बंद कर ली, ताकि किसी को मणि दिखाई न दे।

फिर भविष्य के सपनों में वह इतना खो गया कि मणि कब समुद्र में गिर गई, उसे पता ही नहीं चला। तब वह अपनी मूर्खता पर काफ़ी क्षुब्ध हुआ, लेकिन क्या हो सकता था!

ठीक वैसे ही आप हैं। आपके पास मणि रूपी यह पुस्तक है और आप ज्ञान, विवेक और बुद्धि से अपने मन की सारी इच्छाओं को प्राप्त कर सकते हैं।

लेकिन आपका विश्वास और उद्देश्य जितना गहरा होगा, आप उतनी ही तेज़ी के साथ कामयाबी हासिल करेंगे। क्योंकि तब आपका मस्तिष्क रेडियो स्टेशन की भाँति

निरंतर सकारात्मक तरंगों का प्रचार-प्रसार कर रहा होता है, जो आपको सफलता दिलाने के लिए सक्रिय हो उठता है।

इसलिए इस पुस्तक को आप हमेशा अपने पास रखें और इसमें बताए गए सिद्धांतों को अमल में लाएँ।

मुझे पूरी उम्मीद है कि अब तक आपको अवसर को सफलता में बदलने का विज्ञान पता चल चुका होगा, क्योंकि आपकी सफलता किसी स्कूल अथवा विश्वविद्यालय पर आधारित न होकर आपके हाथों में आ चुकी है।

यदि आप इस पुस्तक में दिए निर्देशों का पालन शत-प्रतिशत करते हैं, तब आपका सफलता पाना निश्चित है। प्रमाण के तौर पर आपको यह स्वयं करके देखना होगा। क्योंकि जब आप सफल होने की ठान लेते हैं, तो मंज़िल तक पहुँचने में ईश्वर आपकी मदद करता है। आध्यात्म गुरु रविशंकर भी वही कहते हैं, **"मनुष्य अपने भाग्य का विधाता ख़ुद है। वह अपने विचारों, इच्छाओं तथा कर्म के जरिए अपने जीवन को बनाता है और बिगाड़ता है।"**

यानी आज आप जो विकल्प चुनेंगे, वही हक़ीक़त में बदल जाएगा। इसलिए ख़ुद से पूछें, **"क्या मैं बिज़नेस कर सकता हूँ? क्या मैं बड़ी सफलता पा सकता हूँ? क्या मैं महान बन सकता हूँ?"**

यदि एक भी प्रश्न का उत्तर आपको मिल जाए, तब इतिहास रचने की तैयारी करें। क्योंकि विश्व का इतिहास ऐसी कहानियों से भरा पड़ा है, जिन्होंने ग़रीबी में बचपन गुज़ारने के बाद भी बड़ी सफलता प्राप्त की। कुछ क़िस्से ऐसे भी हैं जिनकी योग्यता पर लोगों को शक था, लेकिन वे महान बने।

इसलिए ख़ूब जोख़िम लें, असम्भव को सम्भव करें, तेज़ी से बिज़नेस फैलाएँ और बड़ी सफलता प्राप्त करें।

मेरी शुभकामनाएँ आपके साथ हैं। उम्मीद करता हूँ कि भविष्य में आप बड़ी सफलता प्राप्त करेंगे। यदि कोई बाधा आए, तो मुझे (0)-9899153952 पर फोन करें और कुछ जानना हो, तो Whatsapp (0)-8860544101 पर अपना संदेश भेजें। आप जहाँ होंगे, मुझे अपने क़रीब पाएँगे।

◻ **समाप्त** ◻

लेखक के बारे में

तरुण इन्जीनियर रचनात्मक और सकारात्मक सोच विकसित करने वाले अग्रणी विशेषज्ञ हैं, क्योंकि इन्होंने मानव मस्तिष्क के लिए सॉफ्टवेयर विकसित कर लिए हैं। इसलिए अब इनकी तुलना विश्व के जाने-माने लेखक **'जॉन सी.मैक्सवेल'**, **'जिम डॉरनैन'**, **'विली जॉली'**, **'चार्ल्स एफ हानैल'**, **'नेपोलियन हिल'**, **'रॉबिन शर्मा'**, **'जैक कैनफील्ड'**, **'मार्क विक्टर हैन्सन'**, **'शिव खेड़ा'**, **'डेविड जे. श्वार्ट्ज़'**, **'स्टीफन आर. कवी'**, **'रॉब मैक्कार्टर'**, **'एलन लॉय'**, **'मैक्गिनिस'**, **'रिचर्ड टेंपलर'**, **'नॉर्मन विन्सेन्ट पील'**, रॉबर्ट शुलर', **'डोनाल्ड जे ट्रम्प'**, **'राबर्ट टी कियोसाकी'**, **'टी.हार्व एकर'** और **'ब्रायन ट्रेसी'** से होने लगी है।

क्योंकि ये जो भी लिखते हैं, वह लोगों के लिए प्रेरणा बन जाती है। ये **'सीक्रेट ऑफ सक्सेस'**, **'पावर ऑफ पॉजिटिव थिंकिंग'**, **'बड़ा लक्ष्य बड़ी जीत'**, **'क्या आप अमीर बनना चाहते हैं'**, **'बुलंद इरादों से सपने सच करें'**, **'जितना बड़ा जोख़िम उतनी बड़ी सफलता'**, **'विचारों में छिपी सफलता'**, **'प्रभावशाली लोगों की 12 आदतें और उनके सफल होने के रहस्य'**, **'बड़ी सफलता पाने का बिज़नेस स्कूल'**, **'चमत्कार की उम्मीद करो चमत्कार हो जाएगा'** और **'आप भी शुरू कर सकते हैं अपना स्टार्टअप'** के भी लेखक हैं, जिनका प्रकाशन देश के सबसे बड़े प्रकाशक **'डायमंड पॉकेट बुक्स प्राइवेट लिमिटेड'**, **'रमेश पब्लिशिंग हाउस'** और **'राजा पॉकेट बुक्स'** से हुआ था।

मानव मस्तिष्क कैसे सूचना एकत्रित करता है और कैसे उसका इस्तेमाल करता है, इस संबंध में तरुण इन्जीनियर ने **'थिंक बिग बिकम बिग'** पुस्तक लिखी है, जिसे 'मस्तिष्क का सॉफ्टवेयर' भी कहते हैं। इस पुस्तक का इस्तेमाल अब शिक्षा के क्षेत्र में और व्यवसाय में बराबर हो रहा है।

विश्व की कई अग्रणी कम्पनियाँ पुस्तक में लिखे निर्देशों का पालन कर रही हैं। उनमें 'सीमेंस', 'लाफार्ज', 'बी.एच.ई.एल.', 'मारुति उद्योग', 'रिलायंस इन्डस्ट्रीज', 'बी.ई.एल.', 'गुजरात अम्बुजा' और 'कैलट्रॉन' के नाम प्रमुख हैं। जबकि तरुण इन्जीनियर पेशे से बिज़नेसमैन हैं और 30 सालों से अपना इंपोर्ट-एक्सपोर्ट का बिज़नेस चला रहे हैं।

2008 में देश का प्रिंट मीडिया इन्हें **'बिज़नेस गुरु'** की उपाधि से भी सम्मानित कर चुका है, लेकिन लिखने का हौसला बरकरार है। अब तक इनकी 79 पुस्तकें 13 भाषाओं में प्रकाशित हो चुकी हैं, उनमें से कई पुस्तकें ऐसी हैं, जो अब तक **बेस्टसेलर की श्रेणी** में सबसे आगे हैं।

9 789393 193933